教师教育系列教材

学前儿童科学教育
(微课版)(思政版)

赵月娥 主 编
金延旭 时 代 王星华 副主编

清華大学出版社
北 京

内 容 简 介

本书根据《幼儿园教育指导纲要(试行)》《3—6 岁儿童学习与发展指南》《幼儿教师专业标准》编写，通过本书的学习力求让学前教育专业师范生在职前培养阶段，获得系统的学前儿童科学教育的相关理论知识与实践经验。本书主要阐述了学前儿童科学教育的相关理论知识、具体教学活动的设计与实施、教育资源的选择与利用、评价的理论和实践、家庭与社区的科学教育以及发达国家的科学教育发展趋势，以培养学习者正确的教育观、教学观和学生观为出发点，强调教师在学前儿童科学教育教学中陪伴者、引导者和组织者的角色定位，将思政元素与课程内容进行融合，不仅使学习者掌握学前儿童科学教育的基本方法与内容，还能培养学习者的科学意识和科学素养。

本书适合本科及高职高专学前教育专业师范生、课外培训机构、家长及对学前儿童科学教育感兴趣的读者学习和阅读。

图书在版编目(CIP)数据

学前儿童科学教育：微课版：思政版/赵月娥主编. —北京：清华大学出版社，2023.3（2025.7重印）
教师教育系列教材
ISBN 978-7-302-62839-2

Ⅰ. ①学…　Ⅱ. ①赵…　Ⅲ. ①学前儿童—科学教育学—师资培训—教材　Ⅳ. ①G613

中国国家版本馆 CIP 数据核字(2023)第 032453 号

责任编辑： 陈冬梅
装帧设计： 刘孝琼
责任校对： 徐彩虹
责任印制： 宋　林
出版发行： 清华大学出版社
　网　　址： https://www.tup.com.cn，https://www.wqxuetang.com
　地　　址： 北京清华大学学研大厦 A 座　　**邮　　编：** 100084
　社 总 机： 010-83470000　　**邮　　购：** 010-62786544
　投稿与读者服务： 010-62776969, c-service@tup.tsinghua.edu.cn
　质量反馈： 010-62772015, zhiliang@tup.tsinghua.edu.cn
　课件下载： https://www.tup.com.cn，010-62791865
印 装 者： 三河市科茂嘉荣印务有限公司
经　　销： 全国新华书店
开　　本： 185mm×260mm　**印　张：** 16.75　**字　数：** 404 千字
版　　次： 2023 年 3 月第 1 版　**印　次：** 2025 年 7 月第 3 次印刷
定　　价： 49.80 元

产品编号：097769-01

前　言

本书从高校学前教育专业课程改革实际出发，融入思政元素，遵循《幼儿园教育指导纲要(试行)》和《3—6 岁儿童学习与发展指南》的基本精神与原则，准确定位学前儿童科学教育的意义和价值，将理论与实践相结合、梳理与创新相结合、科学与趣味相结合、专业与思政相结合，满足了应用型本科及高职高专学前教育专业师范生的专业学习要求，以及校外培训机构、家长和对学前儿童科学教育感兴趣的读者学习和阅读的需求。

本书阐述了学前儿童科学教育的理论基础知识以及具体教学活动的设计与实施，每章都以案例导入引发读者的学习兴趣，理论知识结合幼儿园的真实案例，可读性和直观性较强，同时，本书在每章的最后设计了“知识链接”，帮助读者更深刻地理解本章的内容，同时达到拓宽读者视野的目的。本书还致力于思政元素的渗透，因此在科学案例、知识拓展的选择中，将理想信念教育、中华优秀传统美德、科学精神等融入本教材，不仅能使学习者掌握学前儿童科学教育的基本方法与内容，还可以让学习者明白培养幼儿的科学精神和对科学的兴趣更为重要。

本书共分十一章，各章内容及执笔人如下：第一章、第二章和第四章由赵月娥编写，第三章由王星华和贾晓雪编写，第五章、第七章、第八章、第十章由金延旭编写，第六章、第九章、第十一章由时代编写。本书获得了清华大学出版社的大力支持，在此表示深深的谢意！

本书中的案例和图片资料均来自沈阳大学应用技术学院的实践教学基地——沈阳大学附属幼儿园、沈阳市奇点豆幼儿园、沈阳市红黄蓝幼儿园、沈阳市大东区教育局幼儿园等多家幼教机构，在此一并表示感谢！

本书在编写过程中，参考了很多同类著作和期刊等，限于篇幅，恕不一一列出，特此说明并致谢。

由于水平有限，书中难免存在不足之处，恳请同行专家及读者指正。

编　者

前 言

目　　录

第一章　学前儿童科学教育的基本问题

本章学习目标

- 理解并掌握学前儿童科学教育的内涵。
- 理解学前儿童科学教育的意义与价值。
- 理解学前儿童科学学习的特点。

重点难点

重点：理解并掌握学前儿童科学教育的内涵。

难点：理解学前儿童科学学习的特点。

案例导入

一天下午，我像往常一样带孩子们到草地上去玩滑梯。刚玩了一会儿，就听见洋洋大喊："老师，有影子！""有影子？"我很纳闷儿。其他孩子听见洋洋的叫声，赶紧从滑梯上下来，围着洋洋观察起来。孩子们尖叫着："这里有影子！""咦？我这里也有影子！"孩子们顿时兴奋起来，有的伸手去抓影子，有的用脚去踩影子……

回到教室，孩子们仍在叽叽喳喳地谈论着影子。于是，我取消了原定看动画片的计划，把话题引到了"影子"上。"刚才你们这么高兴，发现了什么？""影子！影子！"孩子们争先恐后地回答。"影子？你们的影子你们抓住了吗？""抓不住！"就连平时腼腆的姗姗都兴奋地说："我也抓不住！""还有谁的发现跟别人不一样吗？"说着，我们一起来到了室外。我把孩子们分成了两组：一组在有太阳光的地方玩耍，另一组在没有太阳光的地方玩耍。通过活动，孩子们得出了结论：有太阳光的地方能照出影子。

【问题思考】

尝试用幼儿科学探究的年龄特点来解释以上现象。

第一节　学前儿童科学教育的含义

科学教育与科学的发展几乎是同步的，近代以来，以科学为支撑的多次技术革命让人类社会发生了一系列重大且可喜的变化，使科学受到世人普遍推崇。科学教育因此也逐渐被重视，并从传统的学科教育向现代科学教育转变，产生了现代科学教育新概念。在漫长的历史进程中，科学通过多种方式与人类社会相互作用，其本身也在发展过程中不断丰富和改变着自身的含义。

学前儿童科学教育的含义.mp4

一、什么是科学

什么是科学？学者们给出的定义有五十多种。虽然对科学的解释不尽相同，但人们对科学的认识却随着科学的发展日益深刻和全面。在理解科学的本质与特性时，都会涉及科学知识、科学过程与方法、科学价值体系等几个方面。

(一)科学知识

1978 年出版的《现代汉语词典》把科学定义为：人们反映自然、社会、思维等的客观规律的分科的知识体系。1979 年出版的《辞海》中写道：科学是关于自然、社会和思维的知识体系……是实践经验的结晶。1982 年出版的《简明社会科学辞典》中写道：科学是关于自然、社会和思维的知识体系，是社会实践经验的总结，并在社会实践中得到验证和发展。1999 年出版的《辞海》中把科学称为“运用范畴、定理、定律等思维形式反映现实世界各种现象的本质和规律的知识体系”。我国大部分哲学教科书将科学定义为知识体系，从两次《辞海》的定义中我们可以看到，随着时间的推移、社会的发展，科学的定义也始终在与时俱进。

一般我们认为科学知识的表现形式有科学事实、科学概念、科学原理、科学理论等。

达尔文曾说过：“科学就是整理事实，以便从中得出普遍的规律或结论。”这也就说明了科学就是发现人们未知的事实。我们正是通过自身感官感知获得对事物状况的认识，从而归纳总结形成科学的事实。

科学概念是建立在科学事实的基础上，运用思维和推理来确认和在一些事实或信息间建立起有意义的联系，将其所具有的本质特点进行概括而形成的，概念反映的是客观事物内在、共同和本质的特征，是具有共同特征或特性的事件、事物或现象的抽象化。如动物、植物、电流、声音等都是科学概念。

科学原理是反映事物的本质，是自然科学和社会科学中具有普遍意义的基本规律。是在大量观察、实践的基础上，经过归纳、概括而得出的。既要指导实践，又必须经受实践的检验，通常指某一领域、部门或科学中具有普遍意义的基本规律。科学原理以大量的实践为基础，故其正确性能被实验所检验与确定，从科学的原理出发，可以推演出各种具体的定理、命题等，从而对进一步实践起指导作用。

科学理论与科学事实、概念不同，科学理论不仅包含对现象的分类和描述，而且还包含对现象的解释。运用科学理论可以对那些模糊和隐藏在直接观察之外的复杂现实进行解释。从科学事实的认识到科学概念的形成和科学理论的建立，是个体深入地认识和理解各种知识，探讨和分析各种科学知识之间的关联以及存在此种关联的原因，并运用科学思想来解释和预测其他的自然现象或问题的过程。因此，在科学知识的获得过程中，个体理解和运用科学知识的能力也得到了发展。

总之，科学是“社会发展的一般精神成果”，是人类认识世界和改造世界的经验知识的理论概括。常识性的科学观认为科学知识是指人类探究周围世界而积累的，对客观世界和人类自身的系统的认识。这是以一种静态观看待和认识科学的观点。因为人类对客观世界的探究是在不断地肯定、否定、否定之否定，经过实证得以修正、发展和深化的，因此科学知识并不是固定不变的真理。

(二)科学过程与方法

从静止形态看，科学是反映自然、社会和思维的知识体系，但如果从动态角度去分析，科学不只是认识结果，而且还是认识过程。科学的英文为 science，源于拉丁文的 scio，意为“求知”(to know)。从词义上说，科学并不是知识或事实的汇集与待记的公式，科学更是一个动词——求知的方式，而非名词。爱因斯坦曾经把科学定义为“一种探求意义的经历”。这提示我们：科学不仅仅是已经获得的知识体系，它更是一种通过亲身经历去探求自然事物的意义，进而理解这个世界的过程。“科学本身不是知识，而是产生知识的社会活动，是一种科学生产。”美国科学家小李克特(M. N. Richter)认为科学是“一种社会化地组织起来探求自然规律的活动”。美国学者兰本达、布莱克伍德和布兰德韦恩认为，科学是“一种探究意义的经历”，发现意义、领会意义是经历、卷入、参与的结果，没有这些先决条件，就不可能真正理解事物的意义。

在科学探究中，人们经常使用逻辑、想象以及以证据为基础的思维来形成并修正科学解释，交流并总结得出科学结论。因此教师要创设问题情境，让学生通过观察发现并提出问题、并引导学生针对问题提出假设和解决问题的方法，通过收集、整理和分析信息，学习表达和交流，在科学探究过程中掌握探究的方法，从而理解科学过程与方法的本质。

就活动过程本身来说，其包括三个基本要素：探索、解释、检验。

探索：这是对人类生存的宇宙的探索。开始于好奇心、求知欲，每一个人都在思考日常生活中有趣的事物。科学工作者要设计假设、寻找证据，通过调查、实验、思维加工，获取科学知识。

解释：这是对探索过程中各种事物所作的解释。科学是一个产生知识的过程，这个过程要依靠仔细地观察现象，并且从观察中发现和提出能成立的理论。

检验：这是对所作“解释”的考验。科学的本质是通过观察来验证，如果科学理论只适用于对已经观察到的现象的解释，那还是不够的，必须对这种解释加以验证，要通过实验、数据去证实。

可见，正是通过科学活动，通过科学研究与探索的过程产生了科学知识；而且科学知识在不断被检验与修正的科学过程中趋于完善。

(三)科学价值体系

在对科学本质的理解中，无论是静态还是动态地把科学理解为知识体系以及过程与方法都是不够完善和准确的，科学还是一种价值体系。美国教育家 V. 舒密特和 V. 罗克卡斯特在《用日常事物教科学》一书中也表明了这种观点。他们认为人们通常都把科学定义为组织化的知识体，但是科学除了包括事实、原理、定律、理论和假说等内容，还包括观察、实验、深思、想象、预言以及获得知识的其他手段等特殊的态度和感觉。甚至当代许多教育界的学者也明确提出，科学不仅是知识体系与获取知识的过程和方法，而且也是一种价值或态度，包括提出问题、相信世界可被认知、实事求是、创新性、合作等。

作为价值体系的科学中包含着科学的世界观。美国科学促进会在《面向全体美国人的科学》一书中提出，科学世界观的内涵应该包括以下内容。

(1) 世界是可以被认知的。世界上万事万物的发生和发展都是有规律的，因而也是可以通过认真、系统的研究加以认识的。科学家们相信，运用智慧和借助扩展感官功能的仪器，可以发现宇宙间各种特性的规律。

(2) 科学认识/理念是会变化的。研究科学的过程也是一个发掘和获得知识的认识过程，这个过程要依靠仔细的观察，并从观察中创立各种理论。其中，知识变化是不可避免的，因为新的观察可以对现行的理论提出挑战。也就是说，在这个过程中，原有知识可能会得到修正和完善，甚至被推翻。在科学界，不管理论新旧，总会不断地对其进行验证、修改，有时会被抛弃。科学家认为，即使无法获得尽善尽美和绝对正确的真理，得到日益精确的近似真理也还是可以做到的。

(3) 科学知识是持久的。虽然科学家反对能获得绝对真理的概念，并认为不确定性是事物本身的一部分，但绝大部分知识都具有持久性。连续性和稳定性如同变化一样都是科学的特征，试验性和置信性始终是并存的。

(4) 科学不能为所有问题提供答案。世间有许多事物不能用科学方法检验。

作为价值体系的科学还涉及科学精神和科学态度等基本观点。所谓科学精神，是个体在科学活动中所形成和表现出来的人格特征，是各种科学价值观、科学品质以及行为准则的整合。科学态度作为一种建立在科学观念基础上的心理与行为倾向，与由各种科学观念整合而成的科学精神是密切相连的。科学态度是科学精神的重要组成部分，科学精神是科学态度的内化与升华。美国科学促进会颁布的《2061 计划》中，提出儿童通过科学教育应具有如下科学态度：好奇心、尊重事实、批判地思考、灵活性、对变化的世界敏感、有尊重生命和环境的觉悟。美国学者第德利(P. B. Diederich)列举了 18 种科学态度。

(1) 怀疑：不要认为任何事情都理所当然，而要问为什么。

(2) 相信解决问题的可能性：相信任何问题都是可以解决的。

(3) 渴望实验的证实：主张用实验来证明各种想法。

(4) 精确：用精确的实验而不是含糊的或感情化的方式表达。

(5) 喜欢新事物：对新事物采取支持的态度。

(6) 愿意改变意见：在可信的证据面前愿意改变自己的信念。

(7) 谦虚：相信很多事情都是难以确定的，因此对未经证实的想法不会过于自信。

(8) 忠于真理：即使发现自己过去所下的结论是错误的也不感到羞耻，而是忠实于事实。

(9) 客观：不是凭自己的喜恶而是用事实来证实一件事。

(10) 不迷信：对怪异的事情努力寻求科学的解释。

(11) 渴望知识的完整性：努力寻求知识之间的普遍联系。

(12) 保留判断力：对于别人的既定结果不急于表态，而留待自己调查清楚之后再作判断。

(13) 区分假设和解决问题：知道假设是需要检验的，它不等于解决问题。

(14) 假设的觉悟：对一个问题要不断地提出假设。

(15) 判断的普遍性：相信通过科学实验得出的判断具有普遍的说服力。

(16) 尊重理论：认识到科学理论的重要性。

(17) 量化的习惯：喜欢用数字表达事物。

(18) 接受概率的观念：认为自然界中很多事物的发生是随机的。

除此之外，在科学教育的理论与实践中，尤其是学前儿童科学教育中，提到科学的定义，常常会将科学素养纳入其中。我国教育部颁布的作为科学教育课程改革标志性文件的

《全日制义务教育科学(3～6 年级)课程标准》中也明确提出了科学素养的定义：科学素养包括必要的科学知识和技能、科学的思维方式、对科学的理解、科学的态度与价值观，以及运用科学知识、方法解决问题的意识和能力等方面。

美国国家研究理事会制定的《美国国家科学教育标准》中指出，有科学素养就意味着一个人能识别国家和地方决策中最基础的科学问题，并且能提出有科学技术依据的见解。

因此，我们提出的科学教育是包括科学知识、科学方法、科学态度、科学精神等方面的综合教育，科学教育不仅仅是获得科学知识，还应有以观察和实验为基础的探究方法以及领略科学的思想观念，形成正确的科学态度，具有一定的科学素质。儿童在早期建立的科学概念、掌握的探究技能以及确立的对科学的态度和价值观念，对其成年后具备怎样的科学素质会有决定性的影响。

二、什么是学前儿童科学教育

长久以来，人们一直认为科学只是科学家或成人应该学习、接触的东西，与幼儿关系不大，认为幼儿无法弄懂科学深奥的原理。然而，事实并非如此，孩子从出生到开始行走、说话都是在不断地与世界互动，不断地探索世界的过程。无数个“为什么”伴随着儿童的成长，他们以不同于成人的特有方式接触科学和了解科学。

幼儿的科学并不深奥，也并不抽象，往往与具体事物相联系，当他们对周围的事物开始好奇，并不断地提出问题时，科学的种子便开始发芽了。科学教育是在近代科学技术发展的基础上产生的，又成为进一步发展科学技术的基础。科学教育的基本目标有三个方面：科学知识、科学过程与方法和科学价值体系。科学教育不仅要使学生掌握科学知识技能、科学方法及技术，而且能应用这些来了解环境、关怀社会、解决问题，不断地寻求进步，掌握更多的操作技巧，并具有乐观积极的科学精神。

学前儿童科学教育是指幼儿在教师的指导下，通过自身的活动，对周围的自然界(包括人造自然)进行感知、观察、操作、发现，以及提出问题、寻找答案的探索过程。例如，教师把孩子带到森林中，启发他们采集各种树叶，然后带回幼儿园，让孩子们进行交流，并仔细观察自己的树叶和别人树叶的区别，进行各种分类、制作活动。在活动过程中，孩子们不仅认识了各种各样的树叶，学习了分类方法，发展了他们的观察能力、思维能力、审美能力，同时还培养了他们探索大自然的兴趣和热爱大自然的情感。

学前儿童处于人生的最初阶段，同样学前儿童科学教育是整个科学教育体系的起始阶段，是一种科学启蒙教育。通过科学教育，使幼儿萌发对科学的兴趣、好奇心，积累科学经验，掌握一些初步的技能，为以后认识科学、了解科学、探索科学打下良好的基础。

从科学的概念出发，学前儿童科学教育从广义来说，应该包括一切知识体系的教育，但为了与世界各国科学教育的概念与范围相一致，学前儿童科学教育特指自然科学方面的教育。从科学经验、概念方面来说，主要包括学前儿童对周围环境以及一些科学现象、技术的了解与认识。由此，学前儿童科学教育和自然科学、学校的自然学科等都有密切的联系。

学前儿童科学教育是幼儿园五大领域课程之一，因此它与幼儿园其他教育活动有着密切的联系，并为幼儿园各项教育活动提供了知识基础，但同时，它又有其自身的特点。

第一，幼儿的生活经验是学前儿童学习科学的基础。幼儿从出生到进入幼儿园，虽然只有短短几年，但他们经常从周围环境中接触有关科学的物体和现象，在成人的影响和指导下，认识了不少事物，积累了一些知识经验，形成了一些比较简单的概念，这就为学前儿童学习科学提供了有利的基础。

第二，学前儿童科学教育选择和涉及的内容都是客观存在的，尤其是幼儿生活中可以直接观察到的。因此，教师在进行教育时，可以让幼儿直接观察各种实物。有的实物因受条件限制不能直接观察时，可以利用标本、模型、挂图、幻灯、PPT 等教具，使幼儿能间接观察，这样就能充分发挥幼儿各种感官的作用，使幼儿获得具体生动的感性经验，这是符合幼儿年龄特征和认识规律的。

第三，各种自然现象都按一定的规律在不断地变化和发展，然而这种变化难以被幼儿直接观察到，为了满足幼儿探究的需要，在科学教育过程中，教师可以利用教具模拟或再现自然现象的变化和发展，使幼儿通过观察就可以了解这些变化过程。

第二节　学前儿童科学教育的意义和价值

学前儿童科学教育是社会和个体持续发展的必要条件，实施学前儿童科学教育能够为培养具有科学能力的专业人才和具有较好的科学素质的大众劳动者奠定基础。学前儿童科学教育能促进学前儿童认知能力、个性情感的全面发展，激发学前儿童对周围世界的科学兴趣，丰富学前儿童必要的科学知识和生活经验，为学前儿童培养科学潜力。无论从社会人才培养需要的角度来看，还是从学前儿童个体发展的角度来看，实施学前儿童科学教育都是至关重要的。

一、学前儿童科学教育与社会发展

(一)科学教育对世界的影响

14—16 世纪的新航路开辟、文艺复兴运动、宗教改革等，使得社会出现了生产力与生产关系的矛盾。矛盾上升到顶点时势必会使得社会发生变革，原本封建化社会的生产方式不能满足新的需求，人们开始寻找更高效的生产方式及技术。于是，第一次工业革命应运而生，瓦特改良了蒸汽机，理查德·阿克莱特制造了水力纺纱机，等等。随着时代的不断进步，工业化的不断发展，大众的工作、生活变得更加轻松，人们不断享受着科技发展带来的便捷。可是在科技不断发展的过程中，那些依据前人提出的原理制造的产品功能却停滞不前，渐渐地不能满足人们的需求。在人类从蒸汽时代到电气时代再到科技时代的伟大跃迁中，科学教育起到了不可或缺的作用。

(二)我国科学教育与社会发展

我国在鸦片战争之前，一直以封建式的教育为主。19 世纪 60 年代初期，以曾国藩、李鸿章和左宗棠等人为代表的封建统治阶级人士，开始对中国现状有了危机意识，他们试图挽救清朝的统治，用以巩固自身利益，于是动用自身的权力创办了“新式学堂”，这是我国近代意义上最早的科学教育，是我国科技教育的雏形。1957 年后，由于国际政治关系的影响，新中国摆脱苏联的影响，开始进入了“独立自主、自力更生，走自己的社会主义革命和建设道路”的阶段。在改革开放以来的四十多年时间里，中国的科学教育发生了巨大的变化。教育进步，所以社会进步，同时教育方式与教育目标也在不断顺应社会而革新。

1995 年，党中央、国务院正式发布了《中共中央、国务院关于加速科技进步的决定》，首次提出了“科教兴国”的战略，强调当前紧迫而重要的任务，切实把经济建设转移到依靠科技进步和提高劳动者素质的轨道上来。现今为贯彻落实党中央、国务院关于科普和科学素质建设的重要部署，特制定了《全民科学素质行动规划纲要(2021—2035 年)》。习近平总书记指出：“科技创新、科学普及是实现创新发展的两翼，要把科学普及放在与科技创新同等重要的位置。没有全民科学素质普遍提高，就难以建立起宏大的高素质创新大军，难以实现科技成果快速转化。”《全民科学素质行动规划纲要(2021—2035 年)》中特别提出要“激发未成年人的好奇心和想象力，增强其科学兴趣、创新意识和创新能力，培育一大批具备科学家潜质的青少年群体，为加快建设科技强国夯实人才基础。”科学素质是国民素质的重要组成部分，更是社会文明进步的基础。学前教育是终身学习的开端，是国民教育体系的重要组成部分，对于公民树立科学的世界观和方法论，对于增强国家自主创新能力和文化软实力、建设社会主义现代化强国，具有十分重要的意义。

当今世界，新一轮科技革命和产业变革深入发展，我国已转向高质量发展阶段，科技与经济、政治、文化、社会、生态文明深入协同，科技创新正在释放巨大能量，深刻改变着生产生活方式乃至思维模式。人才是第一资源、创新是第一动力的重要作用日益凸显，国民素质全面提升已经成为经济社会发展的先决条件。科学素质建设站在了新的历史起点，开启了跻身创新型国家前列的新征程。幼儿时期是培养探索精神、求知欲，激发独立思考和创造力的关键阶段。纵观人一生的教育经历，幼儿园的科学教育、小学的科学课、中学的数理化等课程无不体现着科学教育和科学素养对于人类教育的重要性和持久性，而这之中的起点——幼儿园科学教育，对于培养幼儿的科学素养奠定了基础，为下一阶段人才的培养奠定了根基。科学教育所包含的探索精神、求知精神，会对幼儿生活、学习等各个方面产生积极影响，学前儿童阶段的科学教育越普及，幼儿对科学的兴趣越浓厚，幼儿潜在能力的开发就越有效，产生优秀科技人才的基础也就越厚实。

二、学前儿童科学教育与个体发展

早期儿童科学教育是科教兴国的奠基工程，它对儿童的科学素养、整体素质以及终身发展都有着重要的影响。

首先，科学教育可以培养幼儿学习和探索的主动性。

“兴趣是最好的老师。”兴趣是个人力求接近、探索某种事物和从事某种活动的态度和倾向。兴趣在人的心理行为中具有重要作用。科学教育能满足幼儿的好奇心，使幼儿对学习科学产生积极的态度，还能对其长大后正确对待周围事物、对待生活产生良好的影响。由于好奇心的驱使，再用科学教育加以引导，幼儿便会对科学产生浓厚的兴趣，这种兴趣有时会比幼儿对音乐、舞蹈、绘画的兴趣更为强烈。

其次，科学教育是对幼儿科学知识、过程与方法和情感的全面培养。

在幼儿科学教育活动中，教师引导观察、实验获取周围物质世界中广泛的科学、技术经验和简单的知识，以感性经验为基础，建立幼儿表象水平上的科学概念。如孩子们通过实验了解雨水和饮用水的区别，了解水的特点以及与水有关的自然现象形成的原因等，在此过程中学会观察、分类、比较、概括、讨论、查阅和实验等。还可以利用科学教育对幼儿进行道德认识和道德情感的教育，促进幼儿道德观念的形成。例如，可以通过让幼儿饲养小动物，培养幼儿爱小动物的情感。幼儿的道德行为易受眼前动机因素制约，易受情绪支配，因而常发生道德认识与道德行为脱节，甚至好心办错事的现象。

再次，科学教育培养幼儿正确的思想意识。

科学教育可以将正确的自然生态观、社会观、科技观融入其中。如在科学教育过程中强调“善待自然”“善待环境”的理念，培养幼儿热爱大自然、热爱科学、爱护环境、关心他人等情感和行为。教幼儿学会与人合作，与人交往。如垃圾分类教学中，鼓励幼儿通过讨论、绘画等形式表达自己的想法，强化幼儿的环保意识。以自我为中心且偏好主观描述是前运算阶段儿童的特点，儿童以自己的观点来理解别人的想法，以自己的视角来认识世界。例如儿童认为月亮跟随人们散步，是因为月亮想听人们说话。在“三山实验”(参看P17)中，儿童不能从玩偶的角度正确选取图画，因为他们无法理解玩偶观察的角度与自己不相同。儿童常以为别人也使用着自己的观点，无法思考别人的相异看法，儿童对事物的解释存在主观的看法，他们认为自己的主观描述合理且会以各种理由合理化自己的说法。科学教育可以使幼儿形成正确的认知观、世界观，科学地给出对事物的解释。

最后，科学教育为幼儿完满生活做准备。

学前儿童科学教育的内容来源于幼儿生活，其最终的教育目的是服务于幼儿生活。儿童是主动积极的个体，知识的获得是儿童与环境交互作用的结果，但其获得的知识是贫乏的、未经加工的，且往往是片面、孤立、朦胧甚至是错误的。儿童透过感官经验来探索周遭所发生的现象，他们的认知过程镶嵌于他们的日常生活情境之中，儿童获得的关于真实世界的知识几乎全部来自直接经验，即主要来自对自身经验所作的解释，而非来自其他渠道，故而儿童会不间断且非常用心地重组第一手经验与资料。科学教育可以为幼儿创设丰富的环境，扩大、丰富幼儿的科学知识面，并使幼儿把从生活实践中获得的知识系统化、条理化，进而逐步发现事物之间的规律和关系。《3—6 岁儿童学习与发展指南》指出：“幼儿在对自然事物的探究和运用数学解决实际生活问题的过程中，不仅能获得丰富的感性经验，充分发展形象思维，而且会初步尝试归类、排序、判断、推理，逐步发展逻辑思维能力，为其他领域的深入学习奠定基础。”因此，通过科学学习，幼儿在接下来的学习和生活中能更好地作出分析和判断。

第三节　学前儿童学习科学的特点

在我国的新课程标准中已经明确小学的科学教育要以探究为核心，在《幼儿园教育指导纲要(试行)》(以下简称《纲要》)中也强调“要尽量创造条件让幼儿实际参加探究活动，使他们感受科学探究的过程与方法，体验发现的乐趣”。《3—6 岁儿童学习与发展指南》(以下简称《指南》)指出：幼儿的科学学习是在探究具体事物和解决实际问题中，尝试发现事物间的异同和联系的过程。探究是科学研究的基本方法；热衷于探究是科学家的基本性格组成，也是儿童的天性。

学前儿童学习科学的特点.mp4

一、什么是探究

什么是探究呢？不同领域的研究者是从不同的视角来理解的。美国国家研究理事会在《美国国家科学教育标准》中给出了定义。探究是一种多层面的活动，它包括：①进行观察；②提出问题；③通过浏览书籍和其他信息资源来了解什么是已经知道的知识；④制订调查研究计划；⑤根据实验方面的证据，评价已经知道的知识；⑥用多种手段来搜集、分析和解释数据；⑦作出解答、阐述和预测；⑧交流结果。

探究过程是运用批判思维验证假设的过程。科学探究是人们通过一定的过程和方法对客观事物和现象进行探索、质疑和研究。科学探究作为一种认识活动，要经历一定的活动程序或阶段，如形成问题、提出假设或猜想、制订研究的计划(方案)、验证假设、得出结论等。由此可知科学探究具有问题性、主动建构性、思维性、合作性、交流性、情境性等特点。

幼儿的探究与科学探究不同，《指南》明确告诉我们："幼儿的思维特点是以具体形象思维为主，应注重引导幼儿通过直接感知、亲身体验和实际操作进行科学学习，不应为追求知识和技能的掌握，对幼儿进行灌输和强化训练。"这说明幼儿的探究强调以体验、发现为核心，鼓励幼儿在"做"的过程中学科学，强调让其亲身经历以探究为主的科学活动，在探究中亲历科学、体验科学，进而理解科学、运用科学。《纲要》中强调"要尽量创造条件让幼儿实际参加探究活动，使他们感受科学探究的过程与方法，体验发现的乐趣。"儿童应通过以研究为基础、以探究为中心的经历，构建他们的经验基础。这就要求教师从学前儿童学科学的特点和方式出发，为他们提供适宜他们探究的材料和活动，理解探究性是他们科学学习方式的核心特征。学前儿童学习科学不仅仅是掌握一定的科学知识，更重要的是掌握学习科学的方法，体验到学习科学的乐趣。

二、幼儿探究过程的特点

儿童在面对着自然界的各种事物时，从来都是不缺乏勇气的，他们愿意用自己的感官探索实践，最终形成自己的看法和见解。幼儿在探索过程中呈现出以下特点。

1. 与生俱来的强烈的好奇心和探索欲望

幼儿有着与生俱来的好奇心和探索欲望，就像科学家们一样。小孩子个个都是天生的科学家，他们好奇、好问、好探索，他们生气勃勃、精力充沛，不知疲倦地探索周围的世界。他们什么都想知道，他们的问题没完没了，他们的探索接连不断。正如杜威所说，儿童有调查和探究的本能，探索是幼儿的本能冲动，好奇、好问、好探索是幼儿与生俱来的特点。正因为幼儿有着强烈的好奇心和探索欲望，有一双敏锐的眼睛，所以，没有什么东西能逃脱幼儿的注意，尤其是越不知道或越被禁止触摸的东西，幼儿就越想一探究竟或试试自己的想法。听完了有趣的故事，为了知道收音机里谁在说话，他们会设法拆开收音机；下雨之后，越是告诉幼儿别踩水会弄湿鞋和裤子，幼儿越是往水坑里踩……这样的好奇心和探究热情绝不亚于科学家。

2. 关心与自然环境有关的基本科学问题

幼儿出生后一直处在对他眼前世界的好奇中，尤其是从 3 岁左右开始，伴随着语言的逐步完善、流畅，他们会不断地提出问题：

水为什么往低处流？

海水为什么是蓝的？

冬天为什么会下雪？

为什么冬天冷、夏天热？

为什么月亮会挂在天上？

太阳为什么不会掉下来？

鸟儿为什么在天上飞？

……

只要留心，我们会发现，幼儿和我们的祖先一样，他们最初关心的问题都和自然环境有关，想要知道很多事情是怎么一回事，以及世界为什么会是现在这个样子。可以说，幼儿的疑问和所问的问题在本质上与科学家的问题并无太大差异，只是科学家们在以专业的方式从事小孩子自然而然在做着的事，寻找着幼儿最关心的问题的答案。

3. 运用直接经验来认识和理解事物

学前幼儿的思维是以具体形象思维为主的，幼儿的年龄特点注定了他们对物质世界的认识是感性的、具体的，甚至思维还常常需要动作的帮助。他们对物质世界的认识必须以具体的事物和材料为中介和桥梁，在很大程度上须借助于对物体的直接操作。幼儿必须变换物体的状态，通过丢、敲、混合、掷、推拉、拆、移动、捏等动作，观察物体的转换所引起的改变，才能获得知识。简言之，幼儿要了解一种东西就必须去操作它，并转换它。幼儿在操作事物的过程中产生了物理知识和逻辑数学知识。对于幼儿的科学研究而言，孩子在学习、生活过程中动手、动口、动眼、动脑实践体验，在研究科学的实践中学习科学，在习得科学知识的同时，也会获得探究知识的方法和能力。

皮亚杰的发生认识论告诉我们：人的认识既不来源于客体，也不来源于主体，而是来源于主客体的相互作用。他把人生的第一阶段称为“感知动作阶段”，这是人认识发展的第一阶段。孩子自出生之时把各种东西放入嘴里起，就开始运用各种感觉器官与肢体对周围环境进行探索。

4. 采用“试误”的探究方法

幼儿的科学探究是在不断的尝试错误中实现的，其目的是让孩子放开“手脚”，大胆尝试，勇于探索，不断创新。因此，要尽可能让幼儿主动探究，开动脑筋；尽可能让幼儿大胆实践，发现问题，解决问题；尽可能让幼儿表达归纳，评价思辨；尽可能让幼儿在活动中深化体验。在“研究”过程中，允许幼儿获取知识的方法多样化，保持在交流和评价时标准多元化，甚至鼓励幼儿自主表达研究结果的不一致性。

案例 1-1

小汽车开动了

科学区中，两位小朋友在玩磁铁，他们一会儿吸吸这个，一会儿吸吸那个，玩得很高兴。这时，幼儿 A 发现旁边有一辆小汽车，就拿着玩起来，然后把它放到一块薄木板上，他想让小汽车在木板上跑起来，就用磁铁在前面吸、后面吸，各个方向吸，想让小汽车跟着磁铁走，可是小汽车被吸到磁铁上，并没有跑起来。幼儿 A 去找幼儿 B 帮忙，两个人一起忙活起来，可是忙了半天也没有找到合适的办法。两人有点泄气了，他们放下磁铁和小汽车，不想玩了。这时，磁铁忽然掉了下去，小朋友们惊奇地发现磁铁没有掉在地上，而是在木板的下面，在小汽车的正下方，幼儿 A 把磁铁贴着薄木板向前移动，他们发现小汽车跟着磁铁动起来了。“小汽车开了！小汽车开了！”小朋友们欢呼起来，他们玩小汽车玩了很久。

这一案例中，小朋友寻找小汽车开动的原因，使用了观察、推论、实验等科学方法。幼儿探究解决问题的过程和方法具有很大的试误性，是因为经验水平和思维特点所限，只有通过多次试误、尝试才能发现事物的特点以及它与其他事物间的关系，并得到自己满意的结果。

案例 1-2

找 锅 盖

一个小班的孩子在娃娃家的厨房里正忙着做汤。突然发现，没有配套的锅盖，于是他想找一个合适的锅盖。

他随手拿了一个锅盖盖在了锅的上面，没想到盖子直接掉进锅里。他又拿了一个大一点的，又掉进了锅里。孩子愣了一会儿，找了一个更大一些的锅盖盖上了，但是不合适，稍大了一点。他又换了一个小一点的终于合适了，孩子很得意，还把小盖子拿起来在锅上转了一圈。

5. 所获得的知识经验具有“非科学性”

幼儿对周围事物的认识和解释以及所获得的知识经验受其原有经验和思维水平的直接影响，从而形成幼儿期所独有的“天真幼稚的理论”和“非科学性”的知识经验。其突出表现在以下几方面。

(1) 用原有经验解释事物

幼儿对事物的认识直接受到其原有经验的影响。幼儿在探索和认识事物的过程中所表现出的不合乎成人逻辑的想法和做法，在幼儿已有的经验和认知结构上却是极其合理的、合乎他“自身逻辑”的。幼儿认识事物的这一特点是由于他们思维的具体形象性所派生出来的。

例证 1　原有经验：种子泡在水里能发芽、长大。
　　　　新的解释：小花瓣泡在水里能长大。

例证 2　原有经验：小朋友喝开水长得好。
新的认识：给菊花浇开水。

例证 3　原有经验：种子种在土里几天后向上出小芽、长大。
新的认识：看到花生往下长了芽，把它正了过来，让根向上长。

例证 4　教师让幼儿说菊花对人的好处。
孩子原有的经验是：树能产生氧气。
新的解释：菊花能产生氧气。

(2) 表面性和片面性

幼儿在科学教育中的探究之所以有别于科学家的探究，主要是因为他们不能抓住本质特征，对事物及其关系的认识和解释只是根据具体接触到的表面现象来进行。

案例 1-3

“小草出汗了”

早晨，两位小朋友和家长在街心公园跑步，树枝、草叶上挂满了露珠，长椅上也是湿漉漉的。幼儿 A 忽然想到一个问题，问幼儿 B:“你说是白天热还是夜里热？”“当然是白天比夜里热。”幼儿 B 回答。“我认为正好相反。你看，昨夜热得树木、花草出了那么多汗。”

(3) 主观性和泛灵论

幼儿对事物的认识和解释往往是带有主观色彩的，他们从主观的意愿出发，往往会赋予万物以灵性，在他们的理解中逻辑性也是非常好的，这个时期的孩子相信每件东西都是由人所创造的；他们还相信自然界的事物像自己一样，是有生命、意识、意图和情感的。最初，只要对人有用的物体，幼儿都认为是有生命的；接着是仅限于会移动的物体(如浮云、汽车)，大树常常被幼儿认为是没有生命的，因为它们不会移动；再后来是对自发性移动的物体；最后，才是动物、植物。

案例 1-4

“小椅子”都怪你

活动结束了，孩子们有序地排着队去上厕所、喝水，就在这时，只听“咣”的一声，不安分的浩宇连人带椅子摔在了地板上。他摸着头气愤地叫道，“哼，都怪你，都怪你！”时不时还拍两下小椅子。当时我是又好气又好笑，走到他面前煞有其事地说：“你听谁在哭啊？”他立即安静了下来，看着我。我在他的椅子旁蹲下，摸着椅子的腿，自言自语地说：“小椅子，你的腿疼吗？”“呜——疼！我不要浩宇做朋友了。”“浩宇怎么办？你拍了小椅子，把它的腿拍疼了，小椅子要离开你了！”这时，浩宇突然意识到自己不想离开小椅子，于是便走过来对椅子轻轻地说：“小椅子，对不起，不要离开我。我给你揉揉吧，我下次不这样了。”从此以后，浩宇总是轻拿轻放小椅子。

儿童泛灵论倾向的根源就是对有生命与无生命事物分界的混淆，这种思维倾向会随着认知水平的发展逐渐消失，而儿童认知能力的发展更多依赖于科学知识和情感态度的不断丰富，这一点与学校教育密切相关。对于文学色彩浓厚的学科，教师可以适当地顺应儿童泛灵论思维特点进行教学，培养儿童良好的审美情趣，提高其文化修养。科学课作为一门以客观事实为基础、以科学事实为出发点进行教学的科学启蒙课程，不提倡将儿童泛灵论思维特点作为提高儿童兴趣的筹码而自觉不自觉地使用。教师要正确地引导，让儿童多接触真实环境，参与科学探究，体验科学发现的过程，进而可以客观科学地认知世界。

三、幼儿学习科学的年龄特点

(一)3～4 岁儿童学习科学的特点

3～4 岁的儿童喜欢接触大自然，对周围很多事物和现象感兴趣，他们已经从成人那里或日常生活中获得一些关于周围事物及现象的印象，其中有些可能是正确的，但也有些可能是错误的。他们的思维正处于由直觉行动性思维向具体形象性思维过渡的阶段，因此 3～4 岁儿童在学习科学的过程中往往表现出以下一些特点。

1. 缺乏抽象性，认识处于不分化的混沌状态

3～4 岁的儿童在刚上幼儿园小班时，往往眼中是一片不分化的混沌状态。虽然他们能注意并发现周围的物体，特别是了解动植物是多种多样的，但是他们还是对一些物体与现象分辨不清，常常“指鹿为马”。例如，有的幼儿把绿草、绿叶叫作“绿花”；有的幼儿认识柳树后，把其他的树也叫作“柳树”；还有的幼儿会把树干叫作“木头”。因此，他们常向成人提问：“这是什么？”“那是什么?”

2. 缺乏目的性，认识带有一定的模仿性

3～4 岁的儿童对事物的认识主要追随着无意注意的节奏，他们不仅不会有意识地围绕一定的目的去认识某一事物，并且还不善于根据自己的所见、所闻、所知来表达自己的认识，调节自己的行为，而是喜欢模仿别人的言行。别人说小灰兔是小白兔，他也说是小白兔；别人摇小树苗，他也跟着去摇小树苗。有时，由于分辨能力差，爱模仿，甚至会发生无意伤害动物、植物的行为。

3. 缺乏科学性，认识明显带有拟人化倾向

由于 3～4 岁儿童的感知受自我中心的影响，常以自身的结构去理解物体的结构，以自己的生活体验去解释科学现象，对有生命的东西和无生命的东西分辨不清，认识带有明显的拟人化现象。例如：看到皮球从积木上滚下来，就说，“它(指皮球)不乖”；指着四条腿的动物说，“它有两只手、两只脚”。

案例 1-5

这天中午起床，我像往常一样在门口检查孩子们的穿鞋状况，果不其然，又有几个孩子把鞋穿反了。我故作惊讶地指着蒲玉的鞋说：“哎呀，宝贝，你的鞋子宝宝怎么在吵架呀？你看它们两个正歪着头生气呢！”蒲玉听后立刻低下头左看看右看看，笑着对我说：“呵呵，鞋子宝宝真的生气了！”我说：“哎呀，鞋子宝宝这么好的朋友，为什么会生气呢？你赶快帮帮它们，让它们别生气了。”只见蒲玉蹲下身子，坐在床边脱下鞋子，把它们换了过来。其他的小朋友看见了，都低下头去检查自己的鞋子有没有吵架。从那天以后，

我每当起床后发现他们把鞋子穿反了，就会提醒他们：快看看你的鞋子宝宝又在吵架了！孩子们会立刻检查并把穿反的鞋换过来，有的孩子穿好后还会开心地说：我的鞋宝宝不吵架了！

4. 缺乏深刻性，认识带有表面性和片面性

3～4 岁儿童注意力往往容易集中在具有鲜艳色彩、会发出悦耳声音、能动的、他比较喜欢的事物上，易受情绪的影响。因此，3～4 岁儿童对动物的兴趣一般胜于对静态东西的兴趣，对他不感兴趣的事物或特点，似乎视而不见，这就使其认识带有表面性和片面性，影响对事物的主要方面和主要特征的认识。

(二)4～5 岁儿童学习科学的特点

4～5 岁的孩子对科学的兴趣明显地增强，此时幼儿以具体形象性思维为主。因此，4～5 岁儿童在学习科学的过程中表现出以下一些特点。

1. 好奇好问

随着身心的发展，4～5 岁儿童更加活泼好动、好奇好问，对大自然发生浓厚的兴趣，愿意用各种感官去探索、了解新事物，喜欢探究“为什么”——“为什么鱼在水里游？”“为什么天是蓝的？”……具有打破砂锅问到底的精神。

2. 初步理解科学现象中表面的和简单的因果关系

这个阶段的幼儿一般已经能从直接感知到的自然现象中理解一些表面的和简单的因果关系。例如了解“种了花，不浇水就要死”“因为鸟有翅膀，所以能飞”。但是他们还难以理解科学现象中内在的和隐蔽的因果关系。因此，4～5 岁儿童对于物体与现象，易受其形状、颜色、大小和活动等外部的非本质特征的影响，而作出错误的因果判断。例如认为“树摇了，所以刮风了”“乒乓球会浮在水上，因为乒乓球是红的，是滑的”“火车会动、会叫，它是活的东西”。

案例 1-6

有小朋友拿着爸爸新买的足球在玩，一会儿丢球，一会儿踢一下。旁边有一个小水坑，球偶然间掉进了水坑，孩子发现足球浮在水面上，她用力往下按压，可怎么使劲都没办法让足球沉到水底；有时按压位置不当，足球会一下子从水面弹出来，用的力气越大，弹跳得就越高越远……

3. 开始根据事物的表面属性、功用和情境进行概括分类

尽管概括的水平还很低，但是 4～5 岁的幼儿已经开始在感性经验的基础上，对具体事物进行概括分类。其分类的根据主要还是以具体事物的表面属性(如颜色、形状)、功用或情境等为主，带有明显的形象性和情境性的特点。例如，在利用图片进行分类时，幼儿把苹果、梨、桃归为一类，认为“能吃，吃起来水多”；把太阳、卷心菜归为一类，认为“都是圆的”；把玉米、香蕉、小麦归为一类，认为“都是黄颜色的”；把太阳和公鸡放在一组，认为“太阳一出来，公鸡就喔喔叫”。因为不能根据事物内在的和本质的属性进行抽

象概括，所以也就不能正确地按客观事物的分类标准进行概括分类。

案例 1-7

多宝 4 岁了，在幼儿园里学会了整理自己的物品。最近一段时间，妈妈发现，多宝能够自主收拾了。他会把木制积木和塑料积木分开，把爸爸的袜子和自己的袜子分开，把自己的玩具车按照功能分成工程车、警车和小汽车。尽管有些物品种类边界不是特别明确，但是多宝已经开始进行“形象性”“情景性”分类。

(三)5～6 岁儿童学习科学的特点

5～6 岁的儿童马上要步入学龄期，他们比 4～5 岁的幼儿更渴望了解周围的世界。这一阶段的幼儿抽象逻辑思维已经开始萌芽。因此，5～6 岁儿童在学习科学的过程中表现出以下一些特点。

1. 有积极的、强烈的求知欲望

5～6 岁儿童对周围世界有着积极的求知探索欲望。他们不但想知道“为什么”，而且想知道“是怎么来的”“用什么做的”。往往可以听到幼儿提出这样的问题：“为什么月亮会跟着我走？”“鱼儿为什么能在水里游？”“电视机里的人怎么会走路、说话的？”有的幼儿在做科学小实验时，能够想出用不同的方法去探求实验的结果。将自己的玩具进行拆卸是这个阶段的幼儿常玩的游戏，目的是想看看其中的奥秘，他们不满足于表面的结论，更渴望得到科学的答案。

案例 1-8

快乐的旋转

教师：生活中有什么东西会旋转呢？

孩子们议论纷纷：旋转是接送车转动的轮子、是司机叔叔手中的方向盘、是妈妈买来的陀螺、是幼儿园里好玩的呼啦圈、是洗衣机里的大旋涡、是电视里威力无比的龙卷风……各种各样的旋转吸引了孩子们，他们睁大的眼睛里充满了好奇。

教师：生活中有这么多神奇的旋转，那我们自己呢？

教师带领幼儿探寻自己的身体，孩子们兴奋地发现原来我们从上到下都会旋转——头、眼珠、嘴巴、手臂、腰、膝盖、脚……甚至整个身体都会旋转，更神奇的是我们的身子能跟着音乐节奏旋转，还能好几个部位同时旋转呢……

渐渐地，孩子们不满足于发现旋转了，他们开始探索：这些东西为什么会旋转呢？孩子们到自己熟悉的各个角落去寻找、做记录，惊喜地发现原来旋转原因有好多：有的靠电力旋转、有的靠风力旋转、有的靠人力旋转。孩子们又大胆地想象：还有靠引力、靠机器人的力量旋转的……可是，为什么它们旋转的速度会不一样呢？在接下来的科学活动中，细心的孩子们开始学会在游戏中比较观察：原来，接触面的光滑和粗糙、物体本身是否平衡、用力的大小等都会影响旋转的速度。

2. 初步理解科学现象中比较内在的、隐蔽的因果关系

5～6 岁儿童已经开始能够通过内在的、隐蔽的原因来理解科学现象的产生。例如，在解释乒乓球滚落的原因时可以从客体的形状与客体的位置之间的关系，即“圆”与“斜”的关系中去寻找。由于科学现象中的因果关系比较复杂，即使到了 5～6 岁，幼儿对不同科学现象中因果关系的理解水平也不可能一致，而且对日常生活中所不熟悉的复杂的因果关系也很难理解。

3. 能初步根据事物的本质属性进行概括分类

5～6 岁儿童开始能够根据事物的本质属性，对客观事物进行初步的概括分类。如把具有坚硬的嘴，身上长有羽毛、翅膀和两条腿，人们饲养的鸡、鸭、鹅归为家禽类；把身上有皮毛、四条腿，人们饲养的猫、兔、猪归为家畜类。幼儿阶段，由于知识、语言、抽象概括水平的制约，对类概念的掌握还是比较初级和简单的，不能掌握概念全部的精确含义，缺乏掌握高层次类概念所需要的、在概括基础上进行更高一级抽象概括的能力。因此，到了 5～6 岁，仍不可避免地会出现一些概念外延上的错误。

从以上幼儿学习科学的特点，对幼儿科学教育有以下几点启示：第一，幼儿学习科学不仅是可能的，同时也是幼儿的兴趣和需要。幼儿通过学习科学，能获得各方面的发展。第二，应根据科学教育的总目标，制定符合幼儿认知水平的科学教育年龄目标，选择内容，确定教法。并遵循由近及远、由浅入深、由具体到抽象的原则，逐步提高要求。第三，教师应在科学教育过程中结合实际情况灵活地掌握并作出必要的调整。

本章小结

本章主要从科学知识、科学过程与方法以及科学价值体系介绍了科学的概念，进而介绍了学前儿童科学教育的内涵，从科学教育与社会发展、科学教育与个人发展两个方面介绍了学前儿童科学教育的意义与价值，重点介绍了幼儿科学探究的特点以及年龄特征，帮助读者了解学前儿童科学教育的基本内容。

思考题

一、简答题

1. 什么是科学？根据你的理解阐述科学的内涵。

2. 科学发展促进了人类社会的发展，还是人类社会的进步促进了科学的发展？谈谈你的想法和感受。

3. 结合学前儿童科学学习的特点，试讨论教师如何利用该特点进行教学。

二、实践与实训

根据以下案例，结合幼儿科学学习的特点谈谈你的想法。

在“认识电”的科学教育活动中，老师们为每组幼儿提供一个线路板，让幼儿把两节电池的正负极连接起来，使小灯泡发亮。结果很多幼儿很快获得了成功，并且操作得很熟练。

可我不禁思考，在这样的科学活动中，幼儿真的能够收获知识么？陶行知先生早就说过“生活即教育”。美国心理学教授特芬尼•桑顿引用许多人的研究成果证明幼儿能否成功地解决遇到的问题，更多地取决于他们的经历而非聪明程度。在日常生活中有意地为幼儿设置问题情境、创造解决问题的机会能有效地帮助幼儿把知识转化为生活技能。在这样的科学活动中教师注意到了为幼儿提供丰富多彩的操作材料，但很多时候，只是要求幼儿按照老师设置的程序去操作。这符合幼儿的生活需要吗？

如今幼儿的生活中充满了数不胜数的使用电池的玩具、文具、生活用品，如电子游戏机、电动玩具、闹钟、录音机、手电筒等，这些物品的电池型号不同，安装方法也有差异。如果幼儿只学会熟练单一地操作实验中的线路板对他们来说又有什么意义呢？只有给他们提供一系列常见的生活用品，让他们通过探索、尝试，在反复的拆装中学会正确地给不同物品安装不同的电池才是幼儿真正需要的。

我们应注重让幼儿置身于广阔的社会生活环境中去学习，这样他们的眼界将更加开阔，他们对于现代科技与人们生活的关系也将理解得更深刻。如在进行“火”的科学主题活动时，我们把幼儿带到消防队，让他们观看消防员叔叔的消防演习，边看边听消防员叔叔介绍消防车的构造、先进的消防器材、在生活中如何注意用火安全……这种身临其境的学习比在课堂上干巴巴地讲解消防车的结构要有价值得多。

知识链接

皮亚杰“三山实验”

皮亚杰是儿童心理学、发生认识论的开创者，被誉为心理学史上除了弗洛伊德以外的另一位“巨人”，其提出的发生认识论不仅是日内瓦学派的理论基础，也是欧洲机能主义的重大发现。它开辟了心理学研究的一个新途径，对当代西方心理学的发展和教育改革具有重要影响。皮亚杰的“三山实验”便是他的重要成果之一。

三山实验，是皮亚杰和其助手设计的，主要用来探究幼儿的自我中心化情况，研究4～7岁的儿童看问题的角度和方式，是证明儿童自我中心化的经典实验。

实验方式是在桌子上放置三座山的模型，在高低、大小、位置上，三座山之间有明显的差异。实验时，先让儿童从不同角度观察这三座模型山，然后让他坐在其中一边，将一个布娃娃放置在他对面。此时实验者要儿童回答两个问题。第一个问题是：“你看见的三座山是什么样子？”第二个问题是：“布娃娃看见的三座山是什么样子？”并要求儿童从四张图片中指出哪一张是布娃娃看到的“山”。

结果发现，儿童对两个问题给出了同样的答案，他只会从自身所处的角度看三座山的关系(如两座小山在大山的背后)，而不能设身处地从对面的布娃娃的立场来看问题。皮亚杰以此来证明儿童“自我中心化”的特点。

批评三山实验的也不少，批评者认为三山实验难度太高，如果选材更为贴近儿童的认知水平，那么他们是可以完成的。如在海伦·布克(Helen Borke)于 1975 年报告的一项任务中，将背景设定为一个有小湖、森林、动物、建筑物和人的农庄，布娃娃被替换为美国著名儿童节目《芝麻街》中的角色格罗弗(Grover)。当研究者把 Grover 放置在农庄各处并询问儿童 Grover 能看到什么景象时，即使是 3 岁的儿童也能绘声绘色地描述。

三山实验说明自我中心主义是前运算阶段(2～7 岁)幼儿的认知特征。自我中心主义是指幼儿只从自己的观点看待世界，难以认识他人的观点，认为所有的人都有相同的感受，经常假定其他人都在分享自己的情感、反应和看法。因此，在和这个年龄段的孩子沟通时，我们应该站在他的角度看问题，用共情的方式加以引导。

而反对者的实验也是一条重要的启示：当我们认为儿童不具备某些能力的时候，可能只是问题的打开方式不对。培养孩子的能力，也许只需要换一种更接近孩子的方式。

皮亚杰在对于自己终身研究的评价中写道："不管这是我的信念，或是我的错觉——只有将来才能明白哪些是真理，哪些纯属于我的刚愎自用。我坚信我已经勾勒出一个相当清楚的一般性轮廓，不过当中仍然有很多漏洞，如果能将漏洞补起来，可能会导致理论衔接上有各种形式的分化，不过那都无损于体系中的主要思路。"

(资料来源：百度百科《三山实验》)

第二章　学前儿童科学教育的理论基础

本章学习目标

- 理解并掌握皮亚杰认知发展理论的基本观点。
- 理解并掌握维果茨基关于概念形成的基本理论。
- 理解并掌握布鲁纳建构主义理论的内涵。
- 理解并掌握加德纳多元智能理论的基本观点。
- 理解并掌握陶行知生活理论的基本观点。

重点难点

重点：皮亚杰认知发展理论的基本观点。
难点：维果茨基关于概念形成的基本理论。

案例导入

1929 年 9 月，第九届国际心理学大会在美国纽黑文市召开，在该次会议上，皮亚杰结识了维果茨基的同事亚历山大·吕里亚。接下来皮亚杰给朋友梅耶松写信，谈到要为一个新期刊寻找潜在合作者，“我为俄罗斯找到了一个出色的人，他叫吕里亚，28 岁，写出了无数一流的文章。他跟维果茨基共事，我们应该聘用这两个人”。

维果茨基负责皮亚杰两部著作的翻译工作，并进行了一系列的对照实验。他对皮亚杰的临床法大加赞赏，认为这位“最敏锐的研究者革命化了儿童语言与思想的研究”。但是，维果茨基认为，不能从自我中心言语得出自我中心思维的结论。他在研究中发现，“自我中心言语的结构独特性不会随年龄而弱化，反而是愈发强烈。3 岁时，这些特性最少，到了 7 岁，就达到了最大值”。在维果茨基看来，皮亚杰的自我中心言语缺乏功能，这是因为皮亚杰没有把儿童的自言自语视为克服困难的策略。自我中心的儿童据说是一直在体验自己的非适应状态，所以皮亚杰的无意识观念以及掌控意识的观念毫无价值，并非自我中心导致儿童缺乏意识，而是其观念没有组织到系统之中……

（资料来源：理查德·科勒，让·皮亚杰[M]. 杨彩霞，译. 哈尔滨：黑龙江教育出版社，2016.）

【问题思考】

查阅相关资料，试理解皮亚杰认知发展理论和维果茨基概念形成理论之间的联系。

第一节　皮亚杰认知发展理论

发生认识论创始人让•皮亚杰(Jean Piaget，1896—1980)可以说是心理学界最早关注儿童科学认识的心理学家。他是瑞士当代著名儿童心理学家及教育家，毕生从事儿童认识发展的研究，并建立了儿童认知发展理论。

皮亚杰认知发展理论.mp4

一、认知结构理论

皮亚杰认为认知的本质是适应，“智慧就是适应”“是一种最高级形式的适应”。他用四个基本概念阐述他的适应理论和建构学说，即图式、同化、顺应和平衡。

1．图式

图式即认知结构。“结构”不是指物质结构，是指心理组织，是动态的机能组织。图式具有对客体信息进行整理、归类、改造和创造的功能，以使主体有效地适应环境。认知结构的建构是通过同化和顺应两种方式进行的。如：新生儿以吸吮动作为主，吸吮是一种动作图式；学会吃饭时，咀嚼动作是另一种动作图式。

2．同化

同化是皮亚杰发明的术语，是适应的机制之一。皮亚杰称之为“刺激输入的过滤或改变”，是主体将环境中的信息纳入并整合到已有的认知结构中的过程。同化过程是主体过滤、改造外界刺激的过程，通过同化，加强并丰富原有的认知结构。同化使图式得到量的变化。

3．顺应

顺应也是皮亚杰发明的术语，是适应的机制之一。皮亚杰称之为“内部图式的改变以适应现实”是当主体的图式不能适应客体的要求时，就要改变原有图式，或创造新的图式，以适应环境需要的过程。顺应使图式得到质的改变。

同化表明主体改造客体的过程，顺应表明主体得到改造的过程。它们不可能单独存在，二者之间是一种对立统一的关系。一切的认识都离不开认识结构的同化和顺应的作用，它们是认知结构既顺应于外物，同时外物又同化于认识结构的这两个对立统一的过程的产物。皮亚杰强调主体在认知发展建构过程中的主动性，即认知发展过程是主体自我选择、自我调节的主动建构过程，而平衡是主动建构的动力。

4．平衡

平衡是主体发展的心理动力，是主体的主动发展趋向。皮亚杰认为，儿童一生下来就是环境的主动探索者，他们通过对客体的操作，积极地建构新知识，通过同化和顺应的相互作用达到符合环境要求的动态平衡状态。皮亚杰认为主体与环境的平衡是适应的实质。儿童认识上的每一次平衡都只是暂时的，并且是另一较高水平的平衡运动的开始。这种不断发展的平衡，就是皮亚杰所谓认知结构的形成和发展的基本过程。正是通过这种循环往复、不断向上的平衡运动，使儿童能不断地建构新知识，形成新的认知结构，从而不断适应环境，适应现实。

皮亚杰强调儿童在认知的建构和发展过程中物质活动和个体与环境相互作用的重要性。他认为儿童认识和认知结构的起源是物质的活动。通过活动，个体与环境相互作用，主动建构他们自己的认知结构。同时，儿童也通过个体活动与环境相互作用，逐渐地建立起更精确的认知结构，使他们的认知发展从一个阶段转换到另一个阶段。他认为，没有物质的活动，儿童就不能实现认知运算。儿童不是一个被动的接受器，而是发展他的认知的原动力。所以，我们应提倡儿童的“主动学习”。对于科学教育来说，就必须注意让儿童多动手、多动脑，两者缺一不可。教师要爱护幼儿天生的好奇心和探索精神，在动手动脑的过程中，幼儿以身体和感官接触外界事物，丰富了经验，也发展了他们的认知能力。

二、认知发展阶段理论

皮亚杰把认知发展视为认知结构的发展过程，以认知结构为依据区分心理发展阶段。他认为儿童的认知发展的每一阶段都是一个统一的整体，而不是一些孤立的行为模式的总和，且每一阶段有它主要的行为模式，标志这一阶段的行为特征，阶段与阶段之间不是量的差异，而是质的差异，每一行为模式源于前一阶段的结构，前一阶段的行为模式总是整合(或称融合)到下一个阶段，前者是后者的准备，并为后者所取代。皮亚杰将儿童认知发展过程划为四个不同水平的阶段，即感知运动阶段(0～2 岁)、前运算阶段(2～7 岁)、具体运算阶段(7～11 岁)、形式运算阶段(11～16 岁)。

1. 感知运动阶段(0～2 岁)

此阶段儿童的认知发展主要是感觉和动作的分化，其认知活动主要是通过探索感知觉与运动之间的关系获得动作经验，形成图式。手的抓取和嘴的吸吮是他们探索周围世界的主要手段。这一时期，儿童的认知能力也是逐渐发展的，从对事物的被动反应发展到主动的探究。本阶段儿童还不能使用语言和抽象符号来命名事物。

2. 前运算阶段(2～7 岁)

儿童在感知运动阶段获得的感知运动图式在这一阶段开始内化为表象或形象图式，由于语言的发展，使得儿童的表象日益丰富，认知活动不再局限于感知活动，但此阶段思维仍受具体知觉表象的束缚，难以从知觉中解放出来。此阶段儿童的心理表象是直觉的物的图像，不是内化的动作格式，还不能很好地把自己和外部世界区分开来。认知活动具有具体性、不可逆性、刻板性。

案例 2-1

一个 4 岁半的女孩，常被父母带去附近的公园，由家至公园要途经自由市场(A)、百货公司(B)、工地(C)、汽车站(D)，最后到达公园。父母领着孩子反复去过几次公园，途中经常提醒她所经过的 A、B、C、D 的地名及特征，很快孩子就能分别说出 A、B、C、D 的地名，并能领着父母去公园了。但她却不能从公园回到家里，让她说出从公园到家所经的地名，她不能说出 D、C、B、A，而仍说 A、B、C、D(缺乏可逆性)。

在以后的从公园回家的途中，父母有意识地给予指点，说出 D、C、B、A。很快女孩学会了从公园回家，并说出 D、C、B、A 及从家去公园与从公园回家一样远(守恒性)。这是一种可逆性训练和守恒性训练。

3. 具体运算阶段(7～11 岁)

此阶段儿童的认知结构已发生了重组和改善，具有了抽象的概念，能够进行逻辑推理。其标志是出现守恒的概念，能运用表象进行逻辑思维和群集运算。但此阶段儿童的思维仍然需要具体事物的支持，因此这一阶段儿童应多做事实性的、技能性的训练。

4. 形式运算阶段(11～16 岁)

此阶段儿童的思维已经超越对具体的、可感知的事物的依赖，使形式从内容中解脱出来，进入形式运算阶段(又称命题运算阶段)。本阶段儿童的思维是以命题形式进行的，并能发现命题之间的关系，能用逻辑推理解决问题，能理解符号的意义。此阶段儿童不再刻板地恪守规则，且常常由于规则与事实的不符而拒绝规则。

以上四个阶段与阶段之间不是简单的量的差异，同时也存在质的差异。前一阶段的行为模式总是整合到下一阶段，而且不能互换。每一行为模式源于前一阶段的结构，由前一阶段的结构引出后一阶段的结构。前者是后者的准备，并为后者所取代。各个阶段不是截然的阶梯式，而是具有一定程度的交叉重叠。

三、知识分类理论

根据皮亚杰的知识分类理论，人类知识的获得是一个活跃的过程，要理解事物，就必须将实物纳入转化系统来考虑，同时要获得知识也涉及转换实物以理解某一种状态是如何产生的。换言之，要获取知识经验必须操作实物，而不是被动地接受。儿童必须变换物体的状态，对物体施以丢、敲、混合、掷、推、拉、拆、移动、捏等动作，并观察物体转换所引起的改变，才能获得知识。简言之，了解一样物体要通过操作它并转换它。皮亚杰认为儿童在操作实物时会产生两种经验：物理经验与逻辑-数理经验。物理经验是指个体作用于物体抽象出来的物质的特性，如大小、形状、重量等，其本质特点是物理经验源于物体本身，且是物体本身固有的。逻辑-数理经验是指个体作用于物体，从而理解动作之间的协调的结果。如 5～6 岁的儿童从经验中发现，一组物体的总和同它们的空间排列位置无关，和它们被计数的次序也无关。物理经验源于物体本身，而逻辑-数理经验不是从客体本身抽象出来的，而是从主体自己施加于客体之上的动作中抽象出来的。由这两种经验分别形成了物理知识和逻辑-数理知识。如气球会爆掉、雪会融化、阳光很温暖，又如物体数量与排列方式无关的知识等。

在儿童认知的发展过程中，物理知识和逻辑-数理知识的重要性是不同的。在前运算阶段，动作的物理和逻辑-数理方面仍然是不分化的，儿童主要的兴趣集中于其动作的结果，在此阶段，儿童动作的逻辑-数理方面似乎更依赖于物理经验。物理知识对于幼儿是十分重要的，因为处于那些发展阶段的儿童“有强烈的内在动机，对物体感兴趣；创造和协调了那些后来成为运算系统的基本关系。因为有了对早期创造的关系的协调，才会有后期关系的创造，早期儿童时期建构的知识与以后所有知识的建构是不可分割的。”

我们应鼓励儿童在不同的环境中积极活动，为他们提供多种分析综合的材料以及获得材料的机会。充分利用儿童好奇心强、兴趣广泛、活泼好动、喜欢探究、肯于思索等特点，让他们较早较广地接触外界，认识环境，观察自然与社会，亲身实践，这样，可以从中获得生动丰富的具体经验，特别是逻辑-数理的经验，为日后抽象思维的发展打下良好基础。

四、教育启示

皮亚杰的认知发展理论为教育者提供了宝贵的教育启示，尤其是在关于幼儿学习本质的研究中，主要表现在以下几个方面。

1. 幼儿的学习是主动学习

皮亚杰认为："关于学习能否加速儿童认知发展的问题，其关键在于学习活动是成人教导下儿童被动地学习知识，还是儿童在其生活情境中自行探索主动学到知识。我认为，教育的真正目的不是增加儿童的知识，而是设置充满智慧刺激的环境，让儿童自行探索，主动学到知识。如果在发展尚未达到适当水平之前提早教他知识，将会对儿童自行探索主动求知的行为产生不利影响。"皮亚杰认为儿童是主动学习的学习者，所以学习是由学习者主动发起的学习，而不是由教师手把手教或传递所进行的学习，主动学习才能使学习者创造性地学习。皮亚杰把儿童比喻成科学家，意指儿童像科学家一样，通过自身和周围世界的相互作用，自己建构关于客观世界的科学认识。他关注儿童科学认识发展的自发性，描述了儿童科学认识随着认知发展阶段的演进而改变的过程，同时力倡让儿童通过主动的探究活动进行自主式的学习。

2. 学习的过程是探究的过程

皮亚杰指出："童年期是一个人最精彩、最具创造力的时期。"学前教育应该为儿童提供实物和环境，让儿童自己动手操作，通过摸、看、闻、尝、听、抓、举、扔、捏、切等来了解事物的各种特性，这充分说明了儿童学习的探究性特点。探究性体现了将学前儿童看成是学习与发展的主体，把学前儿童看成是主动的学习者。学习过程是学前儿童与周围环境相互作用的过程，当他们操作材料、进行实验，探索着发现事物，并谈论它是如何出现的时候，他们在进行最好的学习。探究性强调以问题的形成作为学习的起始阶段，重视学前儿童的学习兴趣和主动参与，重视知识的获得过程。实施这一原则，必将使学前儿童在教育的过程中体验到探索的乐趣，并由此养成探究精神和动手实践的能力。探究性是学前儿童进行科学活动的一个主要特性。

3. 不提倡过早学习

根据皮亚杰的认知发展阶段论，我们认识到当我们在对儿童进行科学教育时，不能超越儿童本身成熟的条件，对儿童提出过高的、不符合实际的要求。皮亚杰认为，过早地教给儿童一些他自己日后能够发现的东西，会使他不能有所创造，也不能对这种东西有真正的理解。

有人针对皮亚杰的阶段论，提出教学不仅要符合儿童目前的发展层次，而且要创造儿童的最近发展区，教师的角色应是积极的，不能消极地等待儿童的发展，教学必须先于发展。同时他还提出"支架式教学(鹰架式教学)"，在成人与儿童的互动中，由成人运用各种策略，为儿童搭建"支架"，以帮助儿童发展。

第二节　维果茨基概念形成理论

维果茨基(Lev Vygotsky，1896—1934)是与皮亚杰同年出生却英年早逝的苏联心理学家、教育家，他主要研究儿童发展与教育心理，着重探讨思维和语言、儿童学习与发展的关系问题。他所创立的文化历史理论不仅对苏联，而且对西方心理学产生了广泛的影响；同时，对当代西方认知心理学的研究也有重要的影响。维果茨基在辩证唯物主义的观点指导下，研究了儿童科学概念的发展，并强调了教学对于促进儿童发展的作用。

一、概念形成的过程

维果茨基对儿童概念的发展提出了自己的看法。他认为，儿童概念的发展是由概念含混、复合思维和抽象思维三个时期组成的，每一个阶段又包含着若干个小阶段。

1. 概念含混时期

维果茨基认为儿童依据知觉动作与表象相互联结构成的一个混合形象来对一堆物体进行分类，而事实上这种分类虽然表面上有联系，实际上却缺乏内在基础。他们用过多的主观联系弥补客观联系的不足，并把印象和思维联系当作物品联系的一种趋势。这种思维在早期幼儿行为中最为常见。这个阶段的儿童所使用的词语的意义，从外表看，能近似成人词语的意思，儿童与成人对同一词语的意思，经常在同一具体物体上汇合，使儿童与成人相互理解，但是它们之间思维走向的心理途径是完全不同的。概念含混时期的思维虽然是一种无条理的连接，但是对儿童在头脑中进行主观联系的再生产具有重大的发展意义，是儿童思维进一步发展的基础。

维果茨基为了进一步说明，他把这一时期分为三个阶段，即：第一阶段，表现为尝试与错误；第二阶段，表现为儿童按直觉揭示给自己的主观联系，对物品进行分类；第三阶段，是含混时期向第二个时期，即复合思维时期过渡的阶段。

2. 复合思维时期

这一时期儿童的思维包括各种各样的类型，它们之间形成一定的联系，导致了儿童全部经验的调整和系统化。儿童的这种思维已经不再是毫无关联的事物之间的联合，而是将一类功能上有某种联系的具体事物加以联合的思维形式，所以维果茨基把这个时期的思维称为复合思维。复合思维反映的是组成复合体的各成分之间具体的实际联系，而不是抽象的逻辑联系，它根据“组成复合体的各成分之间具体的实际联系”来认识事物，即根据简单的因果关系或者根据事物表面的属性、功用或情景来总结概念。儿童是根据事物的大小、颜色或形状等相同或相似而把它们联系起来认识的。

由复合思维而形成的复合体不属于抽象-逻辑思维层次，而属于具体-实际思维层次。简单地说，概念反映的是事物之间内在的、共同的、本质的联系，而作为复合思维产物的复合体，反映的是直接经验所揭示的广泛的、多样的、实际的却非实质的联系。

维果茨基把复合思维分为联想型、集合型、链状型、弥漫型、假概念等五种类型。

(1) 联想型。儿童按物体的醒目特点(如形状、颜色、大小)将对象分类。

(2) 集合型。按一类事物主观的具体印象加以特别组合，如收集一套邮票那样。

(3) 链状型。将第一个对象按单个特性与第二个对象加以联结，再按另一个特性将第二个对象与第三个对象联结，如此往复，形成一个链条状的“概念”。

(4) 弥漫型。按不确定的标准将具体对象归结为一类，造成类别的轮廓模糊、不确定。

(5) 假概念。形式上与成人使用同一个词汇，但在理解上要比成人狭窄。

维果茨基认为：假概念是学前儿童最常见的、最普遍存在的复合思维形式。

复合思维的普遍特征是儿童按他们感知的特点将对象进行分类，形成他们充满直观的“概念”，这种概念可以用来与成人交往，但并不是真正的概念。

3. 概念思维时期

当儿童能冲破情境、特征的具体联系而将一些个别特征抽象化，并在新的基础上，将这些特征重新联结起来后，便形成了真正的概念。在概念思维时期的开始，十分接近复合思维时期，以后才能区别出根据某一特征所概括的一组物品，最后才能形成真正的概念。形成真正概念的决定性因素是词语，儿童借助于词语将抽象的特征符号化。

维果茨基强调思维发展中的阶段和时期的更替不是一个机械的过程，他认为各种发生形式都是共存的，“最新的、最年轻的、人类历史刚刚产生的形式能在人的行为里和最古老的形式肩并肩地和平共处”，“在儿童思维发展方面同样的现象也是确定的。这里儿童正在掌握最高级的思维形式——概念，但它绝不与较为基本的形式分手。这些基本形式还将长时期地继续在数量上占优势，是一系列经验领域里思维的主导形式。”年幼儿童如此，成年人也是如此。

二、日常概念与科学概念

维果茨基认为，日常概念是由生活中的具体事物出发，逐渐概括起来的概念，也称自发概念。科学概念则是指在概念体系的演绎中不断延伸的概念。维果茨基认为儿童对世界会有很多自发的认识，这些自发概念不同于经由教学过程获得的科学概念。日常概念的弱点是不善于抽象化，不善于自如地运用，且不正确地使用也十分明显。这些日常概念所弱的方面正是科学概念所强的。但是它吸取了丰富的生活经验内容，这一点却是科学概念薄弱处。科学概念的问题在于空洞的词语。它不是从和物品的直接接触开始的，而是从与客体的间接关系开始的。因此，“科学概念的发展所走的道路与儿童自发概念发展所走的道路相反”。儿童自发概念的发展是由下而上的，从较简单的和低级的特性到高级的特性，而科学概念的发展则是由上而下的，从较复杂和高级的特性到比较简单的和低级的特性。

维果茨基同时认为，日常概念与科学概念在内部是有着深刻的联系的。一方面，日常概念的发展取决于科学概念，它是通过科学概念向上生长发展的；另一方面，科学概念也依赖于日常概念的发展，为其进一步向下延伸发展开拓道路。日常概念应该“自发”发展到一定水平，才能显示出科学概念对它的优势。“科学概念的发展要求自发概念的水平达到一定高度，这时才能在最近发展区里出现认识性和随意性……科学概念改造了自发概念并且将它们提到高级水平，实现它们的最近发展区。”科学概念是从儿童的自发概念在发展中尚未达到的水平开始自己的生命的，而教学则是促成发展的关键因素。另外，科学概念不是简单地取代儿童头脑中固有的自发概念，换言之，不是由成年人较强有力的思维逐渐排挤儿童思维的过程，所以，“科学概念并不是为儿童所掌握和记诵的，也不是用记忆吸收的，而是借助他自己思维的全部积极性的最紧张工作而产生和成形的。”

三、教育启示

维果茨基断言：“幼儿头脑里产生的高级类型的科学概念正是来自以前存在的较初级的和基本的概括类型，绝不是由外部植入幼儿意识的。”根据维果茨基的理论，在幼儿园科学教育过程中，教师不应急于将由科学家们发现的科学现象和原理按成人理解的方式传递给幼儿，并要求幼儿像成人那样去理解科学家们发现的科学道理。教师应该顾及幼儿的天真理论，不应简单地要求幼儿放弃它们，以赞同所谓的科学真理。虽然在学前阶段，向儿童介绍与其生活经验相贴近的科学常识，会有益于幼儿科学概念的发展。但现在的事实是，由于我们对科学的理解存在误区，认为科学是唯理性的，因此欲将我们成人对客观世界的理解强加给孩子，忽略了幼儿的主观世界，也就是忽略了孩子的心理特点和认知发展规律。在实践中表现为常常指导幼儿以纯理性的方式进行科学学习，甚至将实验—探索作为唯一的学习科学的模式，使原本生动活泼的、丰富奇妙的科学学习变成了枯燥乏味的操作，无法使孩子真正地学习科学。除了以上所阐述的有关理论外，还有许多发展心理学家、教育家如加涅、奥苏伯尔，以及后皮亚杰学派等，都对学前儿童科学教育提出了许多有益的见解。

维果茨基鼓励儿童在问题解决中学习。他认为，学习应当被融入对日常不断产生的矛盾冲突的解决中，鼓励儿童在解决问题中探索，激发他们的好奇心，引发他们对问题的深层理解，从而通过问题解决使他们建构对知识的理解，成为解决问题的主人。所以，在学前儿童科学教育活动中，教师应给儿童提供丰富多彩的教育环境，以此激发他们的活动欲望，这样有利于他们发现问题，收集资料，开展实验，提出假设并进行检验，成为知识海洋的主动探索者。

除此之外，维果茨基注重社会文化对人发展的影响。他认为，个体的学习是在一定的历史、社会文化背景下进行的，是在与他人的相互交往的过程中建构和发展自己的，社会可以为个体的学习发展起到重要的支持和促进作用。他认为，高级的心理机能来源于外部动作的内化，这种内化不仅通过教学，也通过日常生活、游戏和劳动等来实现。另一方面，内在的智力动作也外化为实际的动作，使主观见之于客观。内化和外化的桥梁便是人的活动。在学前儿童科学教育中，如何创造一个文化系统，一个有利于儿童与同伴交往、合作学习的环境，充分发挥同伴交往和师幼交往对儿童认知发展的作用是我们应该考虑的问题。

另外，维果茨基提出了“最近发展区”理论。他认为儿童的发展具有两种水平，一是儿童现有的发展水平，二是即将达到的发展水平，即潜在的发展水平，两种水平之间的区域即为最近发展区。现实的发展水平即个体独立活动所能达到的水平，而潜在的发展水平则是指个体在成人或比他成熟的个体的帮助下所能达到的活动水平。

维果茨基认为：“教学不应该把眼睛看着儿童发展的昨天，而应看着发展的明天。”“教育、教学应建立在儿童最近发展区的水平上，促进儿童的发展。”只有在最近发展区域内的教学才是有效的教学。作为幼儿教师，在科学教育活动中如何才能做到提供给幼儿“最近发展区”内的教学内容呢？第一，教师要提供适宜的活动材料，为不同的幼儿创造不同的“最近发展区”，使每个幼儿的潜能都能得到最大限度的发展；第二，教师要充分考虑师幼互动的方式，全面分析幼儿在教师创设的、对幼儿来说具有挑战性的真实问题情境中到底会遇到哪些困难，造成这些困难的原因可能有哪些，以及针对这些困难教师可以提供怎样的帮助；第三，在设计幼儿园教学活动时，教师要重视幼儿之间的同伴关系。很多时候幼儿的发展是在模仿和交流当中实现的。

他还指出，游戏创造了儿童的最近发展区，是学龄前儿童发展的最重要源泉，“在游戏中，儿童的表现总是超越他的实际年龄、他的日常行为表现；在游戏中，他比他本身的实际水平要高出一点。正如放大镜的焦点一样，游戏以浓缩的形式凝聚着发展的所有趋向，其本身也是发展的主要源泉。”在儿童的游戏中，儿童的言语、符号活动作为中介可以促进儿童认知水平的提高。可见，他对学前儿童的游戏给予了高度的重视。

第三节　布鲁纳建构主义的学习理论

布鲁纳是美国著名心理学家、结构主义教育理论的主要代表人物，他在美国20世纪50年代末60年代初的教育改革中充当了重要角色。他提出了有关加强科学教育，使学生尽快接近科学前沿的科学教育理论，对20世纪60年代后世界各国的教育改革起了重要的作用。他创导的“发现学习法”，在教育上，尤其是对科学教育有着极其显著的影响与贡献。

一、主要理论观点

布鲁纳的学习理论来源于皮亚杰。他指出，在发展的每个阶段，儿童都有他自己观察世界和解释世界的独特方式。他认为人类的概念理解与表征思考有三种方式，即动作表征水平、图像表征水平和符号表征水平。这三种方式代表了三个发展层次。

1. 动作表征

动作表征指个体学习是涉及了操作活动与直接经验，即通过直接的操作行动来理解事物，或表达对事物的看法，基本不需要语言的帮助。动作表征模式非常适合幼儿。

2. 图像表征

图像表征指个体是通过视觉媒体的运用，即通过平面形象(如图片、图表)等来理解事物，或表达对事物的看法。

3. 符号表征

符号表征指个体是通过抽象符号系统的运用，即通过语言、文字来理解事物，或表达对事物的看法。

以下借助比较小玩具车在不同斜面的速度的例子，来说明这三个表征层次。

动作表征层次的儿童必须通过实际的操作，即真正地把小玩具车放到不同斜面上比较，他才能“知道”，并且他会用肢体动作来表现他的理解，即车开得快或慢的动作。图像表征层次的儿童，通过看图片上的影像(图片上画有数个斜度不同的面与玩具小汽车)，就能理解和表达谁快谁慢。处于符号表征层次的儿童，不必通过具体操作，也不必通过观看图片，当对他提出问题时，他们就能在心中思考或运算，并能以口头语言或文字符号表达他的理解。

建构主义强调儿童是自己知识的设计师，儿童新的经验是在和现存的心理图式的联系中被解释和理解的，知识、概念的获得是儿童积极建构的过程。

在日常生活和教学中，成人会发现儿童在学习科学概念之前已形成大量的有关周围世界的心理图式，拥有一些关于自然现象的概念。相对于科学概念，我们常把这些概念称为前概念、直觉概念、日常概念、天真理论等。比如：一些儿童认为石头是活的；认为飞机会动、能飞，也是活的；认为人是住在地球里面的；等等。儿童的这些概念来自他们对自然现象的感觉体验、日常语言、大众传媒、科学课程、家庭情境中的对话等。建构主义认为儿童的这些概念并不是一些简单、零碎的错误信息，儿童有自己的“朴素物理理论”“朴素生物理论”等，他们有自己解释、分析有关现象和事物的方法，尽管他们的解释可能与科学的观点有很大不同。不同国家进行的调查研究表明，不同文化背景下的儿童对日常生活中现象的理解及解释具有一致性。随着儿童自身的发展、交往范围的扩大、文化教育的影响，儿童的已有概念也在不断变化、重组，其天真理论也在不断修订、校正，并逐步获得科学概念。因而，从本质上讲，儿童概念获得的历程折射出人类认识、发展的规律。

布鲁纳提出一个重要的基本假设，即“任何学科都能够以教育上某种正确的方式，有效地教给任何发展阶段的任何儿童”。例如，对于处在动作表征阶段的幼儿，教材的设计就必须让幼儿能进行实际操作，以理解教材中的主要产品概念。

布鲁纳认为，学习包括三个几乎同时发生的过程：习得、转换和评价。习得是获得新知识的过程；转换是运用新知识，使之适合于新的事情和情景的过程；评价是评价和运用已获得知识的过程。学习者不是被动的知识接受者，而是积极的信息加工者。教师的角色在于创造可让学习者自己学习的情境，而不是提供预先准备齐全的知识。布鲁纳强调发挥儿童学习的主动性，他认为对任何发展阶段的儿童，进行某一课题时，必须反映儿童看事物的方法，要求让儿童主动地发现知识，而不是被动地接受知识。因此，他竭力倡导发现学习(发现法)，并广泛地运用于科学教育。所谓的发现学习，是指学习者在教师的指导下，像科学家发现真理一样，通过自己的探究和学习，主动发现事物变化的起因和内部联系，从中找出规律，在这个过程中体验发现知识的智慧感和完成任务的胜利感。布鲁纳在《发现的行为》一文中指出：“发现不限于那种寻求人类尚未知晓之事物的行为，正确地说，发现包括用自己的头脑亲自获得知识的一切形式。”布鲁纳认为发现学习至少有以下四大优点：

一是有利于激发智慧潜力。个人的智力发展取决于不断地使用其智力，发现法为儿童提供了便于他们用于解决问题的信息，帮助儿童学习如何去求知，增进儿童在新的情境中的探索与解决问题的能力，从而获得智力的发展。

二是有利于培养内在动机。儿童在自己发现答案时，会得到一种自我满足感，这是一种内在的激励作用，学习活动因此而变得有趣、有价值。学习不再是为了别人而学习，或为了某种外在的激励(奖赏或处罚)而学习。

三是有利于学会发现的技巧。发现是指解决问题的技能。要获得发现的技巧，最好的方法是儿童有机会实际去发现，通过发现学习，儿童能渐渐学会如何进行探究，这有助于培养儿童的学习能力、发展创造能力。

四是有利于记忆的保持。当儿童是自己发现知识时，他就更有可能记住这个发现；反之，如果是被灌输的知识，他可能很快就会忘记。因此通过发现学习，有利于儿童记忆的保持。布鲁纳认为：任何时间允许之下，都应该给予儿童机会，让他们自己发现概念，允许学习者发现信息与组织信息是学习解决问题的技巧所必需的。

二、教育启示

建构主义的观点使我们认识到儿童学习的重点不在于被动地获得一些科学真理，而在于主动建构自己的知识经验。儿童对知识的真正理解只能由儿童自身基于自己的经验背景建构起来，所以教师应该尊重儿童已有的概念，把儿童原有的知识经验作为新知识的生长点，促进两者的联系和发展。教师还应认识到对于同样的现象，儿童可能有各种不同的观点，而儿童的每一种观点都有其特殊的价值和优势，教师应善于利用人际建构，用一种共存的模式代替那种简单地抹杀儿童观点，或者用科学观点简单地替换儿童观点的传统教学模式。同时，在教学过程中，教师还要转变自身的角色身份，从知识权威的象征转变为儿童建构知识的忠实支持者、积极帮助者和有效引导者。

教师利用情境、协作、交流等学习环境要素充分发挥儿童的主动性、积极性和创造性，使儿童在经历产生问题—提出假设—实验假设—验证假设的过程中，将已有的知识和概念不断地加以重组和修正，最终达到有效地实现对当前所学知识的意义建构的目的。具体策略体现在以下四个方面。

(一)分析儿童认知结构

建构主义的重要特征之一就是强调儿童的已有观念，引导他们理解教师或教材所呈现的信息，所以在科学教育中，教师首先需要分析儿童可能具备的相关知识，注重引导儿童运用已有的知识经验建构新概念。在实际教学中，教师主要采用提问、观察、游戏等手段了解儿童已有的知识经验，并考虑如何在儿童前概念的基础上创设问题、引导发现，使儿童逐步掌握科学概念。

(二)创设良好的学习情境

建构主义认为，情境、协作、会话和意义建构是学习环境中的四大要素。良好学习情境的创设有利于儿童对所学内容进行意义建构。科学教育中，教师要善于根据儿童已有认识，创设有利于他们意义建构的、真实的问题情境，造成儿童新旧知识间的认知冲突，从而激发儿童积极思维。

(三)重视协作与交流

建构主义重视意义的社会建构，认为儿童在与周围环境相互作用的过程中逐步建构起关于外部世界的知识，从而使自身认知结构得到发展。在教学中，通过教师与儿童、儿童与儿童之间的协作、交流，每个学习者的思维成果可以为学习群体所共享，并促进每个学习者的认识在不同层面得到提高。

(四)帮助儿童完成意义建构

在建构主义学习环境中，儿童对知识的意义建构是整个学习过程的最终目的，整个教学过程都应该紧紧围绕“意义建构”这个中心展开。在学习过程中帮助儿童建构意义，就是要帮助儿童对当前学习内容所反映的事物性质、规律以及该事物与其他事物之间的内在联系达到较深刻的理解。

布鲁纳发现法的核心思想，是让儿童体验科学家从发现过程中所获得的情感，从而激发儿童学习科学的动机，而且儿童可以通过发现的过程了解科学的性质，形成科学的知识。布鲁纳提出的发现法，引发了人们对科学性质和形成科学知识的途径的新思考，但是这种方法存在的问题也使人们产生了质疑。例如，发现的方法更关注的是事物的存在，却没有去注意到事物与其他事物之间的联系。又如在使用发现法的过程中，较多的是使用一些现实的、实证的方法(收集数据、分析数据、实验等)，却很少运用对话的方式去进行协商。同时，布鲁纳的发现法在使用时，要根据思维的阶段来进行(即动作表征水平、图像表征水平和符号表征水平)，教师根据各个水平上儿童的不同思维特点指导儿童进行发现活动。虽然许多教师使用“发现法”一词，实际上却并没有真正体现布鲁纳所描述的发现法。

第四节　加德纳多元智能理论

霍华德·加德纳是世界著名教育心理学家，其最为人熟知的成就是“多元智能理论”，因为被誉为“多元智能理论之父”。现任美国哈佛大学教育研究生院心理学、教育学教授，波士顿大学医学院精神病学教授。任哈佛大学“零点项目”研究所主持人，专著超过 20 本，发表论文数百篇。《纽约时报》称他为美国当今最有影响力的发展心理学家和教育学家。哈佛商学院教授称加德纳是“本时代最明亮的巨星之一，他突出表现人类成功的不同智慧”。美国特质教学联盟主席赞赏“推动美国教育改革的首席学者，加德纳当之无愧”。

加德纳多元智能理论.mp4

一、主要理论观点

霍华德·加德纳在 1983 年出版的《智力的架构》一书中提出了一个新的智力的定义，即“智力是在某种社会和文化环境的价值标准下，个体用以解决自己遇到的真正难题或生产及创造出有效产品所需要的能力”。根据新的定义，加德纳提出了关于智力及其性质和结构的新理论——多元智能理论。该理论认为：所有的个体拥有不同程度的、至少是 7 个领域的且相互独立的智力，即语言(verbal/linguistic)、逻辑(logical/mathematical)、空间(visual/spatial)、肢体运动(bodily/kinesthetic)、音乐(musical/rhythmic)、人际(inter-personal/social)、内省(intra-personal/introspective)，后又增加了第八种智力，即自然探索(naturalist)。

1. 语言智能

语言智能是指有效地运用口头语言及文字的能力，即指听说读写能力，表现为个人能够顺利而高效地利用语言描述事件、表达思想并与人交流的能力。这种智能在作家、演说家、记者、编辑、节目主持人、播音员、律师等职业上有更加突出的表现。

2. 逻辑智能

从事与数字有关工作的人特别需要这种有效运用数字和推理的智能。他们学习时靠推理来进行思考，喜欢提出问题并执行实验以寻求答案，寻找事物的规律及逻辑顺序，对科学的新发展有兴趣。即使他人的言谈及行为也成了他们寻找逻辑缺陷的好地方，对可被测量、归类、分析的事物比较容易接受。

3. 空间智能

空间智能强的人对色彩、线条、形状、形式、空间及它们之间关系的敏感性很高，感受、辨别、记忆、改变物体的空间关系并借此表达思想和情感的能力比较强，表现为对线条、形状、结构、色彩和空间关系的敏感以及通过平面图形和立体造型将它们表现出来的能力。能准确地感觉视觉空间，并把所知觉到的表现出来。这类人在学习时是用意象及图像来思考的。

空间智能可以划分为形象的空间智能和抽象的空间智能两种能力。形象的空间智能为画家所擅长。抽象的空间智能为几何学家擅长。建筑学家形象和抽象的空间智能都擅长。

4. 肢体运作智能

肢体运作智能是指人调节身体运动及用巧妙的双手改变物体的技能。表现为能够较好地控制自己的身体，对事件能够做出恰当的身体反应以及善于利用身体语言来表达自己的思想。运动员、舞蹈家、外科医生、手艺人都有这种智能优势，人善于运用整个身体来表达想法和感觉，以及运用双手灵巧地生产或改造事物。这类人很难长时间坐着不动，喜欢动手建造东西，喜欢户外活动，与人谈话时常使用手势或其他肢体语言。他们学习时是透过身体感觉来思考。

5. 音乐智能

音乐智能主要表现为个人对音乐节奏、音调、音色和旋律的敏感以及通过作曲、演奏和歌唱等表达音乐的能力。这种智能在作曲家、指挥家、歌唱家、乐师、乐器制作者、音乐评论家等人员身上都有出色的表现。

6. 人际智能

人际智能是指能够有效地理解别人及其关系，以及与人交往的能力，其包括四大要素：①组织能力，包括群体动员与协调能力；②协商能力，指仲裁与排解纷争能力；③分析能力，指能够敏锐察知他人的情感动向与想法，易与他人建立密切关系的能力；④人际联系，指对他人表现出关心、善解人意、适于团体合作的能力。

7. 内省智能

内省智能是指认识到自己的能力，正确把握自己的长处和短处，把握自己的情绪、意向、动机、欲望，对自己的生活有规划，能自尊、自律，会吸收他人的长处。会从各种回馈中了解自己的优劣，并且经常静思以规划自己的人生目标，爱独处，以深入自我的方式来思考。喜欢独立工作，有自我选择的空间。这种智能在优秀的政治家、哲学家、心理学家、教师等人员那里都有出色的表现。

内省智能可以划分为两个层次：事件层次和价值层次。事件层次的内省指向对于事件成败的总结；价值层次的内省则将事件的成败和价值观联系起来自审。

8. 自然探索智能

自然探索智能是指能认识植物、动物和其他自然环境(如云和石头)的能力。自然智能强的人，在打猎、耕作、生物科学上的表现较为突出。

自然探索智能应当进一步归结为探索智能。包括对于社会的探索和对于自然的探索两个方面。

多元智能理论对传统的标准化智力测验和学生成绩考查提出了严厉的批评。传统的智力测验过分强调语言和数理逻辑方面的能力，只采用纸笔测试的方式，过分强调死记硬背知识，缺乏对学生理解能力、动手能力、应用能力和创造能力的客观考核。因此，是片面的、有局限的。多元智能理论认为，人的智力不是单一的能力，而是由多种能力构成，因此学校的评价指标、评价方式也应多元化，并使学校教育从纸笔测试中解放出来，注重对不同人的不同智能的培养和考量。

二、教育启示

加德纳的多元智能理论关注的问题是“你的智能类型是什么?”，智能维度已从只讨论高低之分，过渡到智能的倾向性问题。它从心理学的角度阐述了学生与生俱来就不相同，他们没有相同的心理倾向，也没有完全相同的智力，但具有自己的智能强项，有自己的学习风格，所以加德纳的多元智能理论的提出，不仅对整个教育领域有着深刻的影响，而且对我们的科学教学改革有着较多的启示。

(一)教师应发现和培养儿童的智力强项

科学教育的本质在于探究。传统观念认为学习科学需要逻辑能力，而且只培养幼儿的数理逻辑能力。但实际上现代科学观已经告诉我们科学的学习是一个过程，它是幼儿以自己的方式去认识世界，了解周围事物的过程。所以，幼儿在科学探索的过程中就不仅是只使用逻辑这一种智能，空间智能、肢体运作智能、内省智能、人际智能以及音乐智能都可以在探索的过程中表现出来。并且每个幼儿优势智能都不一样。因此，科技教育要尊重孩子的差异，根据不同幼儿的智能特点，提供不同的学习机会，让幼儿去实现个人的潜能，以最适合自己的独特方式学习科学。

教师应通过多方面地、长期地在科学教育活动中观察幼儿的行为表现，评价和了解幼儿智力特点。一旦了解了幼儿的优势领域，教师就可以“扬其所长”，即以幼儿的强项为突破口，进而引导幼儿将自己从事智力强项活动时所表现出来的智力特点以及意志品质迁移到其弱项中。比如，老师发现某个小朋友在交流-交往智力方面比较突出，老师在进行科学探索交流过程中，给幼儿提供更多的机会进行合作交流……在这个过程中，该儿童强项领域的能力进一步加强，同时会获得成功感和价值感，积极的个性品质如自我认同感等同时也会建立起来。因材施教并不是努力发现幼儿的长项，然后给他们贴“标签”，而是指教师在全面了解幼儿的基础上遵循幼儿所表现的智力特点来促进其发展。

(二)多元化的操作材料助力幼儿创造探索的空间

《纲要》指出“教师要为幼儿提供大量的、各种各样的材料，让幼儿摆弄、探究、体验，在实际操作的活动中不断积累经验。”同时《纲要》又指出：材料要能够激发所有儿童各种智力或智力组合，要考虑到所涉及智力和智力领域的全面性，同时必须考虑儿童在同一种智力发展上的差异；活动材料尽可能激发儿童从事相应活动的爱好，如为了发展语言智力，故事角色中用故事板——让儿童置身于故事板场景中，操作故事板上的立体形象会比图画书更易编出独特的、具有丰富想象和创造性的故事。孩子们以自己探究过程的发现做记录，在此基础上进行交流和分享，而丰富的物质材料能刺激幼儿的探索行为。可见，幼儿对科学活动非常喜欢的原因主要是有多元的操作材料。

幼儿的学习是沉浸式的，为了引发幼儿积极探索，幼儿园都非常积极地进行环境创设，因此可以把幼儿园活动室的环境变成能够更新的动态环境。墙壁环境布置可以根据四季变化而设计，孩子可以随着四季的变化为画面增添自己的作品。玩具橱、手工柜、绘画作品角、手工作品角、音乐角、游戏角等，都提供了丰富多彩的材料，为孩子自由活动、自主探索、自由操作创设了有利的操作材料和物质环境。在活动区的定位上突破陈规，渗入更多新奇材料、增加科学探索空间，充分发挥活动区的功能，最大限度地吸引幼儿积极地探索。在教育活动中，我们也提供更多的具体操作活动。如创设“秋天”为主题的教育活动时，教师在室内的墙壁上绘制彰显秋天特色的景物；也可以悬挂与秋天相关的物品，如各式各样的风筝；还可以在区(角)放置制作风筝的各种物品，如风筝纸、线等；在图书角放置有关秋天的故事图画，带幼儿动手做树叶画等，引导孩子在操作中探索、在观察中学习。因此，我们应为幼儿创设适合其身心发展水平，满足其需要、爱好的多元物质操作环境，使幼儿自由选择、独立操作、主动构建。

(三)采取多种形式多元评价儿童

多元智力理论影响下的科学教育活动，应更注重促进幼儿对自然及其规律的熟悉和感受，利用多重感官体会并学会科学探究的基本方法，并在科学教育中促进儿童的全面发展。《纲要》指出幼儿园的教育内容是全面的、启蒙性的，各领域的内容可以相互渗透，从不同的角度促进幼儿情感态度、能力、知识、技能等方面的发展。幼儿的发展不可能是每一个方面齐头并进的发展，每一个幼儿都可能呈现发展的优势方面，或是并行领域的不同组合，在各个领域全面地发展的同时，在发展水平、速率上又存在一定差异，不同领域在幼儿整体的发展中相互支撑、协调发展，这就是幼儿的和谐发展。

儿童的智能之间是相互关联的，一种智能的发展经常需要其他智能的支撑，多种智能在发展过程中是和谐统一的，对儿童智能的培养首先应关注智能间的和谐性，而不是优势方面。无视和谐发展的智能开发是野蛮的开发，甚至是对儿童和谐发展的侵害。儿童的每一种智能都有相应的核心线索，应从儿童现实的生活和活动出发去解读和获取这些线索。多元智能理论就是在倡导幼儿的和谐发展，充分展现幼儿发展的潜能。因此幼儿园科学教育活动评价的目标是要了解儿童当前的发展水平，为进一步引导和促进儿童的发展提供依据。为了实现这一目标，就必须建立一个评价主体多元、评价方式多样、评价内容全面的科学教育评价体系。在科学教育活动中，除教师外，家长、教育管理部门、科学教育团体以及社区有关组织和人士，包括孩子本人都要积极地参与对科学教育活动效果的评价，综合运用观察、谈话、游戏活动评价、活动产品分析等多种方法，对儿童科学素养的各个方面，包括儿童对科学概念与事实的理解、科学探究方法与能力、科学态度与价值观等的变化与发展进行考察，以真实、客观、全面地反映儿童的科学素养水平，达到用评价促进儿童发展的目的。这种多元化评价将评估与儿童自然的学习过程相结合，教师通过观察儿童的行为、倾听儿童与同伴间的交流、与儿童交谈或询问等方式，了解儿童的发展状况。这种过程性评价或形成性评价有助于教师准确地了解和把握儿童获得了什么发展以及是如何获得发展的，从而可以为通过改善教育教学来更好地促进儿童发展提供依据。

作为个体，我们每个人身上都同时拥有这几种相对独立的智力，我们每个人身上的这几种相对独立的智力在现实生活中错综复杂地、有机地以不同方式、不同程序组合在一起，使得每个人的智力都有独特的表现方式，每个人的智力各具特点。人的智力是多方面的，智力的表现形式是各不相同的，因此判断幼儿智力的标准也是多元的，这样才给教育提供了更多的可能性。

第五节　陶行知生活教育理论

“生活教育”是陶行知先生创立的著名理论体系。陶先生认为，生活是一部活的教科书，当年，陶先生创办的晓庄师范学校就是一所“以宇宙为教室，奉自然作宗师”的学校，“和马牛羊鸡犬豕做朋友，对稻粱菽麦黍稷下功夫”成了晓庄的重要课程。现今，幼儿园《纲要》中的科学指导要点明确指出：科学教育应密切联系幼儿的实际生活进行，利用身边的事物与现象作为科学探索的对象。陶先生的生活教育理论与《纲要》精神不谋而合，他倡导的教育主张，至今仍显前卫，可以有效地用于指导当前的幼儿科学教育。

一、主要理论观点

1. “生活即教育”

“生活即教育”是陶行知先生生活教育理论的核心，其内涵十分丰富，强调的是教育以生活为中心，反对传统教育脱离生活而以书本为中心。结合当前课程改革的要求，我们的教学应如陶行知主张的：人们应积极投入到生活中去，在生活的矛盾和斗争中去选择和接受“向前向上”的“好生活”。科学教育在教材内容的选择和组织上，要从便于学生进行探究性学习出发引导学生从实际生活中发现问题、提出问题，应避免过去从知识体系出发的做法。

2. “社会即学校”

陶行知曾于 1939 年形象地指出：“‘社会即学校’这一原则，要把教育从鸟笼里解放出来。”这是因为：“学校即社会，就好像把一只活泼的小鸟从天空里捉来关在笼里一样，它要以一个小的学校去把社会上所有的一切东西都吸收进来，所以容易弄假。社会即学校则不然，它是要把鸟笼中的小鸟放到天空中去，使它能任意翱翔，是要把学校中的一切伸张到大自然界里去。”

由此可见，“社会即学校”这个主张具有两层意义：

(1) 必须把学校与社会这个实体更紧密地联系起来，把学生从鸟笼中解放出来，使学校的教育作用不局限在学校内。

(2) 要把学校办成符合社会实际的情况，把学校办成改造社会的中心。在现阶段，我们就要使学校能帮助工农大众增长科技生产知识和技能，与农民携手，让农业致富。同时，使学校培养出符合社会所需要的各种人才，有效地为本地区经济起飞服务。

“社会即学校”绝不是所谓“学校消亡论”，相反，它给学校提出了更高的要求，要求学校认真改革，以适应社会需要，推动社会向前发展。即要求人们树立一种大教育观的新思维，使教育更有效地为本地政治进步和经济起飞服务。

3. “教学做合一”

“教学做合一”是陶行知先生生活教育理论的又一重要主张，是“生活即教育”在教学方法问题上的具体化。陶行知先生认为：在生活里，对事说是做，对己之长进说是学，对人之影响就是教。教学做只是一种生活之三方面，而不是各不相谋的过程。同时，教学做合一是生活法，也就是教育法。教的方法根据学生学的方法；学的方法根据做的方法。

由此可见，“教学做合一”，实际上是行知合一，行是做，即实践。做是第一，知是第二。它是改变旧的传统教学中脱离生活、脱离社会、脱离实际的三脱离的弊端，把单纯传授知识，死教书、死读书的教学转移到培养学生的生活力和创造力的轨道上来，转移到培养创造型、开拓型人才上来，要求学用一致，在实践中加深理解，是一种推行手脑并用，在劳力上劳心的理论联系实际的方针。要求教师把指导学生学习的工作做好，让学生不只学会、能应用知识，且能会学，终身受益。这要求教师实行启发式教学，注重培养学生分析问题、解决问题的能力和创造能力。

二、教育启示

(一)探索生活化的教育内容

陶行知先生认为，教育应以生活为中心，他强调“没有生活做中心的教育是死的教育，没有生活做中心的学校是死的学校，没有生活做中心的书本是死的书本。”幼儿由于年龄小，难以理解许多复杂和抽象的科学概念，选择贴近生活的教育更有利于幼儿理解和掌握，使他们对学习的内容产生浓厚的兴趣，进而积极主动地参与活动。如科学实验《种子发芽》，因为内容贴近幼儿生活，幼儿有比较丰富的生活经验，能进行各种有价值的判断：奶奶把种子种在泥土里，种子就会发芽；老师每天要给种子浇水，种子才会发芽；等等。因为有生活经验做支撑，种子发芽需要哪些条件的难题就迎刃而解了。又如《捉空气》这一节课中，幼儿一鼓嘴，说“我用嘴巴捉住了空气”。幼儿结合自己生活发现的好办法，不仅让教师惊叹，幼儿自己也倍感自豪。生活中的科学问题教师可以与幼儿共同探讨，这样幼儿的兴趣也倍增。对于一个人来说，兴趣是探索和学习的原动力、内驱力，它不仅能提高认识活动的积极性和效果，还能使认知过程成为快乐的事。在幼儿园自然角饲养的水生动物，幼儿常常会主观地担心小动物孤单而让它们“住”在一起，可结果却是加速动物们死亡。对此，教师可指导幼儿进行有针对性的科学研究。在挽救金鱼生命的保卫战中，幼儿天天清洗鱼缸，慎重地换水、放置药水、喂食，仔细观察金鱼的变化等。探究的态度极其严谨，最终生病的金鱼恢复了往常的活泼，幼儿的喜悦之情溢于言表。幼儿在生活化的科学活动中，获得了探索解决问题的方法，对科学产生兴趣，形成了科学的态度。这样，就调动了幼儿真正内在的探究动机，也只有这样的科学教育才能使幼儿获得真正内化的科学知识和经验。由此可见，生活中随处都隐藏着有价值的教育契机，只要我们有敏锐的洞察力，去发现它、把握它，就能活化我们的教学。

(二)创设贴近幼儿生活的教育环境

陶先生十分推崇他的生活教育：他头上顶着青天、脚下踏着大地、东南西北是他的围墙、大千世界是他的课堂、万物变化是他的教科书、太阳月亮照耀他的工作。一切人，老的、壮的、少的、幼的、男的、女的都是他的先生，也都是他的学生。陶先生把教育融入生活，把生活引进教育，使教育丰富多彩、富有生命力。幼儿的认知发展是在其不断与环境的相互作用中积极作用于外界而获得的，陶先生的教育思想认为，为幼儿创设一个健康、丰富的科学教育环境是十分有必要的。我们教师在班内设立科学角，放置一些专供幼儿做小实验的材料和工具，如凹凸镜、反光镜、电池、磁铁等，在自由活动中，让孩子用自己的小手去做简单的、自己感兴趣的小实验，如摩擦起电、沉与浮、空气流动产生风等。在这里，孩子们步入了光学、电学、声学、力学的科学世界，动手动脑，通过一遍一遍的尝试、一次一次的探索，获得真知。当然，给幼儿一个宽松和谐的心理环境也是同等重要的，教师热情地支持鼓励幼儿的科学探索活动，爱护幼儿的探索成果，不伤害他们的自尊心，与孩子们共同参与活动，让他们无拘无束地接受科学教育。

(三)引领幼儿走进社会生活学习

陶行知先生曾说过："您必须以大自然为您的生物园，才有丰富的收获……真教育是在大自然与大社会里办……"意思就是说学校要和社会密切相联系，扩大社会对学校的积极影响。实行了社会即学校这条原理，教育的材料、方法、工具和环境范围都可以大大增加，把学生从牢笼里解放出来，使学校的教育作用不局限在学校内。

幼儿是最具好奇心的，周围世界的各种事物、现象都可以成为他们探索、观察的对象。因此，在幼儿园科学教育中，教师应以大自然、大社会为科学教育的课堂，利用外出参观、春秋游、远足等活动，积极带领幼儿走出园门。春天，带领幼儿走进公园、树林，观察生命的生长过程，感受蓬勃的生命力；秋天，组织幼儿进入农庄，亲手采摘橘子、拾麦穗等，让幼儿感受生命的成熟与收获，充分享受大自然的恩赐。社区的工厂和商店也是参观的好去处，如食品加工厂、面包房、饲养厂、牛奶公司等，让幼儿深切体会科学技术给人们带来的便利和精彩。教师带领幼儿走出幼儿园、走进生活、走进大自然去真切体会科学，使得科学教育的场所更为广阔。

(四)提高教师运用生活教育理论的能力

作为一名合格的教师，要领悟陶先生"生活教育"的核心理念，活用生活教育理论，才能有效推进幼儿科学教育活动。

教师应积极引导幼儿关注生活中的各种事物，帮助幼儿发现科学现象，提高幼儿对科学现象的兴趣。如给幼儿讲"牛顿看到苹果落地而发现地球引力""阿基米德在洗澡时发现浮力定律"等科学家的故事；给幼儿提供镜子，教他们玩镜子反光的游戏；等等。幼儿对探索科学奥秘的兴趣会日益浓厚，对日常生活会更加关注。生活中，教师更应指导幼儿观察事物的方法，有助于提高幼儿的思维能力和客观认识事物的能力。幼儿具备了良好的观察能力，就能获得更多的知识和经验。

教师还要学会充分利用废旧物品制作实验材料，并鼓励幼儿自造工具、自造仪器。陶先生说："自古以来的大科学家都是自造工具，几乎没有一个例外。依赖外国仪器的人，绝对不会作出第一流的贡献。”因此我们在平时活动中所需的实验材料大多应是幼儿收集带来的废旧物品，如各种瓶子、各种管子、各种布料、各种纸等，加上老师的细心加工就成了幼儿探索的工具。

陶行知先生的教育思想理论的内涵是广博而深邃的，在经历了沧桑岁月的洗礼之后，还是那样光彩夺目、熠熠生辉。我们要更加深入地研究，并将其理论灵活地运用到实际教学活动中去，让幼儿充分享受教育。

本章小结

本章主要介绍了学前儿童科学教育理论基础，其中包括皮亚杰的认知发展理论、维果茨基的概念形成理论、布鲁纳的建构主义理论、加德纳的多元智能理论和陶行知的生活教育理论，从理论观点到对教学的启发意义，从理论到实践，帮助读者全面深刻地理解理论的内涵。

思考题

1. 简要回答建构主义学习理论对学前儿童科学教育的启示。
2. 讨论如何将陶行知的生活教育理论运用在学前儿童科学教育活动中。
3. 皮亚杰和维果茨基的相关理论对学前儿童科学教育有何启示？

知识链接

陶行知——“正面管教”

陶行知去朋友家玩，见朋友正要打孩子。陶行知制止了朋友，一问才得知，原来孩子好奇手表里的“滴答”声是怎么发出来的，所以就把家里刚买的手表给拆了。于是，陶行知拿着那只被拆坏了的手表，抱着孩子，来到了修表店里。修表师傅看了看坏表，说要一元六角修理费。要知道，当时这个价钱可以说是价格不菲。陶行知没有还价，只是说：“多少钱依你，但我提一个条件，就是必须让孩子看你修，也好让他长长见识。”师傅同意了。陶行知和孩子站在旁边，兴趣盎然地看师傅修表。看他怎样拆开，如何把零件一个个浸在药水里；又看他加油后，如何把一个个零件装配起来。从头到尾，整整看了一个多小时。等表全部装好后，师傅上了发条，表重新发出清晰的“嘀嗒”声。孩子高兴地欢叫了起来：“响了，响了，表修好了！”陶行知临走的时候，又花一元钱买了一只旧钟，送给孩子带回去供他拆装。孩子连声道谢：“谢谢伯伯！谢谢伯伯！伯伯真好！”

在这个故事中，陶行知并没有和孩子的母亲一样，直接批评孩子。相反，他却处处表达对孩子的关爱、赞扬和鼓励。他带着孩子去修表店，让孩子参与手表修复工作；在临走时，他给孩子买旧钟，让他回去拆装。他认为应该在了解真实情况的基础上，慢慢引导孩子，开发他的好奇心、想象力和正义感，帮助孩子认识错误，发掘自己的独特优势、特有天赋。

陶行知先生告诉父母们："管教"孩子，并不只有打骂、惩罚和控制这些方式，还可以进行正面管教，这种方法与打骂、惩罚和控制无关，而是有意识地引导、教育、训练孩子，帮助孩子认识错误、思考现实、培养技能。在陶行知看来，孩子之所以要拆了手表，是因为他具有强烈的好奇心。这种行为有错吗？应该被批评吗？陶行知曾说过这样意味深长的话："你的教鞭下有瓦特、你的冷眼里有牛顿、你的讥笑中有爱迪生。你别忙着把他们赶跑。"

作为家长或是教师，我们要理解"生活即教育"。也就是说，教育要在生活中进行，孩子也应该在生活中接受教育。教育无处不在，教育就发生在生活当中，我们不能忽略孩子在生活中所犯的每一个小错误，而是要场景化地创造条件，对孩子进行正面教育。

陶行知先生说过："人人都说小孩小，小孩人小心不小，你若以为小孩小，你比小孩还要小。"孩子虽然人小，可是他们也有着自己的思考方式和行为方式。当你采用最简单粗暴的管教方式去教育孩子时，也许不仅不会让孩子意识到自己的错误，还会扼杀掉孩子的天性和天赋。

（资料来源：节选自《陶行知教育名篇》）

第三章　学前儿童科学教育的目标和内容

本章学习目标

- 理解并掌握学前儿童科学教育的目标确立依据。
- 理解并掌握学前儿童科学教育的目标体系。
- 理解并掌握学前儿童科学教育的内容范围。
- 理解并运用学前儿童科学教育内容的选择原则。

重点难点

重点：学前儿童科学教育的目标体系。
难点：学前儿童科学教育内容的选择原则。

案例导入

幼儿将脚和鞋子一起踏入雨水坑中、将手插入滑腻的污泥中、用碎石激起水花、假装费力地涉水过“河”，难以言喻的兴奋之情表露无遗。当他们在水坑中发现光与影的变化、发现水的透明性、发现水能产生自己和周围世界的倒影时，这种兴奋之情更化作震惊和喧哗……

面对一摊烂泥，老师和家长往往会非常警惕地告诉孩子“不要踩”“不要动”“不要摸”，然而在这个时候幼儿可能会想知道：如果我一脚踩下去会发生什么事？泥巴踩起来会怎么样？紧接着，他们一脚踩下去，以证实他们的想法。在我们阻止孩子的时候，往往会失败，因为他们强烈的好奇心驱使他们“必须”要这样做，“只能”这么做，哪怕接下来是妈妈责备的眼神、老师严厉的话语。

(资料来源：洛利斯·马拉古齐，幸曼玲. 孩子的一百种语言[M]. 张军红，陈秦月，叶秀香，译. 台北：光佑文化事业股份有限公司，1998.)

【问题思考】

面对孩子的各种“不可思议”的想法和做法，我们应该如何说服自己，去相信幼儿，肯定他的做法，以达到促进其发展的目的？

第一节　学前儿童科学教育的目标

学前儿童科学教育的目标.mp4

一、制定学前儿童科学教育目标的依据

学前儿童科学教育目标是依据幼儿教育总目标，结合幼儿身心发展

的规律和特点、科学教育的内涵以及自然科学的学科特点而制定的，是幼儿教育总目标和社会发展对人才的要求在学前儿童科学教育中的具体体现。

(一)幼儿的发展是学前儿童科学目标制定的首要依据

学前儿童科学教育的目标制定必须遵循以幼儿为本的原则，《纲要》提出：幼儿园教育应尊重幼儿身心发展的规律和学习特点，关注个别差异，促进每个幼儿富有个性的发展。根据幼儿的发展水平和规律，考虑幼儿的发展需要，制定出能促进其发展的科学教育目标是开展科学教育的出发点。

幼儿对周围世界充满了好奇心，他们总是保持着强烈的探究热情，教师在引导和陪伴幼儿进行科学探究时，要考虑幼儿的年龄特点和思维特点，让幼儿去实际操作，开展沉浸式学习体验，才能使幼儿获得关于事物的最直接也是最有效的操作经验。基于建构主义观点，我们相信幼儿在不懈地探究自己感兴趣的事物过程中，是积极地进行建构并用自己的理论来解释他们所看到的一切的。但是由于幼儿对科学现象的好奇心和兴趣处于萌芽状态，不稳定、不持久，容易受周围环境和成人的态度影响，而且他们建构的理论基于有限的经验，可能有不合理和不完善之处，所以需要通过科学教育满足其探究兴趣，保护幼儿的好奇心，完善其建构的理论，这也将为幼儿日后具备正确对待周围事物和生活的态度产生积极的影响。

科学活动不仅为幼儿提供了扩展兴趣和主动建构理论的机会，而且丰富的科学教育资源有利于幼儿获得直接经验，有助于幼儿日后的学习和生活。幼儿在了解周围世界的过程中形成对社会的理解并与他人交流互动，当面对不同观点、不同的解决问题的方法时，学会判断、协调、合作和选择。幼儿在与环境、他人相互作用的积极互动过程中，产生积极的情绪体验，促进幼儿良好个性的形成。因为幼儿的发展具有明显的个别差异，在确立学前儿童科学教育目标时，强调尊重个性发展，引导幼儿通过自己主动活动获取经验，对不同发展水平的幼儿，给予适宜的个别化指导，保证每个幼儿在原有水平上获得发展。

(二)社会的要求是学前儿童科学目标制定的主要依据

教育目标与社会生活、社会发展需要密切相关，它体现了社会对幼儿的发展期望和要求，规定了幼儿的发展方向和预期的教育结果。学前教育培养的是当代和未来社会的建设者，所以教育目标的确立也必须从社会发展的宏观角度，考虑当代和未来社会需要具备什么样素质的社会成员。

信息技术的迅速发展促进了信息在人们生活中的广泛应用，人们比过去任何时候都更加感到信息传递的重要性。各种新信息不断地充实到我们的社会生活中，科学知识急速剧增，原有的科学知识也在发展变化，各种信息和知识的快速更新使我们扩展了视野，同时也让我们深切感受到目不暇接。在信息社会，一个人仅仅依靠十几年的学校教育已无法适应一生的社会生活，他必须终身学习，不断学习。一个人只有具备了终身学习的兴趣和能力，才能主动获取新信息和新知识，不断改变自己的知识结构，适应社会的发展。

作为人生起始阶段的学前儿童教育，要担负起培养终身可持续发展所需要的基础素质的任务。具体到学前儿童科学教育上，我们不应该让学前儿童被动地接受知识，而是要激发学前儿童主动求知的欲望，使其乐学；不应该片面追求获取知识数量的多少，而是要培养学前儿童获取知识的能力和创新知识的能力，使其会学。《纲要》提出：幼儿教育是基础教育的重要组成部分，是我国学校教育和终身教育的奠基阶段。因此，我们通过科学教育使学前儿童学会了学习，获得了探究解决问题的方法，他就能不断运用这些方法去寻求尚未知晓的知识，并不断探求各种解决问题的方法。

同时，现代社会科技发展的基本趋势是分化与综合并存，新学科不断产生，学科类别分化越来越细，学科之间的综合也越来越强，交叉学科和边沿学科层出不穷。在知识经济社会，仅仅拥有知识和被动接受知识是不能适应社会发展需要的，在这一方面，美国、英国等国家的科学教育给了我们重要的启示。美国《国家科学教育标准》明确提出：每一名学生都必须获得科学学习的机会，能接触到训练有素的教师，拥有足够的课堂学习时间和丰富的学习资源等，使对科学的理解成为绝大多数公民的基本素养。由此可见，美国国家科学教育标准把培养公民的科学素养放在了首位。

另外，科技发展在给人类带来方便的同时，也造成了很多负面的影响，环境问题就是其中最为突出的表现。现代大工业生产造就了前所未有的物质文明，也给环境带来了前所未有的破坏。生态环境的严重破坏，使人类生存受到威胁。我国的环境问题主要表现为：水土流失严重；沙漠化迅速发展；草原退化加剧；森林资源锐减；生物物种加速灭绝；地下水位下降，湖泊面积缩小；水位污染明显加重；大气污染严重；废渣存放量过大，垃圾包围城市；环境污染向农村蔓延。因此，中国作为生态平衡遭到严重破坏的国家，在终身教育背景下的现代学前儿童科学教育应培养学前儿童关注自然、关注社会，以及帮助学前儿童形成与自然的和谐关系和初步的责任感。学前儿童科学教育的目标要重视培养学前儿童尊重自然、热爱自然、保护自然的意识，同时也注意培养儿童关注周围社会生活中的科学技术，萌发初步的社会责任感。

《纲要》的科学领域目标表述为：“对周围的事物、现象感兴趣，有好奇心和求知欲；爱护动植物，关心周围环境，亲近大自然，珍惜自然资源，有初步的环保意识。”体现了学前儿童科学教育目标应有的社会文化要求。我们生活在一个极其依赖科学技术的社会里，理解日新月异的科学与技术的能力是必备的科学素养。幼儿教育是未来教育，幼儿将来要适应多变的、多元发展的社会需要，必须养成综合运用知识解决问题的意识和创新意识，具备结构合理的科学知识和对科学知识主动学习的自觉精神，拥有对科学的独特理解及运用科学知识创造性地解决问题的能力。因此具备科学素养是所有科学教育的基本目标，学前儿童科学教育目标应充分考虑现代社会发展的特点和社会发展对人才培养提出的要求，才能为幼儿的终身发展奠定良好的基础。

(三)学科的特点是学前儿童科学目标制定的必要依据

科学的本质在于探究，自然科学研究的内容都是自然界能看得见、摸得着、能直接感知和探究的物质和现象。学前儿童天生好奇，有探究的本能；好奇是探究的内在动机，探究能满足好奇心。另外，学前儿童认知水平低，思维以直觉动作思维、具体形象思维为主，他们只有通过感官观察、动手操作和动脑思考，才能获得真正内化的科学知识。所以，科学探究是学前儿童科学教育的核心。学前儿童的探究过程一般经历以下三个环节。

(1) 产生疑问。产生疑问，提出问题是探究过程的第一步。学前儿童有了疑问，并想消除疑问，主动探究才进入真正的准备状态。

(2) 进行猜想。有了疑问，学前儿童就会运用自己有限的知识经验大胆地对问题和疑问进行猜想解释。这是学前儿童调动原有的经验和认识的过程，它为学前儿童认识的主动建构提供了可能。

(3) 进行验证。如果实验的结果与他们的猜想一致，将强化他们原有的认识，提高他们原有经验的概括程度。如果实验结果与他们的猜想矛盾，将促使他们调整自己的认识，形成新的解释，再去与现实相互作用……构成不断演进的主动建构过程。

如上所述，科学本质主要体现在“科学知识”“科学探究”“科学价值观”三个层面上。在学前儿童科学教育目标方面主要表现在：一是幼儿通过亲历科学活动过程，在“知识与技能”“过程与方法”“情感态度与价值观”等方面进行学习与体验，获得对科学本质的认识与理解，主要是对科学知识及其性质的理解；二是对科学探究过程和方法的学习与运用；三是科学态度、情感、价值观的形成与发展。

幼儿科学教育有其自身的学科特点：第一，幼儿对科学的探究源于好奇心。当幼儿注意到周围世界的一些令他们感兴趣、觉得惊奇或者疑问的现象时，好奇与兴趣就会成为幼儿探究科学现象的内驱力。科学内容的广泛性为拓展幼儿的视界提供了条件，也充分满足了幼儿好问、好奇的天性。第二，幼儿是在探索中学科学。幼儿在观察、探索客观事物中，发现问题，提出问题，并积极尝试解决问题，学习科学的方法和技能。在尊重实证的同时，还要结合观察到的事实进行批判性思考，体验到方法与过程的科学性，发展逻辑思维，初步形成尊重事实、尊重证据的求真务实的科学情感与态度。

二、学前儿童科学教育的目标体系

教育目标是教育活动的核心，只有目标明确，才能保证教育活动有序进行，从而达到预期的教育结果。因为教育目标是按一定的有序结构组织而成，所以目标具有层次性和递阶性。学前儿童科学教育的目标体系也有层次结构，即纵向的一般结构和横向的分类结构。

(一)学前儿童科学教育总目标

学前儿童科学教育总目标也可以称为科学教育的领域目标，是根据教育目的和幼儿教育总目标制定的，是幼儿教育总目标的有机组成部分。

《纲要》对幼儿科学教育的总目标有明确规定，具体内容如下。

(1) 对周围的事物、现象感兴趣，有好奇心和求知欲。

(2) 能运用各种感官，动手动脑，探究问题。

(3) 能用适当的方式表达、交流探索的过程和结果。

(4) 能从生活和游戏中感受事物的数量关系并体验到数学的重要和有趣。

(5) 爱护动植物，关心周围环境，亲近大自然，珍惜自然资源，有初步的环保意识。

从以上的规定中我们可以看到以下几点。

第一，过去的幼儿园科学教育唯科学知识至上，在制定活动目标时考虑更多的是知识方面的目标，而《纲要》给我们指明了学前儿童科学教育应着眼于终身发展的价值取向，让幼儿对科学学习有兴趣，具备获取知识、解决问题的能力，这些都是幼儿将来发展需要的基础准备，所以情感态度的发展更为重要。只有具备正确的科学态度和价值观才能指导人们适应社会的进步、科技的迅猛发展，以及越来越快的知识更新速度，因此，比起知识本身，科学的态度更有利于促进幼儿将来的可持续发展。

第二，《纲要》中科学领域目标中特别关注了科学方法和科学过程方面的目标，突出了科学方法的重要性。教育过程中设置的情景不一定会在生活中完全再现，因此让幼儿学会求知的方法，培养提出问题、解决问题的能力比单纯获得知识更有价值。幼儿要掌握科学的方法，就必须学会如何动手做科学，教师在科学教育的过程和方法上，应创设有利于幼儿主动探究的条件，鼓励幼儿动手探索和发现，科学知识就成了幼儿获得探究能力和方法的桥梁。对于目标中提出的“能用适当的方式表达、交流探索的过程和结果”，我们可以理解为幼儿能用准确清楚的语言描述自己在探究活动中的想法、方法及发现，并能与同伴交流分享；除了语言表达之外，还可运用其他的适当方式如动作、表情、图表、绘画等来展现自己在科学活动中的探索结果。

第三，科学领域目标中的第四点内容是“能从生活和游戏中感受事物的数量关系并体验到数学的重要和有趣”，说明了数学教育内容应结合幼儿的生活经验，教师应善于从幼儿的生活中充分挖掘数学教育元素，采用幼儿喜欢的游戏方式进行，才能达到预期效果。

综上所述，我们可以明确学前儿童科学教育目标的构成要素：一是情感、态度，即有好奇心、求知欲和探究热情，有关爱环境的积极情感和态度；二是科学过程与方法，即具有观察和实验操作的技能与方法，学会思考与表达；三是科学知识经验，即获得关于周围环境事物及其关系的感性经验。

(二)学前儿童科学教育的分类目标

根据上述对学前儿童科学教育总目标的分析，我们知道科学教育目标的构成包含三个方面，即科学情感态度、科学方法、科学知识。

1. 科学情感态度

1) 发展学前儿童的好奇心、兴趣和求知欲

《纲要》总目标的第一条是：“对周围的事物、现象感兴趣，有好奇心和求知欲。”具体地说，就是要发展学前儿童对周围各种事物(包括自然事物和科技产品)和现象(包括自然现象和科学现象)的好奇心，培养学前儿童参与科学探究活动、科技制作活动的兴趣，激发学前儿童的求知欲。总目标的第四条是：“能从生活和游戏中感受事物的数量关系并体验到数学的重要和有趣。”“体验到数学的重要和有趣”强调的也是要发展学前儿童对数学的兴趣。

2) 培养学前儿童关爱环境的积极情感和态度

《纲要》总目标的第五条：“爱护动植物，关心周围环境，亲近大自然，珍惜自然资源，有初步的环保意识”，强调了要培养学前儿童关爱环境的积极的情感和态度。

3) 培养学前儿童尊重事实的科学态度

尊重事实是最起码的科学态度。尊重事实的科学态度表现为从事实出发，从不同的角度去认识事物；不过早地下结论；愿意考虑不同的意见；对公认的事实有怀疑不怕提出来；敢于怀疑，敢于批判；自己记录并观察、探索和操作的结果，根据这些客观存在的结果形成自己对事物及其关系的看法和解释。

4) 培养学前儿童尊重他人，乐于合作、分享与交流的优良品格

任何事物都是发展着的，每一个人的观点都是有价值的。在科学的发展道路上，许许

多多的想法都是可能的。我们要通过学前儿童科学教育使学前儿童从小能从多角度看问题，看到同伴的价值；乐于与同伴分享和交流自己的发现；能与同伴合作，互相关心、支持和提出合理建议，必要时能寻求帮助；能认可、倾听同伴的不同想法；能接纳和吸收同伴的合理意见，修正或完善自己的想法和做法。

2. 科学方法

幼儿学习科学的主要目标是关于科学方法的学习。科学探究的过程与方法包括提出问题、收集证据、分析和解释、交流与质疑、结论与拓展，以及常常用到的观察、测量、分类、推理、预测、猜想与假设等技能。幼儿学习科学强调以探究、体验、发现为核心的学习方式，也意味着幼儿是在“做”的过程中学科学，强调让幼儿亲身经历以探究为主的科学活动，在探究中亲历科学、体验科学，进而理解科学、运用科学。

在科学探索的过程中强调“运用各种感官，动手动脑，探究问题”，这是幼儿获取知识的必由之路；“能用适当的方式表达、交流探索的过程和结果”，说明幼儿需要通过与同伴交流分享、表达自己的见解来共同建构知识。《指南》提出：“幼儿科学学习的核心是激发探究兴趣，体验探究过程，发展初步的探究能力。成人要善于发现和保护幼儿的好奇心，充分利用自然和实际生活机会，引导幼儿通过观察、比较、操作、实验等方法，学习发现问题、分析问题和解决问题；帮助幼儿不断积累经验，并运用于新的学习活动，形成受益终身的学习态度和能力。”这一要求明确了儿童的科学学习过程应注重科学方法的使用与获得。

总之，科学方法这一维度的目标内容共包含三点：一是引导幼儿学习运用多种感官进行探究，发展观察能力；二是帮助幼儿学习观察、实验操作、分类和测量的方法，学会思考和提问，发展思维能力；三是让幼儿学习运用多种方式表达与交流的技能。

3. 科学知识

科学知识目标包含在《纲要》的科学领域目标之中，因为知识目标是以作为科学探索过程的结果而出现的，例如《纲要》明确提出了“求知欲”的目标，就是说应激发幼儿获取科学知识的原动力，在科学探索的过程中能“运用各种感官，动手动脑，探究问题”，从而获取科学知识，并“能用适当的方式表达、交流探索的过程和结果”。《指南》也将科学教育内容蕴含在目标表述之中。例如从数学认知部分的目标 2(感知和理解数、量及数量关系)中我们可以看出其科学知识目标是：①帮助幼儿获取周围环境中的具体事物的多样性经验，并在经验的基础上形成初级科学概念；②帮助幼儿获取周围环境中发生的自然现象的经验；③帮助幼儿获取周围环境中事物之间、现象之间的关系的简单经验；④帮助幼儿在操作活动中获取简单的技术经验。以上经验的获得就是科学知识的获得。

依据以上分析，在确定科学活动目标时要结合内容特点，突出针对性，适合幼儿发展要求，使三个维度的目标内容合并为一个有机的整体落实到具体的活动过程中，从而真正理解学前儿童科学教育目标构成要素之间的关系。

(三)各年龄阶段的科学教育目标

幼儿期各年龄阶段的科学教育目标是依据学前儿童科学教育总目标和幼儿身心发展特点与需求确立的。一般分为小班、中班、大班的科学教育目标，是学前儿童科学教育总目标在不同年龄班的具体要求，反映了不同年龄阶段幼儿发展水平的差异性，也体现了各年龄阶段之间发展的连续性和科学教育目标的整体性。《指南》将3～6岁学前儿童科学教育目标分为科学探究和数学认知两方面。

1. 科学探究

“亲近自然，喜欢探究”是首要的、前提性的、动机性的目标；“具有初步的探究能力”是重要的、核心的、关键性的目标；“在探究中认识周围事物和现象”是载体性、产物性目标。三个方面的目标是一个探究过程的不同方面，不能分别学习或单独训练。

目标1　亲近自然，喜欢探究

这一核心目标体现了对幼儿好奇心和探究兴趣的高度重视，可以用“好奇、好问、好探究”三个关键词来概括。好奇心和兴趣是科学探究中的首要目标，科学学习不能以牺牲兴趣为代价。幼儿身边的、熟悉的、生活中的事物是他们最感兴趣的(见表3-1)。

表3-1 亲近自然、喜欢探究的年龄目标

3～4岁	4～5岁	5～6岁
1.喜欢接触大自然，对周围的很多事物和现象感兴趣。 2.经常问各种问题，或好奇地摆弄物品	1.喜欢接触新事物，经常问一些与新事物有关的问题。 2.常常动手动脑探索物体和材料，并乐在其中	1.对自己感兴趣的问题总是刨根问底。 2.能经常动手、动脑寻找问题的答案。 3.探索中有所发现时感到兴奋和满足

目标2　具有初步的探究能力

探究能力是幼儿“科学探究”领域的关键目标。从探究过程来看，包含提出问题、观察探索、思考猜测、调查验证、收集证据、得出结论、合作交流等基本环节(不同年龄的完整细致程度和深度不同)。从探究方法来看，观察比较、实验验证、调查测量是基本方法。幼儿正是运用不同的探究方法，经历了发现问题、分析问题和解决问题的过程获得探究能力的(见表3-2)。

表3-2　具有初步探究能力的年龄目标

3～4岁	4～5岁	5～6岁
1.对感兴趣的事物能仔细观察，发现其明显特征。 2.能用多种感官或动作去探索物体，关注动作所产生的结果	1.能对事物或现象进行观察比较，发现其相同与不同点。 2.能根据观察结果提出问题，并大胆猜测答案。 3.能通过简单的调查收集信息。 4.能用图画或其他符号进行记录	1.能通过观察、比较与分析，发现并描述不同种类物体的特征或某个事物前后的变化。 2.能用一定的方法验证自己的猜测。 3.在成人的帮助下能制订简单的调查计划并执行。 4.能用数字、图画、图表或其他符号记录探索结果。 5.探究中能与他人合作与交流

目标 3　在探究中认识周围事物和现象

幼儿在探究中认识的事物和现象涉及动植物、物质与材料、天气与季节、科技、环境等，这些事物和现象是幼儿探究的载体，通过认识周围事物和现象，进而培养幼儿乐于探究的态度和探究解决问题的能力。幼儿感知、体验、探究和发现的过程是幼儿探究过程的必然结果(见表 3-3)。

表 3-3　在探究中认识周围事物和现象的年龄目标

3～4 岁	4～5 岁	5～6 岁
1.认识常见的动植物，能注意并发现周围的动植物是多种多样的。 2.能感知和发现物体和材料的软硬、光滑和粗糙等特性。 3.能感知和体验天气对自己生活和活动的影响。 4.初步了解和体会动植物和人们生活的关系	1.能感知和发现动植物的生长变化及其基本条件。 2.能感知和发现常见材料的溶解、传热等性质或用途。 3.能感知和发现简单物理现象，如物体形态或位置变化等。 4.能感知和发现不同季节的特点，体验季节对动植物和人的影响。 5.初步感知常用科技产品与自己生活的关系，知道科技产品有利也有弊	1.能察觉到动植物的外形特征、习性与生存环境的适应关系。 2.能发现常见物体的结构与功能之间的关系。 3.能探索并发现常见的物理现象产生的条件或影响因素，如影子、沉浮等。 4.感知并了解季节变化的周期性，知道变化的顺序。 5.初步了解人们的生活与自然环境的密切关系，知道尊重和珍惜生命，保护环境

2. 数学认知

数学认知领域目标强调幼儿对数学学习的兴趣和积极的情感体验；强调幼儿在真实情境中理解和应用数学的能力的发展；强调日常生活中发现和解决问题能力的发展。数学认知目标下包括三个方面的内容：数学认知(有关儿童学习和情感态度方面的)、数概念(对数及数量关系的理解)、空间概念(关于空间概念包括形状的认知)。

目标 1　初步感知生活中数学的有用和有趣(见表 3-4)

表 3-4　初步感知生活中数学的有用和有趣的年龄目标

3～4 岁	4～5 岁	5～6 岁
1.感知和发现周围物体的形状是多种多样的，对不同的形状感兴趣。 2.体验和发现生活中很多地方都用到数学	1.在指导下，感知和体会有些事物可以用形状来描述。 2.在指导下，感知和体会有些事物可以用数来描述，对环境中各种数字的含义有进一步探究的兴趣	1.能发现事物简单的排列规律，并尝试创造新的排列规律。 2.能发现生活中许多问题都可以用数学的方法来解决，体验解决问题的乐趣

目标 2 感知和理解数、量及数量关系(见表 3-5)

表 3-5 感知和理解数、量及数量关系的年龄目标

3～4 岁	4～5 岁	5～6 岁
1.能感知和区分物体的大小、多少、高矮、长短等量方面的特点，并能用相应的词表示。 2.能通过一一对应的方法比较两组物体的多少。 3.能手口一致地点数 5 个以内的物体，并能说出总数、能按数取物。 4.能用数词描述事物或动作。如“我有 4 本图书”	1.能感知和区分物体的粗细、厚薄、轻重等量方面的特点，并能用相应的词语描述。 2.能通过数数比较两组物体的多少。 3.能通过实际操作理解数与数之间的关系，如：5 比 4 多 1；2 和 3 合在一起是 5。 4.会用数词描述事物的排列顺序和位置	1.初步理解量的相对性。 2.借助实际情境和操作(如合并或拿取)理解“加”和“减”的实际意义。 3.能通过实物操作或其他方法进行 10 以内的加减运算。 4.能用简单的记录表、统计图等表示简单的数量关系

目标 3 感知形状与空间关系(见表 3-6)

表 3-6 感知形状与空间关系的年龄目标

3～4 岁	4～5 岁	5～6 岁
1.能注意物体较明显的形状特征，并能用自己的语言描述。 2.能感知物体基本的空间位置与方位，理解上下、前后、里外等方位词	1.能感知物体的形体结构特征，画出或拼搭出该物体的造型。 2.能感知和发现常见几何图形的基本特征，并能对其进行分类。 3.能使用上下、前后、里外、中间、旁边等方位词描述物体的位置和运动方向	1.能用常见的几何形体有创意地拼搭和画出物体的造型。 2.能按语言指示或根据简单示意图正确取放物品。 3.能辨别自己的左右

第二节 学前儿童科学教育的内容

学前儿童科学教育内容丰富多样，涉及面广，因此教师应依据学前儿童科学教育目标以及幼儿兴趣需要、发展水平，立足于幼儿生活经验，注重内容的整体性和综合性，为幼儿提供有趣的、可探究的、对幼儿发展有价值的科学教育内容。

学前儿童科学教育的内容.mp4

一、学前儿童科学教育内容的范围

当今社会处于信息化、网络化时代，现代科学技术遍布周围生活，生活中充满了可供幼儿探索和学习的科学内容。《纲要》提出七条科学领域的“内容与要求”，具体内容如下。

(1) 引导幼儿对身边常见事物和现象的特点、变化规律产生兴趣和探究欲望。

(2) 为幼儿的探究活动创造宽松的环境，让每个幼儿都有机会参与尝试，支持、鼓励他们大胆提出问题，发表不同意见，学会尊重别人的观点和经验。

(3) 提供丰富的、可操作的材料，为每个幼儿都能运用多种感官、多种方式进行探索提供活动的条件。

(4) 通过引导幼儿积极参加小组讨论、探索等方式，培养幼儿合作学习的意识和能力，让幼儿学习用多种方式表现、交流、分享探索的过程和结果。

(5) 引导幼儿对周围环境中的数、量、形、时间和空间等现象产生兴趣，建构初步的数概念，并学习用简单的数学方法解决生活和游戏中某些简单的问题。

(6) 从生活或媒体中幼儿熟悉的科技成果入手，引导幼儿感受科学技术对生活的影响，培养他们对科学的兴趣和对科学家的崇敬。

(7) 在幼儿生活经验的基础上，帮助幼儿了解自然、环境与人类生活的关系；从身边的小事入手，培养初步的环保意识和行为。

根据上述的“内容与要求”，我们可将学前儿童科学教育内容范围确定为以下几个方面。

(一)常见动植物

有关动植物的教育内容，主要是自然界中常见的动植物及其与环境的关系。具体可以分为以下几类。

(1) 知道常见动植物的名称，通过观察、饲养等方式发现其主要特征、用途和生活习性。

(2) 了解探索动植物的多样性。知道动植物是多种多样的，且根据不同角度可以进行不同的分类。例如，根据动物性格可以分为温顺的和凶猛的；根据不同的生活习性可以分为天上飞的、水里游的，还有陆地上爬的、走的、跑的；根据不同的特点动物还可以分为家禽、家畜、昆虫、鸟、鱼、野兽；植物有根、茎、叶、花、果实、种子等部分；植物的根、茎、叶不同，花和果实、种子也不一样，使得植物丰富多样，植物有花草树木、蔬菜；等等。

(3) 观察动植物的生长变化规律。通过观察和记录，知道动植物的生长变化规律。理解动物是有生命的，需要水、空气和食物维持生命。了解动物生活在不同的地方，有不同的行为方式、不同的繁殖方式、不同的食性以及动物对其生活环境的适应，如身体结构、行为方式与所处环境的关系(如动物改变自身以便适应环境的方式有动物过冬方式、自我保护方式等)。

知道植物生长需要空气、阳光、水分、土壤等条件，通过观察植物的季节变化，了解植物与季节变化的关系；观察生长在不同环境的植物的形态特征，了解植物形态特征与所处地理环境的关系。

(4) 了解动植物之间及其与人类的关系。知道动物之间存在着“朋友”和“天敌”的关系，如青蛙和虫子、蛇和青蛙是“天敌”关系；寄居蟹和海葵以及犀牛和犀牛鸟是“朋友”关系。知道动物与植物之间的生态循环关系，如牛、羊—草—粪便—草的生长—牛、羊。知道人类与动植物是紧密相连的依存关系，了解动植物对人类的益处和人类是如何保护动植物的。

(二)自然科学现象

自然科学现象是幼儿学习科学的最大兴趣所在，他们的好奇心大多也是与自然科学的现象相关，主要包括以下内容。

1. 气候和季节现象

结合具体的天气，引导幼儿观察、探索气候和季节现象及其与人类、动植物的关系，重在积累有关感性经验，培养幼儿主动关注环境变化的意识。具体包括以下几个方面。

(1) 知道四季的名称、特征及其变化规律，观察、感受并了解各个季节的典型特征，理解季节变化是人类、动植物生存的重要环境因素以及人类适应环境变化的方法。

(2) 观察各种天气现象，如雨、雪、冰、霜、冰雹、闪电、风、云、雾等。

观察、感受并学会记录不同情形下的风、空中的云及其运动和变化，特别是不同天气时云的变化。通过写观察日志，了解晴天、阴天、雨天等不同的天气现象发生的规律和特点，观察和探索冬天常见的天气现象，例如冰、雪、雾、霜等；夏天常见的雷雨、彩虹等天气现象，以及对人们日常生活、动植物生长的作用和影响。

2. 天文现象

用墨镜等观察太阳，知道太阳的形状；通过图片等观察太阳的颜色；通过实验等感受太阳的光与热；通过实验使儿童了解阳光是人、动物、植物等生长不可缺少的。

通过望远镜或肉眼来观察月相的变化，并用自己喜欢的方式进行记录；通过观看录像、视频知道人类乘宇宙飞船能到达太空；了解我国的登上太空第一人杨利伟以增强儿童的爱国热情、自豪感；观察夜空的星星，知道星星有很多，离我们很远，还会不停地闪烁；等等。

3. 物理现象

1) 光和颜色

认识各种光源(自然的、人造的)以及它们的不同，感受光在人类各种活动中的重要性；为幼儿提供各种光学仪器(如平面镜、三棱镜、凹凸透镜)和日常的物品、玩具，如望远镜、万花筒等，探索光的反射和折射现象；通过实验探索光和影子的关系，为幼儿提供红、黄、蓝三种颜色的液体；通过实验观察两种或两种以上颜色混合后发生的变化，发现颜色深浅与量的关系，探索发现颜色是光反射的结果。

2) 奇妙的声音

提供生活中常见的各种各样的空罐、纸张、鼓等幼儿常玩的打击乐器，让幼儿发现周围生活中有各种各样的声音，包括自然的声音、人的声音、机器的声音；探索各种能产生声音的物体和能产生声音的方法，感受声音的不同；通过游戏、实验探索声音的传播；观察几种生活中常见的能传播声音的现代科技产品，探索它们是如何传播声音的。

3) 冷、热现象

为幼儿提供生活中常见的日用品，如不同材料做成的杯子、碗筷、勺子、玩具等，通过接触知道任何物体都有温度，有的物体热、有的物体冷；学习用温度计来判断物体的冷热；探索物体由热变冷、由冷变热的方法，知道天气有冷有热；讨论、发现或感受不同地方的人们冬天都是怎样保温取暖的，夏天是怎样散热解暑的，并根据各地的情况认识、了解几种常见的取暖或散热的产品。

4) 磁现象

为幼儿提供各种各样的磁铁以及一些铁制品、塑料片、纸片、泡沫块等，让幼儿发现磁铁能吸铁和磁力的穿透性。探索不同磁铁的磁力大小和磁铁之间的相互作用，发现吸引和排斥的现象。玩指南针或磁针，探索指南针指南的现象。了解磁铁在生活中的应用，寻找生活中带有磁性的物品。

5) 力

力的表现形式是多样化的。自然界中有各种各样的力，如重力、浮力、风力、弹力、拉力、电力、摩擦力等。感受力的大小，发现力的方向以及力与物体运动之间的关系，如感知摩擦力，可以提供不同材质的地垫，观察物体在地垫上运动的快慢；可以通过玩跷跷板、天平、平衡架等探索平衡的条件，体验力的平衡；探索力的传递现象，了解各种自然力(如风力和水力)以及力在人类生活中的应用。

6) 电

初步了解各种电的来源。静电是摩擦产生的，日常生活中的电是发电厂通过电线输送来的，电动小玩具的跑动是电池作用的结果。通过探索各种家用电器、电动玩具及其他电器的功能，初步了解电在日常生活中的重要作用。初步了解安全用电的常识，避免事故的发生。能正确地对待废旧电池，不随处乱扔、随意丢弃。

4. 化学现象

化学现象在儿童的生活中也是比较常见的，但出于安全的因素，过去很少让幼儿探索这类内容。不过，有些化学现象的表现形式也是很有趣的，而且简单、安全。例如，夏天蚊子出现的时候，观察点燃的蚊香出现的气味对蚊子有什么影响；让儿童观察土豆、苹果等用刀切完后，过一段时间会发生什么样的变化；点燃的蜡烛会出现什么现象；探索手脏后用香皂洗手的过程；在节日来临的时候，带领儿童观察、欣赏五颜六色的焰火；儿童喜欢喝的酸奶是牛奶经过发酵制成的；懂得吃药治病、吸烟有害身体健康的道理；等等。可以用实验的形式让儿童探索碘酒和淀粉产生变色反应的现象，也可从幼儿的生活中选择常见的化学现象让他们探索，比如食物发霉等。

(三)常见的物体与人、自然环境的关系

在自然界的生态环境诸要素中，除了生物(人类、动植物)，还有岩石、沙、土壤、水、空气等无生命的物质，它们都是相互联系着的。科学教育应引导幼儿在生活中感受无生命物质对生命的重要性。

探索感受水的特性，通过实验发现水在不同条件下的液体、气体、固体的三态变化。知道水是生命之源，生物离不开水，要节约用水。观察、发现日常生活中哪些现象是水的污染，对水中的动物、植物的影响是怎么样的，如工业污水流进江河对鱼的生存环境造成了很大的破坏，从而使鱼的生存受到很大的威胁等。

探索沙、土壤、岩石的特征，感知它们之间的相互关系及主要用途。知道沙和土壤都是由岩石变来的，土壤是生物生长需要的重要条件。知道地球上覆盖着大量的沙、石、土。教育儿童珍惜土地，合理利用、保护自然资源。

知道空气存在于所有空间，是生命体生存不可缺少的物质。了解植物与空气的关系，植物生长需要空气，而植物又可以净化空气。人类离不开空气，要保护空气，防止空气污

染。探索、发现空气的流动，例如风是怎样形成的，可通过实验、游戏的方式进行。

(四)科技产品与人们生活的关系

对科技产品的了解是课程内容时代性特征的体现，探索科技产品与人们生活的关系是学前儿童科学教育生活取向的体现，因此学前儿童科学教育需要从以下几个方面规划课程内容。

1. 常见的科技产品及其作用

家用电器：讨论电视机、空调、微波炉、洗衣机、电冰箱、电饭煲等的主要用途和弊端，学会简单的使用方法，感受它们给人们的生活带来的方便。

现代通信工具：讨论电话、手机、电脑、网络等的主要用途和弊端，感受它们给人们的生活带来的方便。

现代交通工具：如摩托车、汽车、火车、轮船、地铁、飞机等，比较它们的优缺点，并体会它们和人们生活的关系。或者根据常见物质、材料的特性和物体的结构特点，推测并证实它们的用途。如带轮子的物体方便移动、不同用途的车辆有不同的结构等。

现代农用工具：认识拖拉机、脱粒机、播种机、抽水机等，知道现代农用工具减轻了农民的劳动负担、增产又增收。初步了解几种农业科技产品，如温室种植的蔬菜、瓜果，人工饲养的水产、家禽，以及经过加工的食品，等等。

科技玩具：能探索各种科技小玩具，会正确使用，能进行简单的拆卸、组装等。

2. 科技产品的发展

科学技术的发展史，就是人类生活方式改变的历史。可以向幼儿介绍常见科技产品的发展、进步，使其体会到它们与人们生活的关系。如向幼儿介绍通信工具的发展变化过程，让幼儿了解从古至今人们是怎样传递信息的，由此体会科学技术的发展给人们生活带来的影响。

3. 简单的科技小制作

可以让幼儿学习运用工具和材料制作简单的科技玩具，如做风车、纸火箭、有线电话、不倒翁、自制降落伞、传声筒、美丽的万花筒等。对幼儿来说，完成一个科技小制作和探索一个科学现象会获得不同的经验。他们不仅获得了亲手制作的经历，还获得了一些具体的操作技能。

4. 熟悉的科学家的故事

通过讲故事、看图片熟悉科学家的故事，也可以请当地的科学家给幼儿讲科学故事，以激发儿童对科学家的崇敬之情，以及探索创造的欲望；通过自己动手制作科技小“产品”，粗略地感受科学家的发明创造的探究过程；能尝试使用小工具，进行小制作，例如用磁铁制作“会走动的小鸡”“小风车”等，体验制作的过程，感受成功的喜悦。

总之，对幼儿进行科技教育，不是向他们进行抽象的说教，而是要借助幼儿熟悉的内容，让他们在生动、具体的经验中，体会科学技术和社会的关系，萌发正确的科学价值观。

(五)数学教育内容

学前儿童数学教育内容主要包括感知集合、数、量、形、时间和空间等，具体如下。

(1) 感知集合。①感知集合及其元素，能按照一定的标准对物体进行分类；②认识 1 和许多及其关系；③以对应的方法比较两组物体的数量的相等和不等。

(2) 10 以内的数概念。①学习 10 以内的基数(包括数的实际意义、数的形成、数的守恒、相邻数等)；②学习 10 以内的序数和数的组成；③认读和书写 10 以内的阿拉伯数字。

通过实物操作、比较、游戏等方法来学习十位或百位以内的数。先学习基数，再学习序数、倒数，探索数与数之间的关系；学习数的组成、认读、书写、加减运算，初步理解总数与部分的关系；探索数的守恒，以进一步理解数和对数的抽象。

(3) 10 以内的加减运算。

(4) 认识几何形体。①平面图形：圆形、正方形、三角形、长方形、椭圆形和梯形。②立体图形：球体、圆柱体、正方体、长方体。③图形之间的转换和组合关系。

知道其名称、明显的外形特征及其简单的关系。先探索平面图形，再探索立体图形。与日常生活结合，让儿童发现、关注哪些生活用品属于什么形状。

(5) 量的比较和自然测量。①比较大小、长短、粗细、厚薄、宽窄、高矮、轻重和容积等量的特征；②掌握自然测量的方法，初步理解量的相对性及量的守恒；③按照量的差异进行正排序和逆排序。

(6) 空间和时间概念。①在空间方位方面，能分清上下、前后、里外、左右、远近等，知道空间的运动方向；②在时间方面，能区分早晨、晚上、白天、黑夜，今天、明天、昨天，星期、年月名称及顺序。

(7) 认识时钟，能判定整点和半点。

二、学前儿童科学教育内容的选择原则

《纲要》中明确提出了诸如“引导幼儿对身边常见事物和现象的特点、变化规律产生兴趣和探究欲望”“在幼儿生活经验的基础上，帮助幼儿了解自然、环境与人类生活的关系”“科学教育应密切联系幼儿的实际生活进行，利用身边的事物与现象作为科学探索的对象”等要求，这就说明了学前儿童科学教育应贴近幼儿的生活。只有选择在幼儿周围生活中常见的科学教育内容，才能让幼儿感受到科学就在自己的身边，从而积极主动地去探究科学现象。因此，教师在选择科学教育内容时可从以下几方面来考虑。

(一)科学性和启蒙性

科学性是指科学教育内容必须符合科学原理，反映客观事物的本质，尊重科学事实。围绕幼儿生活选择教育内容，帮助幼儿正确理解周围生活中有关的自然现象和自然物。对于深层次的科学概念和科学原理，幼儿大多不能真正理解，他们获得的知识是基于经验层面的，但是随着幼儿年龄的增长、经验的增加、抽象思维的发展，他们会真正理解其中的内涵，因此在学前阶段科学的学习保证其准确性是十分必要的，这同样有助于他们形成正确的世界观和科学观。

启蒙性是指科学教育内容必须符合幼儿的认知发展水平和理解能力，所选的科学教育

内容应是粗浅而非系统的科学知识。《纲要》指出："幼儿的科学教育是科学启蒙教育，重在启发幼儿的认识兴趣和探究欲望"，因此应从幼儿认识能力和已有生活经验出发，基于幼儿的发展水平和年龄特点，选择那些与他们的日常生活紧密联系的科学内容。实践证明，围绕幼儿生活经验展开的教育符合幼儿认知发展特点和要求，并能激发幼儿探究的热情和动力。

处理好科学性和启蒙性两者之间的关系是选择学前儿童科学教育内容时面临的首要问题。没有科学性就不存在科学教育，没有启蒙性就无法实现学前儿童科学教育的目标。我们可以这样理解，科学性是进行学前儿童科学教育的首要前提条件，启蒙性是完成学前儿童科学教育目标的保证。坚持科学性就是根植于科学现象本质、科学原理，用幼儿能理解接受的词语、句子来表述科学现象，在用具体的语言描述抽象的科学原理的过程中，使幼儿实现对科学的理解。启蒙性的要求是：既注意到科学知识的准确性，使科学教育内容符合科学原理和自然界的客观规律，又兼顾到幼儿的具体形象思维特点。

(二)地方性和季节性

地方性和季节性是指选择学前儿童科学教育内容应结合当地的自然条件和季节特点，做到因地、因时制宜。学前儿童科学教育在满足启蒙性特点的同时，便具备了地方性和季节性的特点，这是由幼儿认识事物的特点和自然科学现象的地域特点所决定的，也同时因为课程内容选择需贴近幼儿生活决定的。

我国幅员辽阔，地跨寒、温、热三带，有山区和平原、内陆和沿海，地理环境是不同的，因此存在着不同的自然景观。南方和北方社会生活环境、自然资源、风土人情各不相同，幼儿的生活环境差异性明显，而文化和社会条件的差异，也会造成幼儿见识上的差异。比如农村幼儿对农作物、家禽和家畜十分熟悉，而城市幼儿则对公园里的花草树木、动物园里的动物比较熟悉。

自然界万物的变化反映了季节更替的规律。动植物也会随着季节变换而改变，例如冬天来了，有的动物储存食物过冬、有的动物冬眠、还有的动物增厚皮毛来御寒；树木在春天发芽长出嫩叶，秋天树叶变黄凋落。另外，气候、气象也是随着季节变化体现季节性特点，在不同的季节里，除了气温的显著变化外，典型的天气现象也不一样，如夏天有雷雨，冬天有霜雪。学前儿童科学教育应让幼儿亲临其境去了解大自然的这些季节变化，所选择的科学教育内容应符合季节变化的规律，体现出季节性。

依据地方性和季节性选择内容时，还要体现灵活性。既考虑当地当时的条件，还要考虑我国不同地区季节特点的差异性，当北方还有冰霜的时候，南方已是春雨潇潇，所以应结合地域特点和季节变化来制订教育计划。另外，值得注意的是认识当地没有的事物，要遵循由近及远的顺序，即先认识身边的、常见的事物，再扩展到较远的、不常见的事物。比如，内陆地区的幼儿，将海生动物安排在大班，用以扩展幼儿的经验，而生活在海边的幼儿经常接触海生动物，积累了一定的相关经验，就可以将这一内容安排在小班，在编排教育内容时体现出地方性特点。

(三)广泛性和代表性

"广泛"包含两个方面的含义，一个是学前儿童实际生活中的内容丰富广泛；另一个是科学本身就涉及许多自然学科知识，内容范围相当广泛。从学前儿童的实际生活方面看，包括的面是很广的，如 3 岁以前的儿童，会遇到许许多多的事物和现象——地上的鲜花、空中的蜻蜓、天上的彩虹……它们吸引了幼儿的注意，幼儿甚至会自发地进行探索。3～6 岁儿童的生活的接触面大，例如，“多种多样的石头”“有趣的叶子”“五光十色的灯光”都是和儿童的广泛的实际生活紧密联系在一起的。另外，从科学领域涵盖的知识方面来看，以数学知识学习为例，它包括口头数数、按物点数、说出总数、认识数字、知道数的组成与分解、数的加减运算、序数等。

代表性是指选择科学教育内容时应体现事物或者现象的典型性。由于科学体系的分支繁杂，知识内容庞杂，不可能让幼儿面面俱到地认识每一事物，因此就要考虑教育内容的代表性，抓住事物或者现象的典型性进行科学教育活动，才能为幼儿今后进一步学习系统的科学知识打下坚实的基础。

所以在广泛选择内容的时候还要考虑所选择的内容是否反映该领域的最基本的知识结构，是否具有典型性，学前儿童是否能够从中进行类推，做到以一推十，是否能为儿童日后的科学学习提供有益的帮助，从而来确定其是否具有认识的价值。例如，认识动物时，可以选择小狗来认识，小狗具有了其他动物的最基本的特征，而且有的家庭中还有宠物狗，选择了此内容作为教育的内容，具有一定的代表性，还可以为以后儿童学习动物的不同特征和相同特征的学习奠定良好基础。再如，水的三态变化，也是比较有代表性的内容。因为幼儿对水的三态——气态、固态和液态都比较熟悉，让幼儿接触、观察水的三态变化，获取有关感性经验，可以为将来由此及彼认识其他的固体、液体和气体，以至认识物质的三种基本形态打下基础。

(四)民族性和时代性

民族性是指注重选择那些能弘扬民族传统文化特色的内容。那些具有民族特色的物产和珍贵动植物都是学前儿童科学内容的重要组成部分，我们可以选择如熊猫、金丝猴、水杉树、银杏树等，让幼儿通过观察来感受科学的特性；另外我国有着深厚的历史文化、悠久的科技发展的历史，选取典型代表如古代的四大发明，是对学前儿童进行民族主义教育、爱祖国教育的良好途径，是对学前儿童进行中华民族自豪感和自信心的培养。

“与时俱进”即是时代性，指要求我们在选择学前儿童科学教育的内容时，要选择体现时代特点的科学知识。时代在不断向前发展，科学技术在不断更新，现在的儿童生活在现代化、信息化的时代，他们接触的是现代技术产品，接受的是现代传媒信息，体验的是现代化生活环境。因此，在科学教育的过程中，必须将反映时代发展的科学教育内容及时纳入学前儿童科学教育，以拓宽他们的眼界。比如现代科技发展的产物，如纳米材料制品、5G 网络、中国高铁、港珠澳大桥等，再比如中国航空事业的傲人成绩，神舟系列载人飞船的发射成功，空间站里面的科学小实验等都可以作为学前儿童科学课程的内容。

本章小结

本章主要介绍了学前儿童科学教育的目标确立依据以及《3—6 岁儿童学习与发展指南》中关于学前儿童科学教育的具体教育目标，并在此基础上介绍了学前儿童科学教育的内容范围，着重论述了内容选择的原则。

思考题

1. 请阐述幼儿园科学课程目标确立的依据。
2. 如何理解《纲要》中科学领域的目标内容？
3. 学前儿童科学教育内容范围包括哪些方面？选择科学教育内容应考虑哪些要求？
4. 调查某幼儿园大班学前儿童科学课程的教学计划，分析其内容选择的合理性。
5. 根据学前儿童科学课程内容范围和选择原则，尝试编制幼儿园托班春季学期的科学教育活动计划。

知识链接

维果茨基的生平

维果茨基(1896—1934)出生于白俄罗斯的一个小镇，1913 年完成了大学预科学习，凭借优异的素质赢得了一枚金质奖章，在只有 3%的犹太学生可以进入莫斯科大学的情况下，虽几经周折维果茨基最终还是被莫斯科大学录取。当时维果茨基感兴趣的学科是历史与哲学，但他接受父母的意见选择了医学，一个月之后，又转到了法学院。强烈的求知欲使维果茨基 1914 年决定同时在莫斯科大学和沙尼亚夫斯基人民大学就读。

1913—1915 年，文学、法学、戏剧代表了维果茨基兴趣的中心，心理学尚未进入这一中心。他最早发表的作品是文学评论方面的，不属于心理学范畴。1917 年维果茨基开始了他的教师生涯。在戈麦尔的七年，维果茨基为不同种类的学校开设了许多课程。1919 年维果茨基染上了肺结核，但这次他有惊无险，幸免于难。1924 年维果茨基写了第一本有关缺陷学的著作，同年 9 月，他开始在苏联人民教育委员会工作，具体负责有生理缺陷或智力落后儿童的教育部门的工作。1924 年之后，维果茨基的兴趣转向了心理学，尤其是教育心理学。1925 年夏天，维果茨基在公共教育委员会的医学教育所筹办了一个异常儿童心理学实验室，1929 年该所成为“实验缺陷所”即现在的“缺陷学研究所”。他从英国返回后，又患上了肺结核，医生建议他隔离休息。在被隔离期间维果茨基完成了《艺术心理学》的写作。1925 年秋天，他的病情不断恶化，住院期间他完成了著名的方法论论文《心理学危机的历史意义》，准确地分析了当时的心理学状况，其基本概念至今与当代心理学依然密切相关。

1930 年，维果茨基与鲁利亚合作完成了《行为历史的研究：猿、原始人、儿童》。来自不同文化的人的高级心理过程的差异引起了他的兴趣，于是 1931—1932 年他设计了一次在乌兹别克斯坦开展的跨文化研究。由于身体原因，维果茨基争分夺秒，废寝忘食。1934 年春天，他再次遭到肺结核的侵袭，但他毅然拒绝了医生让他住院治疗的建议，反而更加忘我地投入工作。他临终前的最后一句话是“我准备好了”。

与皮亚杰是同时期，但不同于皮亚杰认知发展泛宇宙统一的观点，维果茨基的理论强调文化、社会对儿童认知发展的影响。但由于其理论中有浓厚的西方文化色彩，在1936—1956年间受到苏联当局的打压，禁止讨论其理论。直至20世纪60年代，维果茨基的理论才受到美国心理学界的重视。

维果茨基提出的众多概念和理论丰富了现代心理学的理论宝库，其理论研究涉及心理学的众多领域，推动了现代心理学的发展。

（资料来源：节选自《维果茨基导论》）

第四章　学前儿童科学教育的方法

本章学习目标

- 理解并掌握开展学前儿童科学教育活动方法的含义、类型和指导方法。
- 尝试依据不同种类的科学活动进行合理的设计与指导。

重点难点

重点：科学教育活动方法的选择和运用策略。
难点：依据不同的科学活动开展合理的方法指导。

案例导入

有一天中午，吃完午饭的小朋友们像往常一样拿着自己的小椅子坐在教室门前的走廊上。在温暖的阳光下，有的玩玩具、有的看书，还有几个小朋友围在走廊外的花圃边，边看边说着什么。我没有打扰他们，而是在旁边听着。“这是什么呀？”“这是小虫。”“它在这里干什么呢？”“你看它在动呢。”“它没有脚，用什么走呢？”文杰伸出手试着去抓，可是又把手缩了回来。这时，泽桦走过来大声说：“这是小蛇呀！”听到这么一说，好几个小朋友“呀”地往后退，看到我在旁边连忙告诉我：“老师，这儿有条小蛇！”我笑着告诉他们：“这不是蛇，是蚯蚓，是一种生活在地里的小动物。”这时其他的小朋友也走过来七嘴八舌地说开了：“小蚯蚓，你怎么会在这呢？”“它是不是生病了？”“小蚯蚓有没有嘴巴呢？吃什么东西呢？”“它能听到我们说的话吗？”小朋友们的兴趣越来越高，我心一动，这不就是一个非常好的科学活动吗？我不急于告诉他们答案，而是找了个玻璃瓶放了一些土把蚯蚓放在里面，告诉幼儿“蚯蚓现在迷路了，想和你们交朋友，让我们给它一个暂时的家”，并把它带回教室让小朋友们观察，然后我就设计了一个关于“蚯蚓”的主题活动，结果取得良好的教育教学效果。通过这件事，我深深地感受到：孩子们对周围事物的探索无时无刻不在进行着。

【问题思考】

结合案例说说如何根据不同的科学活动开展合理的方法指导。

第一节 观　察

观察.mp4

一、观察的含义

观察是人的感官在大脑的指导下进行的有意识、有组织的感知活动。观察是一切科学活动的基础，没有观察，就没有科学。作为教师，指导学前儿童科学教育时，应当有目的、有计划地组织和启发幼儿运用多种感官，去感知客观世界的事物与现象，使之获得具体的印象，并在此基础上逐步形成概念(见图 4-1)。

图 4-1　幼儿观察“真假鹌鹑蛋”

科学观察的意义表现在以下几个方面。

1. 观察是幼儿认识世界的基本途径

幼儿认识世界是从具体的感知活动开始的，对于日常生活环境中的事物所产生的好奇与探究，幼儿几乎都是受偶然间的观察所启发的，他们观察具体事物，区别事物的特征及其变化，从而发现事物间简单明显的联系与因果关系，并在此基础上形成概念。在科学教育中，观察是学前儿童认识世界、增长知识、发展能力的主要方法之一。

2. 观察能有效地促进幼儿智力和语言的发展

作为一种复杂的心理活动过程，观察不仅能提高感觉器官的机能，还可以锻炼大脑的信息加工能力。幼儿通过观察，能有效促进其智力的发展。首先，可以有效地提高学前儿童感觉的综合活动能力，培养他们运用感觉来探索周围世界的能力。其次，通过多角度、多层次地审视观察对象，从中学到科学的观察方法和技能，促进其观察力的发展。再次，在丰富感性知识并进一步形成概念的过程中，学前儿童可以逐步学会比较、分析、综合和概括，促进思维能力的发展。最后，通过互相交流所见所闻和自己的感受，可以增加词汇量，学会新的句式和语言技巧等，进而促进语言的发展。

3. 观察能培养幼儿的探索精神

在观察中，周围陌生而又熟悉的世界展现在孩子面前，使幼儿产生好奇，从而激发幼儿的求知欲望和探究兴趣(见图 4-2)。

图 4-2 幼儿观察自己制作的万花筒

4. 观察可以培养幼儿尊重事实的科学态度与精神

通过观察，孩子们可以亲身感知事物的形态，感受到人与自然的亲密关系，探索出世界存在的多种奥秘。幼儿如实地将观察的过程记录下来，并以此为依据进行交流，得出结论，有助于幼儿养成尊重事实、实事求是的科学态度和科学精神。

5. 观察有助于幼儿自我建构科学知识和经验

引导幼儿把所观察、探索的经验用不同的方式记录下来，能促进幼儿更细致地观察与更认真地思考，使他们将零散的知识经验系统化，从而在一次次的记录与实验的对比中调整自己的认识，为最终形成科学的概念奠定坚实的基础。

二、观察的类型

观察的类型从不同角度可有多种分法：从观察的对象分为个别物体的观察和比较性观察；从观察的时间分为长期系统性观察和间或性观察；从观察的空间分为室内观察和室外观察(也称实地观察)。以上分类之间会出现交叉现象，如室外观察同时也可以是对个别物体的观察、室内观察也可以是比较性观察等。其中最主要的几种观察类型介绍如下。

(一)个别物体的观察

个别物体的观察就是幼儿通过有目的地运用感官，与周围某一事物或现象直接接触，从而了解它的外形特征、属性、习性等。在对个别物体(或现象)进行观察的过程中，通过对物体的观察，可以帮助幼儿获得：有关物体的形状、颜色、大小；发出的不同声音；散发的不同气味；质地(软和硬、粗糙和光滑)、质量(轻和重)，以及弹性、黏滞度、光滑度、湿度等外部特征；物体的外部结构和功能；物体的生活、生长习性和特点；物体相对的静态和动态；个别物体的存在与周围环境的关系；等等。

(二)比较性观察

比较性观察是指幼儿同时观察两种或两种以上的物体并进行比较，以找出物体间的异同点。比较性观察有利于幼儿的分类能力发展和概念的形成。在观察过程中选取观察对象很重要。如观察醋和白开水的区别，找到它们的本质特征，或者具有某些相同属性的牛奶、蜂蜜也可以放到比较观察中，教师需要引导学生运用多种观察器官去比较，加上幼儿已有的知识经验，很快就能辨别出白色的是牛奶，黄色的是蜂蜜，有刺鼻气味的是白醋，剩下的无色、无味、透明的就是白开水。在这样的活动中，通过比较性观察使幼儿发现物体间的不同点，找出相似点；学习以两样物体的相应部分和整体进行比较；在此基础上挑选出同类物，并进行分类。比较性观察要求对事物进行比较分析，是一项复杂的认知活动，因此它仅在中、大班的后期进行。

(三)长期系统性观察

长期系统性观察是指幼儿在较长的时间内，持续地对某一物体或现象进行系统的观察，对其质和量两方面的发展变化过程有较完整的认识。如对“化茧成蝶”进行的长期系统性观察，了解蝴蝶幼虫由蛹经过蜕壳变化为成虫的过程。学前儿童科学教育中的长期系统性观察，主要用于观察动物、植物的生长过程，以及气象的变化，以直观地了解自然界各种因素间的相互关系、因果关系和自然界的发展规律。由于长期系统性观察对幼儿的知识经验、认知水平要求较高，因此一般在中班才开始采用这种观察类型，而且主要在大班进行。

(四)间或性观察

间或性观察是指间隔一定的时间，带领幼儿对某个物体或现象进行的观察。每次的观察是在原来观察的基础上，进一步观察以加深对观察物的认识；同时，每次的观察也就是单个物体的观察。例如认识兔，第一次观察兔子明显的主要特征和习性。第二次在原有认识的基础上，增加比较隐蔽的主要特征(如三瓣嘴，前腿短、后腿长等)。第三次则侧重于兔的功用。每次观察是互相联系、互相制约的。间或性观察在各年龄班均可进行。间或性是具备创造力的、生命力的和向上提升能力的，而且这是我们得以留存于今，生生不息的本质，我们的创造力与生命力都和间或性息息相关。间或性观察在小、中、大三个年龄班均可采用，根据间或性观察的要求及幼儿的年龄特征，大班幼儿采用间或性观察较多些。

(五)室内观察和室外观察

室内观察即在室内开展的各种观察活动。一些需要在比较安静的环境中进行的观察，适宜在室内进行，如观察鱼类、种子等。幼儿园走廊和楼梯环境是幼儿园的重要组成部分，是室外场地和室内环境的重要通道，同时也是幼儿每天必须经过和接触的地方，肩负着教育的功能和职责。室外观察是指在实地进行的观察，一般与散步、参观、旅游活动相结合，如参观城市建筑，到海滨捉蟹，参观菜地和捡树叶等。幼儿外出的机会较少，而许多自然事物很难在室内观察。因此，应尽量让幼儿进行室外观察，使他们尽可能多地接触自然、体验自然，从而获得感性经验。

三、对观察活动的指导

(一)激发幼儿观察的兴趣

《纲要》指出：善于发现幼儿感兴趣的事物、游戏和偶发事件中所隐含的教育价值，把握时机、提供适当的引导。好奇心是人的天性，求知是人的本能。兴趣是幼儿最好的老师，教师在发现孩子们在自由活动时观察小动物，不应去打扰他们，应顺应、支持幼儿提出的问题和疑问正确引导他们，及时抓住这一个教育契机生成科学教育活动，传授给他们一些关于动物的简单知识，取得的效果会是事半功倍。

教师还可以通过自然角激发幼儿观察的兴趣，如在自然角的创设过程中，我们会让孩子一起全程参与，组织孩子一起进行商量。只有是孩子们真正喜欢的自然角才是他们的乐园，他们才会主动地走进自然角去照顾、去管理、去观察那些动植物。除了在环境布置时让孩子参与创设，自然角的动植物的选择也是孩子们自己决定的。我们和孩子一起进行讨论选择，孩子们一开始的想法五花八门，只要是自己认识的都可以搬到自然角。

另外在观察对象的提供上，教师应考虑提供实物、实景，并且可以增加材料种类，激发幼儿参与活动的兴趣。幼儿年龄小，通过用图片或模型供幼儿观察，会使幼儿的感性经验不真实、模糊，甚至出现错误。所以教师必须尽可能为幼儿的观察活动提供实物、实景，特别要经常带领幼儿外出活动，到实地进行观察，使幼儿的印象更清晰、准确。

(二)调动幼儿的多种感官参与观察

丰富的感觉经验是需要与自然事物与现象作多方面的接触才能获得的。尽管目前观察仪器有很多，而且不断改进，但适合幼儿的不多。而且，这些仪器的运用离不开感官，因此感官仍是我们最重要的观察工具。指导幼儿运用感官进行观察时，要有的放矢地进行，否则会出现“视而不见，听而不闻”等现象。

客观事物的特征是多方面的，它们有着颜色、气味、味道、大小、形状、冷热、声音、手感等多方面的差异。在观察过程中，只要条件许可，就应该让幼儿的各种感官都参与观察活动：用眼睛去看、用耳朵去听、用手去摸、用鼻子去嗅，有些东西还可以用嘴去尝，使大脑接收的信息来自视觉、听觉、嗅觉、味觉、运动觉等各种途径，在大脑皮层建立多通道联系，从而使幼儿从物体的不同角度对其属性有一个比较完整的认识，既学习了观察的方法，同时也发展了幼儿的感知能力及观察力，能用看、闻、听、尝、触摸等方式来认识自然。

(三)创设各种合作机会

科学活动中尽量帮助幼儿创设合作的氛围，因为科学探究的过程从来都不是一个人的探究，因此要让幼儿在合作中观察，在观察中合作。在科学实践学习活动中，创设合作机会其实很简单，从科学活动的材料入手就是一个很便捷的方法。教师也可通过幼儿小组进行实践，为幼儿提供更多的协商与合作的机会。要及时调整美工区的游戏材料。一般而言，幼儿很难在反复操作过的材料的基础上，创造出新的作品，这个时候需要教师及时更换材料，防止幼儿对某种材料单一的操作产生厌倦感而放弃活动。同时教师可随时观察每个幼儿的行为表现，必要时可以记录下来。待到集体评价幼儿的表现时，教师可先让幼儿相互欣赏或讲述学习内容，再告知全班哪些幼儿表现比较好，对有进步的或表现较好的幼儿给予肯定、鼓励，从语言、物质上给予鼓励与肯定。

(四)指导幼儿学习观察方法

幼儿观察事物比较笼统，不够精确，其主要原因之一是他们还未掌握一些初步的观察方法。教师在指导幼儿观察事物的同时，应根据观察对象的特点，有目的、有计划地教给幼儿一些最基本的观察方法。在幼儿阶段，主要是学习顺序观察法、比较观察法和典型特征观察法。比较观察法可以借鉴上文的叙述，这里着重介绍顺序观察法和典型特征观察法。

顺序观察法，就是根据观察对象外部结构的特点，让幼儿有顺序地进行观察，如从整体到部分、从外到内、从上到下、从左到右进行观察。在指导幼儿进行观察时，一般可以先对现象有一个整体、大致的认识，使幼儿先能了解观察对象的全貌；再着重观察它的主要方面乃至某些次要的、但是值得注意的细节；最后还要注意观察各个部分和各种现象之间的联系，使幼儿对所观察的事物有一个比较完整、清晰的认识。可以让幼儿从正面、侧面、上面、下面、远距离、近距离等多种角度去观察。客观事物各有各的姿态，各有各的色彩，某些事物适宜近距离观察，而另一些事物则远距离观察更为全面，有时远距离观察又是近距离观察的补充。另外，还要提供条件让幼儿观察事物的静态和动态。物体的静态比较容易观察，能观察得较细致，而物体的动态，能使幼儿观察到对象的生动活泼，所以一般在观察动物时，两种观察可以结合进行。

典型特征观察法是从物体的明显的特征入手开始观察，再过渡到观察一般特征，激起幼儿学习的情趣和积极性，并采取常识和科学活动自然结合的方法，然后再引导幼儿对事物的全部进行观察。有些物体具备一些鲜明的外形特征，这些明显的典型特征在幼儿的观察过程中首先会刺激他们的感官，例如物体的鲜艳的色彩、特殊的气味、某一部分的奇异样子或者不常见的声音等，都非常容易吸引幼儿的观察兴趣和注意力。因此，在观察过程中，可以首先引导幼儿从这些典型的特征开始观察，然后展开全面的观察，以提高辨认物体的能力。例如在对“马”的认识过程中，抓住马的典型特征——奔跑，从马的四肢、鬃毛等开始进行观察，让幼儿比较准确地感知“马”这一动物的外形特征。

案例 4-1

(1) 教师出示长颈鹿教育挂图，从动物名称着手进行典型特征认识。

提问：

① 认识这动物吗？叫什么名字？

② 为什么叫它长颈鹿？它身上什么东西也长得长长的？

小结：长颈鹿有个长脖子颈，有四条长长的腿，是世界上长得最高的动物。

(2) 组织幼儿仔细观察长颈鹿的头和身体的明显特征，并帮助幼儿丰富相应的词语。

提问：

① 顺着长脖子往上看，想一想长颈鹿的头像什么形状？头上长着什么？

② 顺着长脖子往下看，长颈鹿身上的皮毛是什么样的斑纹？

(3) 组织幼儿观察细致部位。

提问：

① 长颈鹿的脖子上长着什么？一排整齐的褐色毛。

② 长颈鹿身上还有一撮褐色的鬃毛是长在哪里的？在尾巴上。

(4) 幼儿作画。提示画“一张你喜欢的长颈鹿的画”，画出长颈鹿住在哪里，它在干什么。

(5) 请幼儿和自己画的长颈鹿说话。

第二节　实　验

一、实验的含义

实验是根据科学研究的目的，尽可能地排除外界的影响，突出主要因素并利用一些专门的仪器设备，而人为地变革、控制或模拟研究对象，使某些事物(或过程)发生或再现，从而认识自然现象、物体性质和自然规律。学前儿童科学教育中实验的方法是在人为控制条件下，教师或幼儿利用一些材料、仪器或设备，通过简单演示、操作或观察，对周围常见的科学现象加以验证的一种方法。实验的操作和演示过程是简便易行的，是带有游戏性质的。实验能帮助幼儿理解一些简单的科学现象和知识，培养幼儿对科学的兴趣和求知欲望，在实验过程中，能充分调动幼儿学习科学的积极性、主动性。

通过实验，也能培养幼儿的动手操作能力，并且让幼儿体验到科学探究的本质。由于实验是在教师创设的特定的条件下进行的，因而可以弥补在自然条件下观察的局限性。幼儿科学教育中的实验与研究自然科学的实验法不同，有其特点：仅是重复前人的实验，不要求有新的科学发现，实验针对的往往是一些有关事物明显的、表面的因果关系。实验内容和操作方法以及对变量的操纵和控制比较简单，幼儿在较短的时间内就能见到实验结果。实验通常会采用游戏的形式，使幼儿在十分有趣的活动中生动活泼地进行科学的探索。

二、实验内容范围

实验的方法是一种综合性的方法，是幼儿综合运用观察、操作、交流的一种方法。它是幼儿的科学学习中所运用的主要方法之一，但是并不是所有的内容都可以运用实验的方法。以下几方面的内容常以实验的方法来进行。

1. 物理实验

物理实验是学前儿童科学教育中最多的一类。包括光、声音、电、磁、热、力和运动等内容，都可以通过实验来让幼儿探索和体验。例如，磁生电现象，用干簧管连接成一个简单的电路，然后拿一块磁铁靠近时，电路中的小灯泡就会亮起来，拿开磁铁，小灯泡就会熄灭，重复几次，幼儿就会对此感到非常的神奇。

2. 化学实验

虽然学前儿童科学教育中有关化学实验的内容并不是很多，因为化学实验如果进行不当，可能会给幼儿带来一定的伤害，但是也有一些是适合幼儿进行的。例如，将带有各种颜色色素的食用油倒入清水后，由于食用油的密度小于水的密度，因此食用油就会带着色素浮上水面，静置一段时间后，由于色素密度最大，色素开始沉入水中，且与水相互溶解，于是形成梦幻的“彩虹雨”(见图 4-3)。再比如利用白醋和小苏打(或苏打)发生反应产生气泡、白醋与鸡蛋壳作用产生气泡、白醋和小苏打(或苏打)分别与紫甘蓝(紫薯)提取液作用显现不同颜色、碘酒与淀粉作用显现特殊颜色、蜡烛燃烧及“蜡烛复燃”、蒸发食盐水使氯化钠析出、生活中的洗涤剂制作泡泡水、可口可乐与牛奶作用产生沉淀等。

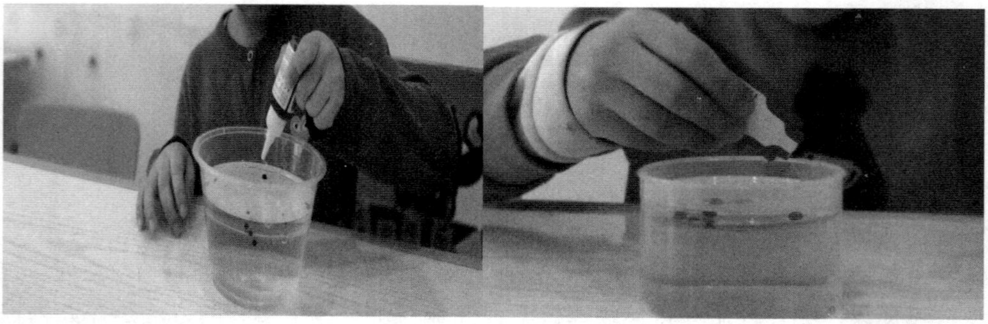

图 4-3　彩虹雨实验

3. 植物实验

植物实验主要是观察一些植物如何生长的实验，通过控制植物生长的一些条件，让幼儿观察植物生长于水、空气、土壤、温度、阳光等之中的情况，从而了解它们之间的关系。

案例 4-2

会变色的花

一、材料准备

两枝浅色带茎的花，相同的透明瓶两个，蓝色墨水。

二、实验操作

① 将两个透明瓶内注入相同多的水，其中一个滴入几滴蓝色墨水。

② 将两枝花分别放入透明瓶内，几天后观察花朵颜色的变化。

三、指导建议

① 提供给幼儿的花朵颜色尽量是浅色的。

② 注意引导幼儿每天观察茎及花朵的变化，并做好记录。

四、拓展与替代

可在自然角用芹菜、香菜等易观察的植物做实验，引导幼儿观察并记录。

茎是植物的营养器官之一，具有支撑植物、运输水分和养料的作用。植物的茎能从下至上地将根吸收的水分和养料运输到植物的各个部分。花瓶中的花朵会变色是因为茎输导了蓝色墨水。

4. 动物实验

动物不能像植物那样进行实验，但是也可以进行一些诸如小动物喜欢吃什么的实验，让幼儿了解小动物的生活习性等方面的特征。例如蚯蚓触觉的实验、昆虫味觉的实验等。

三、实验的类型

(一)探索性实验和验证性实验

根据实验的不同目的，实验方法可以分为探索性实验和验证性实验两种。

探索性实验是指人们根据一定的目的，创造一定的条件，探索前所未知的自然现象或物质性质的实验。其特点是：实验前人们对研究对象并不了解；针对某项或某个方面与某个领域有关的未知或未全知的问题。教师可以带领幼儿采用科学思维方法，进行大胆设计。

验证性实验是指对研究对象有了一定的了解，并形成了一定认识或提出了某种假说，为验证这种认识或假说是否正确而进行的一种实验。

在学前儿童科学教育过程中，大多数实验都应该属于验证性实验。从幼儿年龄特点、认知水平来看，虽然幼儿进行的大多数实验只是验证性实验，但是他们往往对实验内容并不了解，是社会已知，但对幼儿来说却是前所未知的内容，因此也可以把它们认为是探索性实验。

(二)教师演示实验和幼儿操作实验

根据实验过程中实际的操作者来分，可以把实验分为教师演示实验和幼儿操作实验两种。

教师演示实验是指由教师操作实验的全过程，幼儿观察实验的过程、现象、变化和结果的一种形式。这种实验一般是由于实验难度较大，幼儿操作困难或者因为所需仪器设备条件不足而采用的。根据实验内容不同，演示实验的运用也有不同，比较常见的是先由教师进行演示实验，让幼儿观察实验，并提出需要幼儿思考的问题，然后再由幼儿实验操作。这种方式就成了幼儿实验前的示范。根据现代学前教育的理念，教师演示实验并“不符合幼儿自主建构知识的原理”，但是在科学教育中教师演示实验还是有其必要，只是我们不提倡，而且反对以教师演示实验来替代幼儿操作实验。

幼儿操作实验是由幼儿亲自动手操作并参加实验的全过程，主要用于操作比较容易、简单、带有游戏性质的实验。这种实验由于是幼儿自己动手操作，在操作过程中，幼儿可以充分摆弄材料、仪器，充分观察实验过程中的现象和变化，还可以反复操作，多次尝试，满足幼儿的好奇心，所以他们实验的积极性很高。由于幼儿在操作实验中兴趣很高，体验较深，获得的知识也就更为巩固。而且更为重要的是，幼儿在实验过程中学习和掌握了一些简单实验的方法，例如测定方法、实验条件控制的方法、记录方法等，并且还学习了将实验得到的感性材料经过分析、抽象来得出结论。因此，在条件许可下，应尽可能让幼儿有实验操作的机会。

科学实验给幼儿提供了一个自主独立完成实验的平台，幼儿全程参与，极大地激起了学习的兴趣，可以培养幼儿勇于探索、敢于创新的积极性，为今后科研创新的意识和严谨的科研作风埋下种子，因此开展探索性实验对促进创新人才培养具有重要的现实意义。

案例 4-3

小苏打与白醋

一、材料准备

小苏打、白醋、气球、透明塑料瓶。

二、实验操作

① 教师操作：教师先在空瓶里加入了 1/3 的白醋，然后又在气球中加入一勺小苏打，并将气球紧紧地扣在了饮料瓶的瓶口，最后将气球扶起来将小苏打倒入瓶子中。

② 小朋友观察，老师做引导。

小朋友们发出了惊讶的声音。

有的小朋友说:“老师，气球竟然被吹起来了！”

有的小朋友说:“哇，气球竟然自己变大了！”

还有的小朋友说:“老师，我看到有水从气球里流出来了。”

教师说:“是的，从气球里流出来的物质就是水。请小朋友们想一下，我刚才操作的过程中有用到水吗？”

有的小朋友想了一下说:“老师刚才没有用水，那水是从哪儿来的？”

然后老师分享科学原理。

教师说:“小苏打的主要成分是碳酸氢钠，白醋的主要成分是醋酸，当这两种物质混合在一起的时候会产生两种物质——水和二氧化碳。”

小朋友马上举手说:“我知道了原来是二氧化碳将气球吹起来的。”

教师说:“是的，现在气球中的这个物质就是二氧化碳，它是一种气体，是它让气球变大的。”

③ 幼儿分组操作实验，在他们操作的过程中教师注意观察。

④ 操作结束。

当孩子们实验成功的时候，我发现每个孩子脸上都露出了兴奋和满足的表情。活动结束后，有小朋友说:“我今晚要和爸爸妈妈一起做这个实验。”

案例 4-4

吸水性实验

一、材料准备

报纸、电光纸、纸巾、牛皮纸、滴管、水盆、直尺、胶带。

二、实验操作

① 把报纸、电光纸、纸巾、牛皮纸剪成大小一样的长条，然后把一端用胶带粘在直尺上，使垂下的纸条长度相同。用手拿着直尺放在水面上方，让纸条同时浸入水中，让幼儿观察哪个纸条的水上升。

② 将这四种不同的纸平铺在桌子上，同时在每一张纸上滴等量的水滴，看看在哪一种纸上水滴扩散得最快。

三、指导建议

① 活动前，教师应和幼儿一起观察不同种类的纸，了解其特性。

② 选用的纸质地差别要大，以便让幼儿看到明显的实验效果。

③ 为了保证实验的科学性，注意要“同时”对这四种纸进行操作。

四、拓展与替代

除了各种各样的纸以外，教师还可以提供其他材料，如海绵、毛巾、布等进行对比实验。(为了使实验观察到的效果更加明显，建议使用相同大小的材料)

纸的植物纤维内部有许多微小的孔洞，同时纤维对水的吸引力又大于水分子之间的吸引力，使它可以在重力作用下吸引并保留水分子，这就叫纸的吸水性。因为不同纸的植物纤维的孔洞大小和数量不同，所以它们吸水的强度也就不同。

四、对实验活动的指导

实验活动的指导主要是从幼儿操作和教师演示两个角度开展。

(一)幼儿操作的指导

1. 为幼儿的操作实验提供必要的用具和材料

首先，幼儿操作实验的用具和材料一般比较简单，应尽量用一些玩具、日用品代替，但是无论用什么用具和材料，都要方便幼儿使用。其次，要根据实验内容为幼儿准备相应数量的用具和材料：人手一份或各组一份。例如在“胡椒粉杀手”的实验中，教师为每个幼儿准备一个盛水的容器，又为每个幼儿准备一份有各种材料(胡椒粉、洗洁精)的材料包，材料的数量最少要做到每人一份，让每个幼儿都参与到活动之中。由于实验过程很快，教师在投放活动材料后，需要重新准备材料，往往在这个时候，有的幼儿无从下手，索性不玩了，有的幼儿发现少了材料就会向教师求助。教师可以给予材料补充，让幼儿在活动障碍中能够主动表达自己的诉求(见图 4-4)。

图 4-4　用洗洁精驱赶水里的胡椒粉

2. 指导幼儿使用工具和材料并学习操作技能

虽然我们提倡应尽可能让幼儿自己动手操作，但在实验中的某些环节，或在某些材料的使用上，幼儿仍会遇到各种不同的困难，又因为幼儿能力的不同，即使简单的实验，也会有一些幼儿难以完成。因此需要教师根据实验内容的难度和个人情况，给予不同程度的指导，并且及时鼓励。例如，指导幼儿轻拿轻放物品，控制手的力量和平衡地摆放物品(见图 4-5)，熟练地使用各种盛器等。另外，在实验过程中，还应引导幼儿通过观察，注意实验材料、方法、操作过程中的变化和实验结果，使幼儿不仅能了解实验结果，更学习了实验的方法。

3. 给予幼儿充分的实验时间

充分的时间能保证幼儿反复进行实验活动，并在操作过程中探究、发现、提出问题，自己找出问题的答案。所以实验时，不能机械地用时间加以限制，而是让幼儿尽量用自己的方式进行操作，以达到实验效果。要及时发现幼儿的“闪光点”。幼儿的提问有时候千奇百怪，这就是幼儿好奇求知的表现，有时就是这些有意无意的行为能带来意想不到的收获。教师要敏锐地捕捉幼儿创造思维的“闪光点”，从中挖掘潜在的创造素材。

图4-5　平衡台搭建

4. 交代实验规则并保证幼儿安全

为保证幼儿实验的成功，因此教师必须在实验开始前交代清楚有关的规则，在实验过程中，也应及时指导幼儿遵守规则。如果有的活动不适宜幼儿操作，则可改由教师演示实验，以保证幼儿的安全。实验初期，教师应经常给幼儿提示实验的过程以及实验操作应注意的事项。一段时间后，可逐渐放手让幼儿实验。

(二)教师演示的注意事项

1. 开展预备性实验

在进行实验前，教师要进行预备性实验，以便妥善安排实验过程中每个环节的时间，检验实验仪器和材料的情况，避免活动时发生意外而影响实验效果。预备性实验中，需要考虑以下一些问题：这一个实验是否能够成功；要使实验成功必须注意哪些问题，例如材料准备上的问题、操作上的问题、时间上的问题等。如果是幼儿进行的操作实验，还要考虑幼儿在操作时会遇到的障碍，并且考虑如何解决；实验中的关键点在哪里，应该如何引导幼儿去思考，哪个环节应该提出哪些问题；什么样的问题，可以引发幼儿进一步地探索；等等。

2. 要使每个幼儿看清演示过程

教师演示实验过程中，必须使每个幼儿都能看清演示的过程。因此，幼儿座位的摆放、仪器的大小、安放的位置等都要便于幼儿观察，以保证每个幼儿都能看清教师演示的步骤及操作过程中出现的特性及变化。为突破时间和空间的限制，还可以在教学实践中融入信息技术，以便更好地提升幼儿学习兴趣。根据幼儿的年龄特点，要随着实验的进程逐步出示仪器、材料，不要一下就把仪器、材料全部出示，以免分散幼儿的注意力(见图4-6)。

3. 适度讲解

教师的演示与讲解、提问要紧密配合，教师在演示时需要做到：动作要熟练，操作速度要慢，而且要规范，在实验效果上要做到现象明显，使幼儿能够清晰地看到实验的结果。应边演示边讲解和提问启发幼儿在观察和思考的基础上回答问题，理解知识。教师应该选择合理的演示和指导方法，针对幼儿在科学实验中表现出的认知与兴趣，在尊重个别差异的基础上，提出适宜的问题。讲解一定要简明，提问要富有启发性。例如在“声音”的实验中，教师这样问幼儿：“听一听，小鼓敲了会怎样？摸一摸，小手感觉到什么了？”以此引发幼儿对鼓面的振动与鼓声的联想，并使幼儿始终处于积极的探索和求知之中，满足每一个幼儿的特殊需要，从而真正使“每一个幼儿都能获得满足和成功”。

图 4-6　教师演示伯努利原理让小球在空中飘浮

第三节　种植与饲养

科植与饲养.mp4

一、种植与饲养的含义

种植是指栽培植物，而饲养则是指饲养动物。种植与饲养活动取材于幼儿看得见、摸得着、听得到的实体。学前儿童科学教育中的种植是指幼儿在园地、自然角(或用泥盆、木箱等)种植花卉、蔬菜和农作物等的活动。学前儿童科学教育中的饲养是指幼儿在饲养角里喂养和照管习性温顺的动物的活动。

在对动植物的观察中，有意识地让幼儿亲自操作，种植一些蔬菜、花草，饲养一些小鱼、小鸟，让幼儿不仅观察了动物和植物的外形特征，也了解了它们的生长过程。科学活动的种植和饲养，将幼儿感兴趣的问题分成一个个可操作、可实施、可探究的内容，并及时捕捉幼儿的兴趣点，生成能够使幼儿获得新经验的丰富多样的活动，完整呈现幼儿“兴趣—问题—经验—表征”的探究动植物的自主学习过程，最大限度地满足幼儿直接感知、动手操作和亲身体验的需求。通过种植与饲养的方法进行科学学习，伴随着动植物的生长，也激发了幼儿热爱自然、热爱科学的兴趣与情感，进而可以培养幼儿的劳动意识和方法，促进幼儿的全面发展。

二、种植与饲养的类型

(一)常见植物的栽培管理

常见植物的栽培管理主要包括常见植物的播种、管理、收获等内容，如参加选种、浸种、移栽、浇水、松土、除草、追肥、收获、留种等工作。为了培养儿童热爱植物、热爱大自然的意识，还可种植一些抗性强、病虫害少、耐粗放管理的果树，如苹果、枣、沙果、山楂、海棠等；组织幼儿给果树施肥、浇水、拔草，果实成熟时一起采摘，让其体验劳动的乐趣，享受自己劳动的成果。

1. 水养植物

水养植物就是把植物的一部分浸泡在水里，在短期内，它便会萌发、生根、长茎叶，甚至于开花(见图 4-7、图 4-8)。

图 4-7　幼儿自己种黄豆

图 4-8　幼儿园的水培区

(1) 种子：蚕豆、绿豆、红豆、扁豆、花生、芝麻、西瓜籽、丝瓜籽、南瓜籽、稻谷、麦子、小米、玉米等。

(2) 蔬菜：油菜心、白菜心、黄芽菜心、卷心菜心、芹菜、萝卜、土豆、大蒜、洋葱、芋圬、慈姑等。

(3) 树枝：杨树、柳树、悬铃木、松树、水杉等。

(4) 花卉：菊花、月季花、迎春花、白玉兰、水仙花、蔷薇花等。

2. 盆栽与园地植物

盆栽植物是指在泥盆里放置湿润的、富有养料的泥土，然后下种和扦插。有条件的幼儿园，也可以在墙边、墙角进行园地种植(见图 4-9)。盆栽植物的品种与水养植物是相同的，但是在幼儿学习自然的活动中，盆栽与园地植物却有着不可替代的作用。虽然水养植物能够让幼儿在较短的时间内直观地看到种子的萌发过程，但是由于它消耗了种子本身的养料，等到其本身养料耗尽时，它就会枯萎。因此，应该创设条件，让幼儿全面地观察植物生长的全过程，以满足幼儿的求知欲望，以及了解植物的生长特征。

图 4-9　幼儿园墙角的种植园

3. 无土栽培

“无土栽培就是水培”，这是对无土栽培的一种误解。水培是无土栽培中的一种栽培方式，是以水来做栽培基质，而不再加入其他栽培基质的方法。无土栽培总共分为两大类：一是无基质栽培；二是有基质栽培。无基质栽培又分为两类：水培和喷雾栽培。有基质栽培也分为两类：无机基质栽培和有机基质栽培。无机基质栽培又分为 4 类：粒状基质，包括砂培、砾培、陶砾培；泡沫基质(聚乙烯等泡沫塑料)；纤维基质，如岩棉、矿棉；其他基质，如珍珠岩和蛙石。有机基质栽培常用的基质有草炭、锯末、稻壳和树皮等(见图 4-10)。

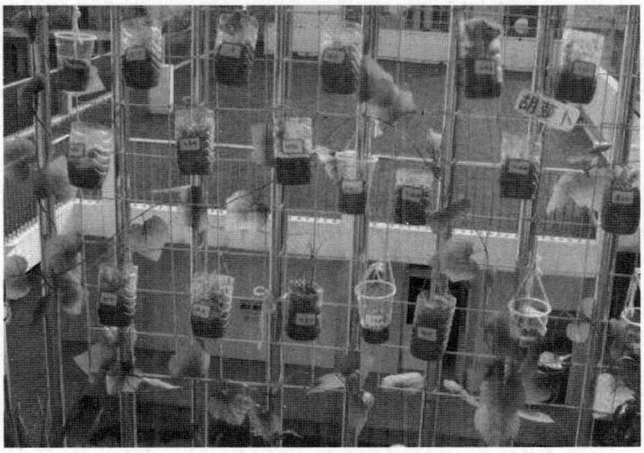

图 4-10　幼儿园无土栽培区

4. 温室技术

植物的生长离不开一定的光照、气温和营养。在自然状态下，植物生长所需的最佳条件有时很难达到，而且不容易控制。在现代种植技术中，人们利用了温室技术。温室一般有透明的屋顶，可以接收充足的阳光。由于温室是密封的，能使温度保持在一个较高的水平，并可以使用人工装置调节温度。通过这些措施，可以使室内生长的植物基本不受外界自然条件的影响，而较快较好地生长。在幼儿园里，需要特殊空间来搭建简单的温室，例如用塑料薄膜搭建的“小小温室”，在天气比较冷的时候，让幼儿在“温室”内外种植相同的植物，并比较种植的效果(见图 4-11)。

图 4-11　幼儿园温室

幼儿园园区绿化植物选择还必须着眼于给幼儿创造安全的活动环境。园区内不宜栽种有刺激、有异味或容易引起过敏的植物，如漆树的树液有刺激性，极易使儿童皮肤发生过敏；法桐花粉容易引起儿童皮肤过敏、呼吸道不适。黄蝉、夹竹桃、凌霄等有毒植物也不能种植；月季、黄刺玫、构杞、凤尾兰等长有钩刺的植物应尽量少种或不种；易发生病虫害的植物，如榆树、柳树等也应尽量少种。此外，泡桐、白毛杨、洋槐等高大乔木要远离电线杆等设施。一些根系较浅的树种如法桐等同样也应少栽种，因其树根经常会将地砖拱起，儿童在玩耍或行走时容易被绊倒，造成伤害。

(二)常见动物的饲养管理

常见动物的饲养管理主要包括：帮助收集饲料、喂养、管理，学习简单的饲养技能，并观察小动物的外形特征、动作和生活习性，培养爱护小动物的感情。例如，饲养乌龟、小鸟、金鱼等。

1. 家禽

家禽身体比较小，也比较温顺，深受幼儿喜爱，而且养起来也比较容易，不易死亡。家禽包括鸡、鸭、鹅，相比较起来，饲养鸡是最简单的一种。在幼儿园中开辟饲养区(角)，让幼儿近距离地感受生命成长的意义(见图 4-12)。

2. 家畜

家畜各有不同，在幼儿园里比较适合饲养小兔子、豚鼠、猫等。虽然小兔子相对比较难以饲养，对饲料要求比较高，但是因其可爱的形象故而深受幼儿的青睐，要严格地把关幼儿喂养时出现的任何情况，防止动物伤亡(见图 4-13)。

图 4-12　幼儿园饲养角——家禽

图 4-13　幼儿园饲养角——家畜

3. 鸟

鸟也是幼儿园经常饲养的一种动物，由于小鸟的叫声清脆好听，形象可爱，幼儿十分喜爱。幼儿园经常饲养的鸟有娇凤、禾雀、鸽子等，其中会说话的八哥尤其受幼儿欢迎(见图 4-14)。

4. 昆虫

昆虫也是幼儿最喜欢的动物之一。世界上有许多种昆虫，虽然幼儿并不能叫出它们的名字，但是凡是看到昆虫，幼儿总会研究一番。蝈蝈、蚕、七星瓢虫、知了、蚂蚁、蟋蟀等都是幼儿园经常饲养的昆虫(见图 4-15)。

图 4-14　幼儿园饲养角——鸟

图 4-15　幼儿园饲养角——昆虫

5. 水生动物

水中饲养的鱼、龟、虾、蟹、泥鳅、螺蛳、田螺、蝌蚪等都是幼儿观察的对象，这些在水中生活的动物都比较容易饲养，有的即使一段时间不进食也不会死亡，如乌龟。所以这些动物是非常适合幼儿饲养的，其中虾比较难存活，其他的就比较好饲养了(见图 4-16)。

图 4-16　幼儿园饲养角——水生动物

三、种植与饲养活动的指导

(一)选择合适的内容

种植、饲养和实施的过程要有趣。教师要精心设计种植、饲养活动，在活动中提出的问题和活动的环节要是幼儿感兴趣的，而不光只是把浇水、搬出来晒太阳等任务交给幼儿就算完成了任务。在种植、饲养实施过程中，还要教会幼儿一些基本技能，教师千万不能包办代替，而让幼儿只看看，这样孩子会渐渐没兴趣，要给幼儿提供一个亲身感知、认识、实践的机会。幼儿种植、饲养的技能差，因此要根据幼儿的年龄特征以及动植物本身的特点来选择种植、饲养的内容。

小班幼儿年龄小，操作能力较差，大部分饲养管理工作由教师承担，但有些活动可由教师带领幼儿一起做，如给金鱼喂食等简单的操作。先由教师带领幼儿进行活动，并在活动中教会他们一些简单的技能，逐步过渡到让幼儿独立完成管理小动物的工作。大班幼儿在小班、中班的基础上，已积累了一定的经验，掌握了一些技能，所以管理工作应该主要让幼儿承担，除了本班自然角的动植物外，还可以参与对园内的种植物进行管理。

(二)种植、饲养的过程应和幼儿的认识活动相结合

科学教育中运用种植与饲养方法的主要目的是学习科学。因此，在活动过程中要注意结合种植与饲养过程，指导幼儿观察对象及种植与饲养的工具。在选择种植的植物时，应选择一些易生长、易照顾、对种植的土质肥料要求不高、生长周期相对较短的植物。对于小班幼儿，比较适宜的植物是较大粒的种子，例如扁豆、玉米、牵牛花籽等。中班幼儿可在自然角种植、饲养较为丰富的种类，管理方法不能太复杂。中、大班幼儿除了较大粒的种子以外，也可以种植一些颗粒相对小的种子，例如蚕豆、豌豆、薹麻。还可以以植株的

方式进行种植。

在选择饲养的动物时，应选择一些比较温顺、对饲料要求不高、不易死亡，而且对幼儿没有伤害的、不会传染病菌的小动物。例如，在饲养蚕的过程中，指导幼儿观察蚕的外形特征、生活习性、生长过程等，观察蚕是怎么进食桑叶的、是怎么行进的、又是怎么蜕皮的……同时，还应让幼儿认识桑叶的主要特征、了解桑叶与其他树叶的不同之处。又如在种植花卉时，指导幼儿认识使用的工具与种植的器皿，如小铲、花盆，让幼儿了解花盆底为什么有个小洞，并且猜测一下，如果花盆没有洞，植物会怎样，以此使幼儿的认识更全面、完整。教师要利用各种机会因势利导帮助幼儿扩大知识面、满足好奇心、发展求知欲、提高认知水平。

(三)鼓励幼儿的自主探究

在种植与饲养的活动中，幼儿扮演“小小园艺家”“小小动物学家”的角色，他们会以十足的热情参与活动。但是由于种植与饲养的活动需要一定的操作技能，包括挖土、浇水、除草、喂食、打扫动物笼子等，但如果掌握不当，会在一定程度上影响幼儿种植与饲养活动，这时，教师切记不能包办代替，而应指导幼儿学习操作技能，克服一定的困难，鼓励他们的活力，坚持以幼儿为主的种植、饲养。这样才能使整个过程成为幼儿亲身体验的过程，由浅入深地了解事物，充分发挥想象力和创造力的实验过程。

(四)爱护动植物，关爱生命

在种植与饲养活动中，幼儿是通过与动植物的亲密接触而获得对对象的了解的，这个过程的本身，就是生命教育的过程。学前儿童科学教育要培养幼儿热爱动植物、热爱自然的种子，使其产生关爱生命的情感。在具体的种植与饲养活动过程中，由于幼儿年龄小，无论从他们的心理特点还是手眼协调，以及控制手部力量的能力来看，都会发生无意伤害动植物的行为。例如，在给植物拔草的时候不小心把植物也拔掉了；又如，本想轻轻地抚摸一下小动物，结果因为抱得太紧而把小动物弄疼了。面对这些情形，教师千万不要出言责怪。如果责怪孩子，孩子不仅无法了解到自己的错误，反而会更加暴力，把怒火转移到小动物身上。教师应该耐心地给孩子做思想工作，让他们了解应该如何与小动物相处。

在饲养活动中，可以通过照顾小动物的过程，让幼儿了解动物也是有生命的，培养幼儿形成“动物是人类的朋友，地球是人类和动物的共同的家，人和动物要和谐生存，就要从关爱动物做起”的意识，激发幼儿关爱动物的情感，产生保护动物的行为。在种植活动中，通过“与小树一起成长”“树的秘密”“百花园”等活动，让幼儿在照顾植物生长的过程中，体会植物的生长特征，积累关于植物生长的经验，自然而然地产生“爱绿”“护绿”的行为。

第四节　分　　类

一、分类的含义

分类也称“归类”，是根据事物的同和异把事物集合成类的过程，即把一组物体按照特定的标准加以区分，抽取同类事物的共同特征，进行概括的过程。属性相同的许多事物共同组成的一个群集称为“类”，如家禽、家畜、野生动物、鸟类、鱼类、昆虫等属于动物类；树木、花草、蔬菜、水果、粮食作物、经济作物等属于植物类。客观事物是互相联系的，它们之间存在着种种不同的关系，其中一种关系就是类别关系。

学前儿童科学教育中分类的方法，是指帮助幼儿把具有某一个或几个共同特征的物体聚集在一起的活动过程。分类是观察过程的延伸和应用，幼儿要能对客观物体进行分类，首先需要对事物进行观察，因为发现事物的共同点是分类的基础。在观察过程中，幼儿会对物体进行分析、抽象、概括，形成概念，然后进行分类。分类既是幼儿学习科学的一种方法，也是幼儿需要发展的一项重要技能。分类是获取和分析信息、简化信息的有效且经济的方法。自然界的分类是根据万事万物的自然属性和特征来进行的，有着严格的规律。幼儿在与自然界的接触中，很自然地想把事物进行分组和聚类。幼儿用分类的方法整理自己所观察到的东西，在分类过程中，幼儿可以了解多种物体的特性，从而帮助幼儿把周围事物进行抽象与概括，有助于幼儿探索事物之间的联系和关系，使认识活动类化、简化。

二、分类的类型

科学家为了把对自然的调查结果加以条理化，创造了种种分类的标准，有些分类是划分为植物或动物；脊椎动物或无脊椎动物；固体、液体或气体；金属或非金属等。在自然界中对事物的分类，还有其他一些标准，例如将事物分成有条纹的或单色的、粗糙的或光滑的。这样的分类也没有错，只是科学家认为这种分类标准没有什么用处，因而一般不用。但是对于幼儿来说，现在就开始严格地按照事物本质属性进行分类，几乎是不可能的，虽然幼儿在认识事物的开始时，已经认识了事物的类别，例如一开始幼儿总是先认识“灯”，无论是客厅里的灯还是房间里的灯，都是灯，是以一个抽象的词汇代表“灯”的类别。但是在幼儿开始分类的时候，他总是从最外观的、明显的特征出发，去进行分类的。

1. 挑选分类

挑选分类是指从许多物体中将具有某一种(或几种)共同特征的物体挑选出来，成为一类。例如从许多幼儿中挑选具有“穿蓝色衣服的男孩”“梳辫子的女生”等特征的幼儿。又如从各种蔬菜、水果、花卉中挑选出水果来。

2. 根据特定的标准分类

可以根据一个或者几个特征进行分类，这是幼儿园运用较多的分类形式。幼儿可以从以下几个角度学习分类。

(1) 根据物体的外部特征进行分类。即根据物体的颜色、形状等外部特征的差异进行分类。

(2) 根据物体量的差异进行分类。即按物体的大小、长短、粗细、厚薄、宽窄、轻重等的差异分类。

(3) 根据物体的功能(用途)进行分类。例如将物体分为玩具、学习用品、家具等。

(4) 根据物体的材料进行分类。例如将物体分为木头制的、塑料制的、铁制的等。

(5) 根据物体之间的联系进行分类。例如把兔子和萝卜分为一类，把鱼和水分为一类，等等。

案例 4-5

年龄：3～4 岁

活动名称：图形的分类

活动准备：大的圆形、三角形、方形卡片各一个，圆形、方形、三角形卡片若干，图片、图形王国。

活动过程：

(1) 出示图片带领幼儿到图形王国，引出课题。

(2) 图形王国里，有许多图形宝宝在搞大联欢……这时，有三个图形妈妈来了，你们认识它们吗?(教师逐一带领幼儿复习巩固图形的主要特征。)

(3) 送图形宝宝回家。

分别让幼儿拿一种图形送给相应的“图形妈妈”，教幼儿说：“我把××形宝宝，送给××形妈妈。”

(4) 请幼儿到图形宝宝家做客。

亲亲圆形妈妈的脸、拍拍方形妈妈的肩膀、给三角形妈妈梳梳头、跳到圆形宝宝家、飞到方形宝宝家、游到三角形宝宝家等。

活动延伸：小朋友与各种图形妈妈(方形、圆形、三角形)分别做游戏。

3. 根据自己确定的标准分类

幼儿在了解特定标准分类后，能根据遇到的不同情况，在集体教育活动、游戏以及日常生活中根据自己对自然物各种特征和自然属性的理解，确定分类标准，进行分类学习。

案例 4-6

年龄：5～6 岁

活动名称：娃娃超市

活动准备：线布玩具、饮料瓶、塑料恐龙、塑料水果、衣服、玩具汽车、积木等。

活动过程：娃娃超市现在有一批东西乱糟糟的，经理特别头疼。他请小朋友们去帮忙，怎么帮呢？(可以提示幼儿：小朋友们都去过超市吗？超市里的东西是怎么摆放的？)，“请小朋友们按照自己的想法，帮忙把超市里的东西整齐地放好吧。”

三、对分类活动的指导

在学前儿童科学教育中，幼儿学会分类是初步建立和形成抽象思维的基础，因此在教学过程中老师应该从以下几个方面注意对幼儿分类能力的培养。

1. 指导幼儿在充分感知物体的基础上进行分类

幼儿认识事物主要是通过感官完成的，只有充分感知物体，了解物体的基本特征。才能在不同的物体之间进行比较，找出它们之间的相互关系，并根据其共同特点与特性进行分类。首先，教师要提供充足的材料让幼儿感知。其次，教师要给孩子足够的时间细致观察、反复操作物体，使幼儿在具体的感知与操作中，获知关于这些物体的共性与差异，然后进行分类活动。例如在“珠宝鉴别”活动中，教师和孩子一起收集足够多的珠子带到幼儿园，然后教师启发幼儿对珠子进行大小、形状、颜色、质地等外部特征的观察，教师可启发幼儿边感知边讨论：这么多的珠子有哪些是相同的，把相同的挑出来归为一组。教师要引导幼儿仔细观察、比较各种“珠宝”，帮助幼儿找出共同点，才能使幼儿正确分类。

2. 鼓励幼儿通过合作分享自主确定分类的标准

幼儿园小班幼儿一般按事物的外形特征或量的差异来进行分类，因为这些特征都是外在的、易观察到的。幼儿园大班开始可以根据事物内在的、物理特性进行分类。幼儿往往依赖成人的提示进行基本类别分类，针对这种情况，教师要多鼓励幼儿进行自主分类。例如，面对着一大堆形态各异、材料不同的杯子时，教师可以问幼儿：“想一想，这些杯子可以怎么分类呢？”逐渐使幼儿能自己确定分类标准。

在这样的分类活动中，要注意以幼儿为中心，不能认为符合成人概念分类标准的才是对的，否则就是错的。例如，在中班分类活动“分小猪”教学过程中，有的幼儿无法把握小猪的外部特征细节，而有的幼儿则对按照某一类特征是否命名存在争议。在出现这种情况时，教师不要立即给予幼儿明确的分类标准，而是应该引导幼儿与周围的小伙伴们一起探索，共同交流，齐心协力解决问题。这样的教学方法可以更好地发挥出孩子们的学习主体作用，使得幼儿可以在互动讨论的过程中自然而然地形成对物品分类标准的初步认识。从这样的一个教学案例可以看出，鼓励分享、合作学习是一种行之有效的教学方式。它可以更好地帮助幼儿解决自身思考标准过程中难免产生的一些困惑与局限，促使他们通过分享讨论互补互助，推动幼儿的数学分类能力得到更有效的发展。

3. 在日常生活和游戏中对儿童进行分类训练

在幼儿教学过程中，教师应该善于把握每个丰富幼儿分类经验的契机，以此帮助幼儿逐渐地形成分类概念。生活是幼儿学习的土壤，幼儿的生活经验是影响其分类能力的重要因素。在培养分类能力的教学过程中，教师可以从幼儿的生活入手，让幼儿在生活中不断地形成分类概念，积累分类经验。如在幼儿离园期间，教师可以引导幼儿自主装好书包用品，并对书包中的文具进行归类。这种生活经验积累，不仅可以帮助幼儿加深分类认识，同时还可以帮助幼儿养成物品分类收放的良好习惯。类似于这样的教育契机还有很多，教师可以借助任何物品、任何机会，帮助幼儿形成分类概念。如对于教室中的钟表，教师可以引导幼儿分析“这是什么？”“它有什么样的功能？”“生活中还有哪些物品与它的功能相似？”这也是帮助幼儿积累分类概念的一种体现，可以让幼儿在生活物品的总称之中建立“类概念”，并了解不同物品的不同特征，这就为幼儿的数学分类能力培养奠定了良好的基础。

案例 4-7

鞋子种类多(中班)

活动目标：

(1) 亲自感受鞋的作用。

(2) 理解鞋的制作材料、样式和功用的关系。

(3) 知道鞋扣的多样性、系各种鞋扣的方法。

(4) 认识特殊的鞋：溜冰鞋、潜水队员的鞋。

活动准备：

海绵四大块，一杯黄豆，各种各样的鞋。

活动过程：

(1) 用谜语引起幼儿的兴趣。

今天老师给小朋友们带来一样东西，你们猜猜是什么？

① 两只小小船，整天不离开，早晨开到哪儿？开到幼儿园；晚上停在哪儿？停在小床边(出示鞋)。

② 小朋友，看看你们的鞋都是什么颜色的？上面都有什么？鞋底上有什么？

小结：鞋是各种颜色的，有鞋面、鞋底，还有各种各样的鞋扣。

(2) 感受鞋的作用。

① 将鞋脱掉，踩到地板上有什么感觉？

a. 踩到海绵上有什么感觉？

b. 踩到黄豆粒上有什么感觉？

② 将鞋穿上，再踩到黄豆粒上有什么感觉？

讨论：鞋有什么作用？小朋友为什么要穿鞋？每天上幼儿园来为什么要穿鞋？

(3) 逛鞋店。

① 鞋店里都有什么鞋？它们是用什么做的？

② 雨鞋为什么不用布做？

③ 凉鞋为什么要做得四周露孔？

④ 棉鞋为什么要做得很厚，鞋要很高？

⑤ 拖鞋为什么没有鞋扣？

⑥ 布鞋和皮鞋穿起来感觉一样吗？哪个更结实？

⑦ 小朋友买鞋应该注意什么？

(4) 认识特殊的鞋。

① 溜冰鞋：一名老师穿溜冰鞋进来。

a. 老师穿的鞋和我们的鞋有什么不一样？

b. 为什么在鞋的底部有轮子？

② 潜水队员的鞋：引导幼儿看录像或图片。

a. 潜水队员穿的鞋像什么？

b. 为什么要做得像鸭子脚一样？

教师提问：小朋友们还见过什么鞋？回家看看爸爸、妈妈都有什么鞋。

活动延伸：

(1) 继续收集特殊的鞋和图片。

(2) 学习系各种各样的鞋扣。

第五节 测 量

一、测量的含义

测量是指儿童运用目测或简单的工具，对物体进行简单、初级的测定活动。儿童的测量包括测量大小、长短、高矮、粗细、轻重等活动。通过测量可以帮助儿童更准确地观察、认识周围世界，获取有关物体空间、距离、温度等方面的具体经验，同时培养儿童实事求是的科学态度。时间和空间是运动着的物质存在的基本形式。时间具有流动性，它以时序和时距的形式表现出来。物质在空间的存在具有广延性，如长度、面积、体积(容积)分别以一维、二维和三维的形式代表这种广延性。为了认识这种广延性和流动性，人们用一定的单位将它们数量化，这就是测量。测量主要包括以下内容。

1. 测量物体的个别特征

(1) 用目测感知物体的大小、长短、粗细等。

(2) 用手感觉不同水杯中水的温度(冷、热)。

(3) 用手掂量物体的轻重，如比较哪只装沙的桶重一些。

(4) 学习使用简单的非正式量具，如用小棒、绳子或布条测量并比较树的高矮、粗细；用小棒测量物体的长短；用走步或长绳测量距离的远近等。

(5) 学习使用正式量具，如尺子、台秤、天平、温度计，用以测量物体的长短、宽窄、粗细、轻重、温度、厚薄等。

2. 观察与测量动、植物生长情况

幼儿在动植物饲养过程中，测量植物和动物各阶段的生长参数，科学判断他们的生长状态，这种方法既能增加幼儿对种植和饲养的兴趣，又能发展幼儿的观察力。

3. 观察与测量天气情况

3～6 岁需要了解天气和季节变化，在常识了解的情况下，学会用数字精确表述天气的变化状态。如在班级设置小小气象角，通过观察和测量天气状况，定时更新气象角的天气数据，让幼儿体会测量的重要价值。

学前儿童科学教育中的测量是指通过观察或运用简单的测量工具，对物体进行的简单、初级的测定。包括长度测量、重量测量、体积测量。具体地说，测量包括测量物体的大小、长短、高矮、粗细、轻重等内容。客观事物是千姿百态的，它们有不同的性质、属性，我们也力图将它们数量化，以便于相互比较。测量是人们生活中精确交换信息的一个重要方面，通过测量，可以帮助幼儿更准确地去观察、认识周围世界，获取关于时间、空间等方面的具体经验。例如小方和小明比较高矮，谁更高？高多少？这些都只有通过测量才能知道。在幼儿学科学的活动中，运用简单的测量方法，对于观察、理解周围事物，并以数作精确的表达，是很有益的。将事物的属性及其关系数量化，是科学思维的重要组成部分，数量化思维也是幼儿思维发展的一个重要方面，以测量为工具，能促进幼儿这方面思维的发展。

二、测量的类型

(一)观察测量

观察测量是指通过眼睛、手等感官的观察来测量物体。例如，通过目测(眼睛)来测量物体的大小、粗细、长短；通过手来测量水的温度；用手掂量物体的轻重；等等。这种直观感知的测量一般用于特征比较明显的认识对象，如幼儿凭观察便可得出哪个物体大、哪个物体小的结论。但是如果特征不明显的物体，用观察测量就难以进行，如两盆温度差异不太大的水，幼儿就很难将它们区别开来。

(二)非正式量具测量

非正式量具测量也称自然测量，指不采用通用、标准的量具，而是运用一些自然物，如木棍、积木、绳子、手指、手臂、步长等作为量具，对物体进行直接测量的方法。在幼儿阶段，由于幼儿年龄小，对掌握标准的计量单位有困难，因此较多地用非正式量具进行测量。如让幼儿用手指量一量小树长高了多少等。非正式量具测量可以使幼儿在避免测量单位带来困难的前提下，掌握测量的基本知识。如在测量长度时，要将测量工具与被测物对齐、放平；又如用不同的量具测量，会使结果不一样；等等。

(三)正式量具测量

正式量具测量是指以通用的标准量具对物体进行测量。适合幼儿使用的测量工具主要有尺子、天平、温度计、钟表、秤等。如同前述，要幼儿掌握正式量具的测量单位是有困难的，但是这并不等于幼儿不能接触正式量具。通过对正式测量工具的操作和使用，可以使幼儿懂得这些量具的作用，初步了解时空等概念性较强的知识。例如，让幼儿用温度计测量三盆不同温度的热水。如果用观察测量(手测)是难以测出哪盆水最热、哪盆水最冷的，但是使用温度计测量，即使幼儿读不懂温度计上的数字，但是只要通过观察温度计上水银柱的升高降低，便可知道这三盆水之间的水温差异了。

案例 4-8

长度测量活动

年龄：4～5 岁

活动目标：

(1) 学习测量长度的正确方法。

(2) 教会幼儿测量长度，并说出测量结果。

(3) 对测量活动感兴趣，能够大胆参加实践活动，并完整地表达自己的想法。

(4) 乐于探索及分享。

活动准备：一根一米长的软尺。

活动过程：教师将幼儿分为两人一组，要求每位幼儿找出屋子里他认为最长的东西(如画纸、书本、积木棍等)。当一组两位小朋友已经选好自己认为最长的东西后，由幼儿自己进行测量比拼，长度胜出的一方可以与其他组胜出的比较。以此类推，决出胜负。

在测量过程中，教师应注意儿童的测量方法并予以指导。例如在测量物体时，物体与软尺都应在起始处，记录好自己的长度数据。

三、对测量活动的指导

学前儿童科学教育中的测量包括以下几方面的内容：测量物体的长度、高低、粗细、厚薄、宽窄；测量物体的轻重；测量物体的温度等。

1. 激发幼儿测量的兴趣，培养幼儿的测量意识

在幼儿阶段，幼儿已经有了通过测量来认识周围物体的需要。例如在活动中，两个幼儿在比赛谁跳得远，但结果是两个人跳得差不多远，到底谁跳得更远一些呢？因此从幼儿的兴趣和生活的需要出发，创设教学情景，让幼儿在探索的过程中一直呈现积极主动的心理状态。教师可以放置非标准和标准的测量工具(积木、吸管、冰棍棒、尺、温度计……)，以及各类可以测量的物品(易拉罐、瓶子、盒子、书……)，引导孩子们通过看看、摸摸、谈谈等多种方法，了解各类物品的特点，这样使幼儿从小树立应有的测量意识。特别是培养幼儿用量具对物体进行测量的意识，它是让幼儿更精确细致地认识事物的必不可少的手段之一。

2. 提供多种测量工具，帮助幼儿掌握测量的方法

提供多种测量工具和被测量物体，让幼儿掌握多种测量方法，培养他们多角度思考问题的能力。例如，在认识尺子的活动中，先是让孩子们观察、比较各种尺的异同，了解尺子的主要用途等。接着，我们让孩子自己去选择自己喜欢的尺子，并测量自己感兴趣的物体。为幼儿提供多种被测量的物体，也有助于孩子全面地认识事物，灵活地运用各种测量方法。例如，在认识温度计的活动中，我们先是让班内的孩子们用温度计测量一盆冰凉的水和一盆开水。接着，我们又让他们来测量两盆温差并不是很明显的水。幼儿通过测量，很快就能够辨别出哪一盆水的温度高？哪一盆水的温度低？有了以上的测量经验，孩子们就能够灵活地使用温度计去测量室内、室外的温度了。

3. 引导幼儿学会正确表达测量结果

表达测量的结果是测量活动必不可少的内容，它能保证测量的结果得到他人的理解，同时也使自己对事物的理解也因为表达而更加深刻。例如：“我用筷子量了钢琴，它有五根筷子那么高。”当引入标准测量工具后，我们要求幼儿在测量某一物体后，能使用“厘米”单位说出这一物体的长和宽。除了语言表达，更重要的是要鼓励孩子开始尝试来记录自己的测量结果，学会书面表达。让孩子们根据已有的知识经验来对物体进行测量并记录，鼓励他们自己去想各种办法进行记录。如测量了椅子后，让他们画一把椅子，并用数字把测量的结果写在旁边。通过这样的方法，幼儿不但学会了测量，还学会了如何去表达测量结果，充分地体现出孩子们丰富的想象能力和创造能力。

本章小结

本章主要介绍了幼儿开展科学探究的方法，包括观察、实验、种植与饲养、分类和测量，每一种方法都介绍了定义、分类和指导要点，可以帮助读者更好地理解幼儿科学探究过程，并能针对不同班型以及课程内容进行方法的选择。

思考题

1. 你认为哪些方法比较适中班幼儿，请说明理由。
2. 说说实验法在大班课程使用过程中应注意哪些问题。
3. 阅读以下资料，分析教师在教学过程中鼓励学生运用了哪些方法开展科学学习。

捡落叶(托班)

设计目的:

在秋季，落叶是我们生活中随处可见的，却往往被我们忽视。为了将幼儿教育融入幼儿的一日生活之中，让幼儿在玩中学、在乐中学，将生活与游戏密切结合，于是我设计了这节小班科学教育活动——捡落叶。

活动目标:

(1) 认识红色、绿色，激发幼儿思维的灵敏性、观察的细致性。

(2) 体验帮助别人的快乐。

活动准备:

(1) 树叶：红、绿两种颜色，圆、长两种形状。

(2) 音乐《小树叶》：一首较低沉，一首较活泼。

活动过程:

一、导入活动

随音乐《小树叶》表演导入。

教师：“这里怎么有这么多的小树叶啊？”(提前在地上放置好多叶子)“小树叶离开了妈妈，心里一定很害怕，我们把它送回家吧！”

选用较低沉的音乐，小朋友们一起捡树叶，但是要求每人只能捡一片自己最喜欢的树叶。

二、活动过程

(1) 说说自己捡到的树叶是什么样子的。

(请幼儿仔细观察自己的树叶是什么颜色的、是什么形状的、是长的还是圆的？)

(2) 送小树叶回家。

(准备好两个小树叶的家，做好标记)

教师：“看看小树叶的两个家有什么不同。对了，这是圆形小树叶的家，这是长形小树叶的家，看看你的小树叶应该放在哪一个家里？”

(3) 第二次拾树叶。

要求：提前准备好红、绿两个盒子

教师：“小朋友手上都有圆点标记，请你看手上圆点的颜色去拾一片相同颜色的树叶。你的树叶应该放在哪个家里？请你轻轻地放过去。”

三、结束活动

听音乐送小树叶回家。

教师：“孩子们，你们看，那边是大树妈妈，小树叶在想妈妈呢！我们一起送它们回家吧！请小朋友们拾着小树叶放在大树旁，然后随着快乐的《小树叶》音乐跳舞。”

这里所选音乐是活泼的，让小朋友们充分感受到帮助小树叶后的快乐，同时用自己的身体语言表达快乐的心情。

活动延伸：

请幼儿在家长的带领下去广场、公园、路边等地捡落叶，然后将落叶带回幼儿园与其他小朋友一起观察。

活动反思：

本次活动与幼儿的生活紧密相连。《纲要》中指出：“科学教育应密切联系幼儿的实际生活进行，利用身边的事物与现象作为科学探索的对象。”在本次活动中，针对孩子们年龄小的特点，我只准备了红、绿两种基本颜色，通过本次活动巩固了幼儿对这两种颜色的认识。当集体把小树叶送回给大树妈妈时活动进入了高潮，让孩子们真实地感受到了帮助别人所带来的快乐。

知识链接

福禄贝尔(Friedrich Froebel)与恩物

福禄贝尔(1782—1852)，出生于德国图林根，被公认为 19 世纪欧洲最重要的几个教育家之一 ，也被称为现代学前教育的鼻祖。他不仅创办了第一所称为“幼儿园”的学前教育机构，他的教育思想迄今仍在主导着学前教育理论的基本方向。福禄贝尔的教育思想与实践对世界各国幼儿教育的发展产生了深远的影响。

福禄贝尔少年时生活清贫而孤独。15 岁时，他不再上学，而是成为了林务官学徒，这段经历培养了他对大自然的热爱。1799 年 10 月，福禄贝尔进入耶拿大学学习数学和植物学，一年后因无力缴纳学费而辍学。

1805 年，福禄贝尔到瑞士参观裴斯泰洛齐的学校。他非常喜爱裴氏的教学，在他看来教学法是活的，目的是启发学生的兴趣。通过这次参观他确定了努力的方向。从瑞士回来到模范学校教书时，收了 40 名 9～11 岁的儿童，按照裴斯泰洛齐主观教学法，每周一次带儿童到郊外让儿童自由玩耍，特别引导他们接近大自然，由栽培花草、树木来培育儿童的爱心，由图画的教学来启发儿童的心智，让幼儿去发现和了解线的平面关系、立体的空间关系，由简单进入复杂。福氏决心将自己的一切奉献于教育。福禄贝尔辩证地看待裴氏教育法的优缺点，特别研究关注儿童的户外游戏，了解游戏是发展儿童精神、情绪、身体的强大力量。他通过观察那些全神贯注做游戏的幼儿、儿童、青少年，发现他们充满着高贵的神情和强壮的体力。游戏陶冶了优良的精神，在散步中发现大自然对人类的益处，培养人们高尚、安静、思考力等优良的精神。

1836 年，福禄贝尔回到家乡图林根，开始指导和帮助母亲们教养幼儿，并着手设计了一套符合教育要求的游戏材料。1837 年，福氏在勃兰根堡创办了一所“发展幼儿活动本能和自发活动的机构”——儿童游戏活动机构，专门招收 3～7 岁幼儿，并运用自己在数学和建筑学方面的专长，为儿童设计了 6 套玩具，称为恩物(德语：spielgabe；英语：froebel gifts)。恩物以球、立方体和圆柱体为基本形态，供儿童触摸、抓握。1840 年，福禄贝尔为这个机构创造了一个新词——幼儿园(kindergarten)，这也是这个词汇的来源：幼儿园如同花园，幼儿如同花草，教师犹如园丁，儿童的发展犹如植物的生长。同时，他在欧洲首先给了妇女专业的岗位——幼儿园教师。

福禄贝尔认为，游戏是儿童的内在本能，因而对儿童的教育不应加以束缚、压制，也不应拔苗助长，而是应当顺应其本性，满足其本能的需要。如同园丁顺应植物的本性，给植物施以肥料，配合以合适的日照、温度。如此，蕴含在人里面的神性将得以在人性里逐步被唤醒而体现出来。根据上述观点，福禄贝尔认为，游戏和手工作业应是幼儿时期最主要的活动，而知识的传授只是附加的部分。幼儿园上课只需要用口语，不需要学习文字。而教师最主要的责任，是妥善地加以指导、设计各种游戏活动。

（资料来源：百度百科《弗里德里希·威廉·奥古斯特·福禄贝尔》）

第五章　学前儿童科学教育活动的设计与指导

本章学习目标

- 理解并掌握科学教育集体教学活动的内容和四种类型。
- 掌握观察类、实验操作类、技术制作类科学教育活动的设计要求与指导要领。
- 能运用理论知识开展各类科学教育活动的设计与指导。

重点难点

重点：观察类、实验操作类、技术制作类科学教育活动的设计要求与指导要领。
难点：运用理论知识开展各类科学教育活动的设计与指导。

案例导入

一个3岁半的幼儿在用橡皮泥做糖球。
他把橡皮泥一小块一小块地揪下来，再用几小块橡皮泥合在一起做一个糖球。
老师发现他每从大橡皮泥上揪掉一块都在脸上蹭一下。
老师好奇地问："你这(做往脸上蹭的动作)是什么意思？"
幼儿认真地说："我试试橡皮泥黏不黏。"
幼儿一直一丝不苟地试着，偶尔有一次忘了往脸上蹭，还马上拿回来再补试一次，……
三十多次以后，幼儿不试了，终于相信了橡皮泥的黏性。

(资料来源：刘占兰. 幼儿科学教育[M]. 北京：北京师范大学出版社，2000.)

【问题思考】

在日常的很多时候，如果我们足够耐心和细心，就会发现幼儿都在不自觉地使用着科学探究的方法。我们会发现其实幼儿和科学家一样，他们会不断地尝试又不断地失败，直到成功为止。但遗憾的是，我们某些时候并不完全理解幼儿的这种行为。

第一节　观察类科学教育活动的设计与指导

幼儿园科学教育活动是由教师根据学前儿童科学教育的目标和任务，有计划、有目的地开展的一种学习活动。幼儿园科学教育活动的形式多种多样，集体教学活动是其中一种重要的活动类型，它是教师直接面对全体幼儿进行教学和指导的一种活动形式。

幼儿园科学教育活动中，集体教学活动是教师围绕活动目标，面向全体幼儿有组织、有计划地实施活动内容的一种学习形式。这就需要教师提前进行活动的准备与预设，在进行集体教学活动准备的过程中，教师要对活动内容、活动材料、活动具体方案等方面进行设计。

观察类科学教育活动的设计与指导.mp4

集体性科学教育活动主要分为四种类型：观察类科学教育活动；实验操作类科学教育活动；技术制作类科学教育活动；讨论交流类科学教育活动。本节详细介绍观察类科学教育活动。

观察力是科学探究过程中的一种最基本的能力，捷克著名教育家夸美纽斯说："一个人的智慧应从观察天上和地下的实在的东西中得来，同时观察越多，获得的知识越牢固"。幼儿观察力的提高不仅对于科学学习有益，对幼儿的思维能力发展、语言表达能力发展都十分有益。尽管幼儿天生具有观察能力，但是幼儿往往不能自觉地进行有目的的观察，必须在教师的提示和引导下才能完成。这就要求教师在组织和实施科学教育活动时，掌握观察类科学教育活动的特点，依据幼儿的心理特点，让幼儿充分运用观察能力，达到认识科学事物和现象的目的。

一、观察类科学教育活动的内容和方法

(一)观察类科学教育活动的内容

依据《幼儿园教育指导纲要(试行)》和《3～6 岁儿童学习与发展指南》(以下简称《纲要》和《指南》)中关于科学教育活动的规定，适合采用观察手段开展的科学教育活动主要有以下几种。

(1) 认识常见的动物和植物。比如兽鸟鱼虫、花草树木，可以观察其外部特征、生活习性、生存环境和生长变化规律，并通过观察进行横向比较和纵向比较。

(2) 认识大自然。比如阳光、空气、水、土壤、日月星辰，观察其形状、颜色、亮度、气味、硬度等。

(3) 认识具体的物体。比如建筑物、交通工具、生活用品等，观察其外部特征，认识其用途。

(4) 认识物理现象。比如声、光、电、风云雨雪，观察并感受这些现象的特点。

(5) 认识化学现象。比如食物发霉、铁器生锈、白色鞋子穿久了会变黄等，发现并观察这些现象的特点。

(二)观察类科学教育活动常用的观察方法

根据观察对象的数量和特点、观察时间的持续性和观察对象的周期性，幼儿园观察类科学教育活动常用的观察方法有一般性观察、比较性观察、长期系统性观察。

1. 一般性观察

一般性观察是对某一自然物体或现象所进行的特定观察，即对同一对象的短时间观察。一般性观察是科学教育活动中最基本的一种观察方法，较普遍采用。在给定时间内，幼儿观察认识某一事物的外形特征或生活习性，并通过多次观察物体或现象，幼儿能够对事物形成较完整的认识，获得对该物体或现象的较全面的了解。

在实施一般性观察时，教师引导幼儿获得的知识点体现在以下四个方面。

(1) 观察对象的外形特征、外部结构和功能特点。

(2) 观察对象的生活、生长习性和特点。

(3) 观察对象相对的静态特征和动态特征。

(4) 观察对象与周围环境变化的关系。

2. 比较性观察

比较性观察是幼儿对两种或两种以上的物体或现象进行观察比较，并找出二者的异同。比较性观察因其直观性和便捷性特点，在学前儿童科学教育活动中应用广泛。例如，小班幼儿对苹果和桃子两种水果的比较性观察、水和冰两种自然物的比较性观察等。比较性观察的特点是在观察过程中，幼儿通过直观的对比，能较快地发现异同点，进而找出事物的特征。教师在指导比较性观察时，宜采取相同事物间找不同点、不同事物间找相同点的方式，对事物各个相应部分按顺序逐一进行比较。

3. 长期系统性观察

长期系统性观察是指幼儿在较长的时间内，持续地对某一物体或现象(如动、植物的生长、变化，天气、季节的变化等)进行连续、持久的观察。如观察蝌蚪变成青蛙的过程、向日葵或蚕豆或牵牛花的生长过程。长期系统性观察持续时间较长，有周期性特点，教师在组织幼儿进行观察时要提前规划时间节点和周期，以免错过最佳观察期。

以上三种观察方法从幼儿身心发展特点来看，一般性观察法的适合范围较广。从幼儿成长来看，刚出生的幼儿就有观察能力，因而在幼儿的整个时期都可以顺利开展。比较性观察法需要以一定的思维能力为基础，适合 3 岁左右的幼儿。长期系统性观察法需要具有更强的思维能力和稳定的专注力，因此更适合 4 岁以后的幼儿。

二、观察类科学教育活动的设计

(一)观察类科学教育活动目标设计

活动目标的设计是科学教育活动设计的初始环节，它是教师根据学前儿童科学教育总目标、该年龄阶段的目标、幼儿身心发展的特点、班级幼儿的实际水平，并结合本次活动内容的具体特点，对幼儿提出的全面要求。在理论上，这些要求应在幼儿活动结束时基本上都能达成。观察类科学教育活动的目标设计应该遵循科学教育总目标的要求，即知识目标、能力目标、情感目标。但是观察类科学教育活动的目标设计又有自身的特点，具体体现为通过观察某事物，而获得的知识、能力及情感目标。观察类科学教育活动的目标设计要体现出对幼儿科学知识的认知和观察能力的培养，激发幼儿热爱科学的情感态度。

1. 科学知识

科学知识指科学经验的获得、科学概念的学习，包括通过活动幼儿将获得哪些经验，形成哪些科学概念。例如，通过活动能使幼儿了解动物的种类、外形特征和生活习性，以及动物与人类的关系等。

2. 科学方法

科学方法是指在科学探索活动中，幼儿哪些能力得到发展、掌握了哪些技能、学会了哪些方法。例如，培养幼儿细致观察的习惯及能力，帮助幼儿用语言表达自己的观察结果；学习运用典型特征观察法，对某种动物进行较细致持久的观察；等等。

3. 科学情感态度

科学情感态度包括幼儿情感态度及个性品质的培养。例如，培养幼儿关爱小动物的情感、培养幼儿对科学小实验的兴趣等。

案例 5-1

观察类科学活动《认识萝卜》

活动目标：

(1) 认识萝卜的外形特征，知道萝卜有不同的种类。
(2) 初步感知学习顺序观察法和比较观察法。
(3) 感受发现的快乐，体会探索的乐趣。

案例中将通过观察获得的关于萝卜的知识作为第一目标，将对观察方法的学习作为第二目标，将与观察方法相关联的直接体验作为第三目标。这样的目标设计层次清楚、目标明确、梯度合理，体现较为全面。

(二)观察类科学教育活动过程设计

科学教育的活动过程是教育目标的具体体现，是教育内容和教育方法的实施环节，是整个科学教育活动的核心。所以，科学教育活动过程的设计直接关系到教育的成败。教师在设计活动过程时，应注意从活动目标出发，合理选择资源设计过程和步骤。幼儿园教育活动设计普遍分为活动导入、活动展开、活动结束、活动延伸四个环节。

1. 活动导入

导入，即导入与设计。观察类科学教育活动的导入与设计可以采用多种形式，比如故事导入、谜语导入、玩教具导入、木偶导入等。无论采用哪种方法，最后都要落实到本次活动要观察的对象上，也就是说开篇就要紧扣活动目标。

案例 5-2

科学活动《蚂蚁》

活动目标：

(1) 了解蚂蚁的外部特征和生活习性。
(2) 能按要求观察蚂蚁的活动。
(3) 通过观察蚂蚁，萌发幼儿团结互助的意识。

活动过程：

教师：老师给小朋友们带来一个谜语，大家听好了！远看像芝麻地，近看像驴子运米，不怕高山不怕水，只怕跌进热锅里。它是谁呢？

(幼儿略)

教师：对，是蚂蚁。现在我们就来仔细观察这些小家伙，看看它们长什么样子。(教师出示昆虫盒里的蚂蚁)

在这个案例中，教师通过谜语形式导入，在幼儿回答正确后，马上进入主题，指明观察对象，紧扣活动目标。

下面介绍几种科学教育活动常用的导入与设计方法。

(1) 物质材料导入。科学教育活动往往为幼儿准备了丰富的物质材料，这些材料会引起幼儿强烈的好奇心，教师可以利用这些材料导入活动。

(2) 文艺作品导入。儿歌、小故事等文学艺术作品是幼儿尤其喜爱的样式，活动的导入阶段也可以利用儿歌、谜语、歌曲等作为导入的方法。

(3) 情境表演导入。科普情境表演是近年来在国外兴起的一种科普形式，通过幼儿模拟科学家做实验等情境的方式开启活动。这种方法在国内学前科学教育活动中也有运用。

(4) 环境设置导入。教师预先布置一个能够引出课题的环境，然后带领幼儿进入这个环境，由此导入活动。

(5) 指令或提问导入。教师直接发送指令或提问，开门见山式地开始活动。

2. 活动展开

活动展开环节是整个活动的主体部分，也是观察活动的重要呈现阶段。教师要根据活动目标确定观察方法和观察步骤，观察活动过程中应考虑观察顺序引导幼儿。教师出示教具要能体现事物内部的关联性，使幼儿获得完整有序的知识呈现。

案例 5-3

科学活动《蒜瓣宝宝发芽了》

活动目标：

(1) 发现蒜头的特征，体验发现的乐趣。

(2) 了解蒜头在春天会发芽，激发幼儿对种子发芽的探索兴趣。

活动过程：

(1) (导入略)。

(2) 出示实物、观察。

教师：(出示蒜头)它叫什么名字？它是什么形状的？像什么？

幼儿人手一个蒜头，有序地观察、探索。

教师：看一看、摸一摸，大家发现了什么？

闻一闻，发现了什么气味？有什么用处？

剥一剥，掰一掰，蒜头穿了几件衣服？

数一数，蒜头有几个小宝宝？

(3) 交流、分享。

教师：大家发现蒜头有哪些秘密？

你有什么问题想问呢？

(4) 出示已经发芽的蒜瓣，激发幼儿的探索兴趣。

教师：小朋友们看这个是什么？(出示发芽的蒜瓣)

它为什么和我们刚才看的蒜瓣宝宝不一样呢？

(5) 分组种植蒜瓣，让幼儿在生活中观察种子的发芽现象。

春天到了，蒜瓣宝宝发芽了，我们把它们种到土里吧！

活动延伸：

教师：让我们去看看，春天里还有哪些种子也发芽了！

在这个案例中，教师从蒜头的外部特征开始由外到内、层层递进，充分调动幼儿的感官体验，指导幼儿有序观察。待观察完毕，教师将幼儿引入到区(角)活动，扩大幼儿的体验感，让幼儿形成完整的知识体系。

3. 活动结束

活动结束标志着主要内容进行完毕，教师可以进行本次活动任务的总结和概括。比如案例 5-3，教师在幼儿种植蒜瓣环节结束后，进行了本次活动的概括和小结，表明活动内容已经结束。教师在概括和小结时，要紧紧围绕本节的教学目标，强化观察的重点。

4. 活动延伸

活动延伸是核心内容的课外迁移，可以起到强化和巩固的作用。

三、对观察类科学教育活动的指导

在观察类科学教育活动中，教师是教育活动的主导者和引路人，教师的指导方法直接影响幼儿观察效果的优劣。教师在观察类科学教育活动中应该如何对幼儿进行指导呢？

1. 引导幼儿抓住重点

观察对象都会具有本身的独特性，教师要利用观察对象的显著特征激发幼儿的观察兴趣，因为幼儿的好奇心与生俱来，对于新奇的事物很容易产生观察和探究的欲望。教师可以利用这一特点，吸引幼儿关注观察对象的重要特征，把幼儿的兴趣点落在观察重点上。

2. 引导幼儿动脑思考

在幼儿观察过程中，教师应该围绕观察目标适时提出问题，使幼儿边观察边进行思考。但是，由于幼儿的思维能力还不成熟，教师在观察中切忌提出一连串的问题，很烦琐的问题将造成幼儿的困惑。

3. 引导幼儿用语言表达

在观察过程中，教师应该鼓励幼儿大胆地用语言表达，语言可以帮助幼儿整理观察结果，使观察系统化和条理化，还可以促进幼儿彼此交流。教师在鼓励幼儿用自己的语言表达的同时，要注意纠正其语言表达与观察有差异的地方。另外，要引导幼儿用规范的语言，并且尽可能体现社会环境的积极元素，如“五爱”教育。

4. 引导幼儿多感官体验

应该明确的是，观察不仅是用眼睛看，它还包括其他感觉器官的运用。比如用耳朵听、用嘴巴尝、用鼻子闻、用手摸、用脚踩等。只要条件允许，教师应尽量鼓励幼儿通过多种途径进行体验，获得相对全面的观察信息。

5. 引导幼儿掌握观察方法

幼儿在观察事物过程中还没有掌握科学的观察方法，表现为笼统、零散、不精准。教师在指导幼儿观察事物的同时，应根据观察对象的特点，有目的、有计划地教给幼儿一些最基本的观察方法。比如按时间顺序观察，从前向后或从后向前观察；按空间位置观察，从上到下或从下到上，从左向右或从右向左。

6. 引导幼儿记录观察结果

教师要指导幼儿运用各种方法记录观察结果，比如形象化的绘画、简单做标记的图表、用其他小物品或卡片记数。观察记录可以加深幼儿对观察对象的认识和记忆，有利于培养幼儿的动手能力和思维能力。

第二节　实验操作类科学教育活动的设计与指导

《指南》指出：幼儿的科学学习是在探究具体事物和解决实际问题中，尝试发现事物间的异同和联系的过程；幼儿科学学习的核心是激发探究兴趣，体验探究过程，发展初步的探究能力；幼儿的思维特点是以具体形象思维为主，应注重引导幼儿通过直接感知、亲身体验和实际操作进行科学学习。

实验操作类科学教育活动的设计与指导.mp4

著名心理学家皮亚杰指出，儿童的知识经验建构必须由儿童通过自己的操作活动去完成。他还认为儿童的智力起源是物质的活动，通过个体与环境、材料的相互作用主动建构他们的智力并逐渐建立起更精确的智力结构，使儿童的智力发展从一个阶段转换到另一个阶段。如果没有物质的活动，儿童不能实现智力转换。由此可见，实验操作对于幼儿知识经验的积累和智力的发展有着至关重要的作用。那么什么是实验操作呢？简言之，实验操作是教师有计划、有目的地引导幼儿动手探究外部世界，使之与周围环境相互作用的一种教育活动。

一、实验操作类科学教育活动的内容和材料

(一)实验操作类科学教育活动的内容

依据《纲要》和《指南》中关于科学教育活动的规定，适合采用实验操作手段开展的科学教育活动内容主要有以下几种。

1. 水

探索、感受水是无色、无味、透明的；探索水是流动的，水有浮力。通过实验使儿童懂得水在不同的条件下有三态：液态、气态、固态。通过实验、游戏、讨论等形式知道水对生命及在人们生活中的重要作用，如探索、观察不浇水的花变化的情况等。

2. 沙、石、土

通过实验、游戏等探索、发现沙、石、土的特性，知道其各自的主要用途。

3. 空气

体验和证实空气是看不见、摸不到的；我们的周围到处都有空气。探索、发现空气的流动。

4. 日、月、星

通过实验等来感受太阳的光与热；通过实验使儿童了解到阳光是人、动物、植物等生物生长过程中不可缺少的。

5. 光

探索和发现光源，探索、发现光和影子的关系；探索和发现光的反射及折射的现象；探索多种颜色的形成原因。

6. 声音

探索不同的物体能发出不同声音的方法、探索声音的传播，探索的方式须从儿童的认知特点出发。

7. 冷、热现象

探索物体由热变冷、由冷变热的方法。

8. 力

通过实验、操作感受力的大小；探索、发现力与运动的关系及不同大小、方向的力和运动的关系；探索感受事物各种力的现象，探索省力的方法，如滑轮、倾斜面、杠杆等；探索各种机械，发现其各自的作用。

9. 有趣的磁

通过实验操作知道磁铁能吸铁；探索、发现磁铁与磁铁之间的吸引与排斥的现象；探索、发现日常生活中磁铁的应用。探索可通过游戏或实验的形式进行。

10. 电

探索各种家用电器、电动玩具等的功能，初步了解电在日常生活中的重要作用。

11. 化学现象

探索日常生活中简单的、安全的、有趣而奇妙的化学现象，例如摩擦生电、酸碱中和、酵母发面、光合作用，头发起电等。

(二)实验操作类科学教育活动的材料

幼儿思维的具体形象性特点，决定了幼儿在学习中必须通过操作具体的材料来进行。材料既是引发幼儿主动探究的刺激物，又是幼儿实现主动建构，对周围物质世界进行认识的中介和桥梁。幼儿对物质世界的认识必须以事物和材料为中介，在很大程度上要借助于对物体的直接操作。实验操作类科学教育活动的材料从使用性质上划分为两种：科学探究材料和科学探究工具。

1. 科学探究材料

在科学探究活动中，应用的材料可以分为五大类。

(1) 常见的物体和各种材料：水、沙、黏土、布、纸和纸板、木、橡皮泥、颜料、塑料、金属、岩石或石、植物的秸秆等。

(2) 物体的位置和运动材料：小汽车、球(玻璃、塑料、橡胶等各种材料制作的小球)、木板或塑料做的表面粗糙程度不同的可供物体滑动的斜坡和轨道、小推车、滑轮及轮子、杠杆设备等。

(3) 能量的形式：光、热、电和磁。

光：三棱镜、多棱镜、平面镜、凹透镜、放大镜等。

热：酒精灯、蜡烛、小块铁板、小铁棒或小勺等。

电：探索电路的材料有电池、灯泡(小电扇等)、电线、曲别针、纸片、塑料片、铁片、木片等。探索摩擦生电的材料有玻璃棒、木头、塑料梳子、皮毛、丝绸、碎纸屑等。

磁：磁铁、铁钉、铁砂、曲别针、非铁制的发亮的材料(如各种扣子、金属或非金属丝)。

(4) 反映自然力的各种材料。

浮力：水及容器、可沉浮的各种材料(如塑料的小鸭子、木块或其他木制品、海绵)。

重力：斜坡、可滚动的各种物体(如车、球)。

弹力：球、弹簧。

(5) 有关动植物的材料。

动物：当地常见的各种动物，如鱼、蟹、龟、昆虫、兔子、鸡、鸭等，以及捕捉和饲养用具。

植物：供幼儿观察和探究的各种植物，使幼儿感知到植物物种繁多，如不同种类的根、不同种类的茎、不同的花、不同的果实；提供不同的生长条件下的植物，如不同的土质和养分、不同的阳光、不同的温度、不同的水分，使幼儿发现植物生长的条件；各种种子以及幼儿种植和护理所需要的工具，如花盆、盒子及各种容器、浇水用具(小桶、喷壶等)、小锹、小铲子、小锄头、小耙子、小镐头等。

2. 科学探究工具

在科学探究活动中，常常会使用专门的探究工具，具体如下。

(1) 测量用具：卷尺、直尺、钟表、温度计、天平和秤、勺和杯等量具。

(2) 观察工具：放大镜、显微镜、望远镜、听诊器等。

(3) 体验技术发明和工具的意义的用具：漏斗、筛子、石磨、果汁机、面条机、烤箱等。

二、实验操作类科学教育活动的操作类型

实验操作类科学教育活动可分为三种类型：演示探究类，引导探究类，验证探究类。

(一)演示探究类

演示探究有两种情况。一种是教师演示，幼儿观察。对于操作难度大的活动内容，基于对幼儿操作安全等方面的考虑，完全由教师演示实验，幼儿观察实验过程和实验现象。另一种是教师示范，幼儿模仿。对于操作简易、难度小的活动内容，教师先作示范性演示，然后幼儿模仿演示操作。这种探究活动幼儿可以亲手操作，因此受到幼儿的普遍欢迎。

(二)引导探究类

引导探究是通过教师事先提供的材料，引导幼儿开展探究活动，并组织幼儿交流和分享。即教师用语言和动作引导，幼儿动手操作。这种方法能较好地将幼儿自主探究和教师的引导结合起来，幼儿是探究活动的主体。教师在探究活动中需要密切关注幼儿的操作过程和动作规范，适时引导幼儿准确地操作。需要注意的是，在幼儿操作过程中，操作的结果不一定成功，教师不必在此方面作相关要求。

(三)验证探究类

验证探究是针对某一问题，教师启发幼儿用已有的知识经验进行推理，对可能发生的问题或产生的结果提出猜想，然后通过幼儿的探索活动来验证猜想的结果。这种方式适合于幼儿具备一定的生活经验，在此基础上进行推理判断。如果验证探究的问题幼儿不熟悉，难理解，这种设计就失去了意义。

三、实验操作类科学教育活动的设计

(一)实验操作类科学教育活动的目标设计

实验操作类活动作为科学教育活动的一种具体形式，在目标的制定上既要符合《指南》中关于科学教育活动的总目标，又要根据实验操作活动的具体内容和特点以及幼儿生理、心理与智力的发展水平制订出本次活动的具体目标。

1. 总目标

根据《指南》，实验操作类活动的大目标有三个，具体如下。

(1) 好奇心：注意到新异事物或现象，愿意探究新异事物或现象，对新异事物或现象提出问题并进行探究。

(2) 探究能力：能通过自己的观察操作获取发现；能对问题作出假设并用自己的经验来加以检验；能根据已经获取的资料进行合理推理，得出结论；能根据过去的经验或逻辑推断对现象进行解释和预测。

(3) 科学态度：幼儿在好奇心的驱使下，通过教师的引导，对所感兴趣的事物和现象进行探究，当发现新问题、新现象的时候，幼儿的兴奋感和成就感体验强烈，进而激发幼儿

对科学领域的深层次认识，推动科学兴趣的产生和发展。

2. 具体目标

具体目标的制定要从情感、态度、过程方法、能力、知识经验等方面综合考虑，而且具体目标的制定要体现层次性。不同年龄段的幼儿在心理、智力等方面的发展处于不同的层次，即使同一年龄段也存在个别差异。活动目标应根据教学对象的实际发展水平、特点和个别差异来设计，以满足不同幼儿发展的需要。

(1) 科学知识。尽管在《指南》中不强调科学知识的获得，但是对于幼儿来说，掌握简单的科学常识是很有必要的。所以，在科学活动中知识目标的制定必须具体，易于操作和完成。

(2) 科学能力。目标的制定要有针对性，明确在活动操作过程中，幼儿能获得哪些方面的能力，要能体现本活动的特点。

(3) 科学情感。目标的制定要凸显实验操作性活动的特点，重视幼儿亲历自主的探索过程，学习探索方法，培养幼儿热爱科学的情感。

(二)实验操作类科学教育活动的过程设计

活动过程是科学教育活动的主要环节，它的科学性、合理性、可操作性直接关系到教育目标是否能取得较好的贯彻和实现。

幼儿实验操作活动是一个开放的、动态的过程。实验操作类活动的过程与观察类基本相同，由活动导入、活动展开、活动结束和活动延伸四部分组成。

1. 活动导入

活动的导入是活动开始的引言部分，好的导入与设计可以激发幼儿的学习兴趣和求知欲望，将幼儿注意力引导到活动中来。导入活动的形式多种多样，一般来说，可以通过以下一些方法导入幼儿实验操作活动：以摆放在幼儿面前的操作材料导入；以教师的演示实验导入；以创设问题情景导入；以幼儿生活中的某一常见的科学现象导入；以谜语、魔术、儿歌、故事、影像资料导入。活动导入环节应简洁明了，注意控制时间。

下面以探究活动《有趣的磁铁》为例，介绍两种导入方法。

第一种：教师变魔术。

以“会跳舞的小人”导入活动。教师在布娃娃的脚部固定铁块后，放于用三层板制作的圆盘上，然后一手拿住圆盘，另一只手拿着磁铁不停地在圆盘下方移动。圆盘上放一张大手帕作为装饰，以便遮住教师拿磁铁的手。

评析：魔术是幼儿最喜欢的活动之一，通过魔术幼儿的注意力一下子全被吸引住，兴趣油然而生，情绪高涨，异常兴奋，为顺利展开活动、完成活动任务、实现活动目标做了极好的铺垫，开了一个好头。

第二种：创设问题情景。

教师：“老师有一根针掉进这一盒沙子里了，怎么找也找不着。现在这里有一块磁铁，我们用什么方法可以把针找出来？”

评析：活动开头就为幼儿提出问题，设置了悬念，引起幼儿的探究兴趣和学习欲望。

2. 活动展开

活动展开部分是教育活动的重中之重。开展实验操作类活动时，重点强调操作过程和实验的步骤，是教师和幼儿互动最为频繁的环节。

(1) 演示探究类。此类探究形式的特点是教师要先行操作，这就要求教师在操作过程中介绍和讲解一定要详细精准，尤其要强调操作的要领和注意事项。教师的操作动作和语言不要过快，要清晰明确地传达给幼儿。这样，在幼儿观察和独立操作过程中才能做到规范准确。尽管如此，在幼儿操作时仍然存在一定的不确定性，教师要时刻注意幼儿的操作是否得当，给予适当的纠正和引导。

案例 5-4

1. 教师操作，幼儿观察

教师：(边讲解边演示)我们先在瓶盖上插入吸管，注意吸管离瓶底约 2 厘米。然后在塑料瓶中倒入 30 毫升的水，注意水的刻度线，一定要一点一点倒入，不要倒多。然后再加入 50 毫升的醋，同样要小心哦！最后，我们往瓶内放入 2 勺小苏打，快速将瓶盖盖上。

2. 教师语言引导，幼儿模仿做实验

教师：(语言指导)先在瓶里放入水，再放醋和 1 勺苏打。哦！喷泉没有做成功。检查一下是不是盖子没盖好？看，泡泡都跑出来了！再做一次吧！将吸管插入瓶盖中，用胶带将吸管固定在瓶盖上。先在瓶子里放一些水，再放入一些醋，一定要慢慢倒，观察瓶子上的刻度，不要过多。最后放入 2 勺小苏打，迅速盖上带吸管的瓶盖吧！

(2) 引导探究类。此类探究形式的特点是教师先预设情境，组织材料布置活动环境。教师在活动展开时，首先要向幼儿交待材料，包括材料的名称、数量、用途、要求、注意事项等。其次在幼儿自主探究时，教师要密切关注幼儿的动态，帮助幼儿解决遇到的问题，引导幼儿达到预期目标。通过材料引导幼儿自由探究，引起幼儿的探索兴趣。将幼儿自主探究和教师的引导结合起来，会取得较好的效果。

案例 5-5

教师发现幼儿在试图用两节电池接亮小电珠，接了一会儿接不亮，站起身要走。教师过来说：“你爱玩小电珠吗？”幼儿肯定地点了点头。

教师：“我和你一起玩好吗？我能帮你做点什么？”

幼儿：“好，你帮我扶着好吗？”

教师帮幼儿扶着电池，幼儿摸索了一会儿，无意中碰亮了，这增强了他的信心，他又继续摸索，终于掌握了操作技巧。

幼儿还发现两节电池能使电珠比一节电池更亮。

幼儿又用 3 节电池来试……

(资料来源：刘占兰. 幼儿科学教育[M]. 北京：北京师范大学出版社，2000.)

(3) 验证探究类。此类探究形式的特点是先提出假设再操作验证。教师在活动展开时，首先要引导幼儿合理想象，鼓励幼儿大胆猜测。即针对某一问题，教师启发幼儿用已有的知识经验进行推理，对可能发生的问题或产生的结果提出猜想。其次在幼儿进行探索活动验证猜想的过程中，教师不要轻易肯定或否定。要遵循科学实验的规律，用事实说话，通过事实来验证对错。最后，教师一定要熟知幼儿的生活经验，选题一定要恰当。这种方式适合于幼儿已有类似的生活经验，不要盲目应用。

案例 5-6：

第一次，教师提供磁铁和铁钉、曲别针、木棒、纸、布、塑料等物品。幼儿通过探究和操作，可以直观地看到和感知到磁铁能吸住铁制品，从而认识磁铁的基本特性。

第二次，教师添加一些像铁的物品，幼儿逐渐尝试着用磁铁鉴别铁制品与非铁制品。

第三次，教师提供条形磁铁。在幼儿感知磁铁的基本特性后，通过探究和操作条形磁铁，幼儿会发现磁铁有两极，有相吸相斥的特性。

第四次，教师提供硬纸板、玻璃板等材料；安装有铁钉或曲别针的小人或各种物品的图片；各种玻璃或塑料容器，里面装有各种较小的铁制品。通过操作会发现磁铁可以不直接接触这些物体而能使它们移动。

(资料来源：刘占兰. 幼儿科学教育[M]. 北京：北京师范大学出版社，2000.)

在活动开展环节，需要注意以下几点。

首先，活动内容的组织要体现条理性和层次性。

教师要缜密思考，把握活动过程中各个环节的逻辑关系、理清知识点、明确重点和难点。从科学性和幼儿特点出发引导幼儿在操作过程中做到规范准备，遵循事物发展变化的科学规律有序进行。

其次，活动的组织形式和活动方法要体现灵活性和适用性。

实验操作类活动多采用小组活动的组织形式，有时也采用集体、小组和个人相结合的方式。实验操作类活动有时需要两个或几个幼儿同时动手配合完成，教师要积极倡导和鼓励合作探索，培养幼儿的合作精神。在活动方法的设计上应最大限度地让每个幼儿都动起来，积极参与实验操作。

再次，活动材料的投放要体现实用性和可变性。

实验操作类活动是通过幼儿与材料的相互作用来实现的，用什么方式把材料投放到活动中，需要认真思考。幼儿实验操作所需的材料可一次性投放，也可分次投放。要根据具体活动需要来确定。分次投放材料可突出教师的指导意图，使活动由浅入深、由表及里、层层展开，对幼儿逻辑思维的培养和科学方法的训练都大有好处。

最后，活动中教师的问题要体现针对性和导向性。

在实验和操作过程中，教师通过启发性、诱导性、开放性等多种问题来引导幼儿探究活动。因此，教师提问必不可少。首先教师提出的问题要有针对性，设在有疑问处；其次问题要难易适度，应充分考虑幼儿的心理特征、智力水平和现有的经验；最后，提出的问题要具有导向性。所谓导向性是指教师的问题要起到引导帮助幼儿主动探索的作用，能引起幼儿的探索兴趣，引发幼儿的探究欲望。

3. 活动结束

活动结束是在教育活动过程中主要内容已进行完毕而进行的归纳总结，需要在简短的时间内完成。活动结束表明这只是本次活动的结束，不是学前儿童探究活动的停止。因此教师在设计活动结束方式时，应结合学前儿童在本次活动中的情况，帮助学前儿童提升经验，保持探究兴趣。活动结束的模式没有固定格式和规定，应根据教学内容与过程的具体情况来设计。

下面介绍几种常用的结束模式。

(1) 概括总结。总结实验操作活动中幼儿获得的经验，评价幼儿在活动过程中的表现。

(2) 作品展示。展示幼儿在实验操作中完成的作品，从而达到互相分享、相互学习的目的。

(3) 提出希望。对幼儿探究能力提出希望，使幼儿在活动结束后继续保持探索兴趣。

(4) 呼应导入语。与导入语相联系，承前启后。例如以谜语、唱歌等形式结束活动。

(5) 文艺表演。以与活动内容相关联的艺术形式结束活动，如绘画、情景表演等。

4. 活动延伸

活动延伸是将本次活动的内容向课下拓展，一个好的延伸内容也是幼儿进行新的探究活动的起点。延伸部分可以在结束语之后，也可以与结束语结合在一起，即向幼儿提出建议和要求，将本次活动引向课外。场所可以是自然角、活动室、户外、家庭或其他场所；参与对象可以是其他小朋友、老师、家长或其他人员；内容可以是完成一个作品、讨论一个问题或观察一个现象；等等。

在活动结束环节，教师切忌用成人的眼光去评价幼儿，过高地要求实验操作过程的完整性和严密性、知识的科学性和准确性。一些教师在总结时，一方面为了追求过程的严密和知识的准确，一方面要面对幼儿，把自己推向两难的境地。活动结束后如果教师要进行总结评价，要讲究策略和技巧，给每一个幼儿以正面积极的影响。

四、对实验操作类科学教育活动的指导

在实验操作类科学教育活动中，教师应该如何进行指导呢？下面从三方面具体介绍。

(一)为幼儿创设宽松和谐的活动氛围

(1) 积极肯定幼儿的优点。教师对幼儿行为的理解、认同、赞扬和尊重会给幼儿带来满足和自信，这种满足和自信是幼儿强大的动力，使之探究情绪更高、兴趣更浓。这种满足和自信给幼儿强大的创造力去进行新的探索和新发现。相反，教师的批评和不适当的评价会造成幼儿心理紧张、情绪不安，不能全神贯注地投入探索活动，幼儿的注意力分散，甚至会完全丧失对活动的兴趣和积极性。因此，要保证幼儿在活动中愉快地体验活动过程，保持浓郁的探索兴趣，积极、自主地进行探索，使幼儿的探究活动收到预期的效果，教师必须为幼儿提供宽松和谐的活动氛围，充分理解和尊重幼儿自发的探究和认识的需要，尊重他们独特的认识特点，欣赏他们独特的发现，采用具体的激励引导评价方式来激发幼儿内在的探究动机。

案例 5-7

幼儿探索橡皮泥浮起来的过程

他把橡皮泥团成球放进水里，沉下去了。

他把橡皮泥压成薄薄的饼状，又沉下去了。

他把橡皮泥搓成细长条，还是沉下去了。

他停下来，开始思考……

他这次把橡皮泥扯成一粒一粒的，结果还是沉下去了。

他茫然环顾四周。

老师注意到了这一切，以同伴的身份与幼儿一起试。

老师：你真会动脑筋，不简单。我也来试试。

老师用的不是橡皮泥，而是用一张纸折成盒子放在水里，盒子浮在水面上。

幼儿摆弄了一会儿水里的纸盒子，突然说："我有办法了！"他把橡皮泥作成碗状，结果，橡皮泥浮起来了，他高兴得跳了起来。从而，悟出了"中空"能浮起的道理。

(资料来源：刘占兰. 幼儿科学教育[M]. 北京：北京师范大学出版社，2000.)

(2) 包容幼儿的过错。教师要认识到，幼儿当前的过错代表幼儿当前的认知水平。在成人看来的一些错误的行为和想法，在幼儿的认知水平上却是合理的、正确的。在幼儿实验过程中，幼儿的想法和行为常常与教师不同，接纳和支持幼儿的想法和做法，会使幼儿感到放松、安全。教师应重视每一位幼儿在实验中的表现，重视每一位幼儿提出的每一个问题，让幼儿感受到教师对他们的关爱和重视，感受到他们在探索中所发挥的作用。对于个别发展水平相对较低的幼儿，教师应当给予特别关注。

(二)为幼儿提供充足多样的材料

实验操作类科学教育活动是幼儿与材料的相互作用过程，材料是幼儿活动的对象。教师应特别注意引导幼儿获得材料的特性、材料的变化和材料间的相互关系三方面的体验与经验。材料的特性指的是材料的物理特性(轻重、软硬、光滑粗糙、冷热、颜色等)、化学特性(溶解、燃烧等) 和功能特性(主要用途)。材料的变化是指材料在某种条件下发生的物理变化和化学变化(弯曲、熔化、变冷、断裂、溶解等)。材料间的相互关系是指不同材料间相互作用所表现出来的特点(沉浮、磁力、摩擦起电等)。

幼儿实验操作的材料按性质划分，可分为主体材料、辅助材料和主要工具三大类。按作用来划分，则可分为产生问题或任务的材料和解决问题及完成任务的材料两部分。

1. 材料的选择

教师在组织实施实验操作类活动前，在材料的选择上应注意以下四点。

(1) 材料数量充足。材料选择要因地制宜，分量充足。选择幼儿常见、常能接触到的材料，提倡就地取材，讲究经济实用。多利用自然物、废旧物以及幼儿玩具和常见的生活用品，让幼儿体会到科学就在身边。材料提供要充分，保障每个幼儿有充足的材料可供探索使用。

(2) 材料功能多样。材料应具备物化的教育功能，应包含教育活动的目标与内容，使幼儿在与材料的相互作用中揭示教育内容所要反映的事物与事物之间的关系，并生成幼儿的学习需求。材料的选择应符合幼儿的发展水平，只有符合幼儿发展水平的材料，才能引起幼儿探究的兴趣，才能激发幼儿探索的热情。材料的操作过于简单，幼儿容易失去兴趣；材料的操作过难，幼儿会不知所措无从下手，从而感到无趣。

(3) 材料结构合理。在实验操作活动中，给幼儿提供的材料应有一定的结构性。作为教师，只有认真研究材料集合在一起的结构及其所蕴含的关系，才能有效地引导幼儿进行活动。也只有这样，幼儿才能通过操作这些物体和材料发现潜在的关系，获得相关经验。

(4) 材料使用安全。在幼儿实验材料的选择上，要特别考虑材料对于幼儿的安全性，避免幼儿在使用操作过程中对身体造成伤害。例如，锋利、尖锐、易碎的玻璃器皿、高温、有毒和超过人体安全电压的电源等器材不能选用。

2. 材料的使用

教师在组织实施实验操作类活动时，在材料的使用上应该注意以下两点。

(1) 提供开放式材料。材料的投放方式因实验活动方式的要求和任务不同而有所不同。开放式投放材料有利于幼儿按自己的想法和意图操作材料，让幼儿有更多的自由发挥空间和发现的机会，促进幼儿自主探究能力的培养和幼儿发散思维的培养。当然，这里的开放并不是随意投放材料，同样需要教师仔细斟酌，根据活动的主题或任务以及幼儿的需要和探究水平，科学有效地组织材料。

(2) 采取分层投放的方式。在教师指导下进行的幼儿实验操作活动，常用分层投放材料的方法。材料的分层投放指的是教师根据幼儿在操作活动中探究的不断深入或扩展适时分批分层投放新的操作材料，这些材料把幼儿的活动一步一步地引向深入。分层投放材料使得幼儿的操作活动条理清楚层次分明，对探究问题由浅入深、由表及里，层层剥离，这样才能培养幼儿思维的逻辑性和操作的条理性。

案例 5-8

《小电珠亮起来》的实验操作活动中的材料投放

第一次，一节电池、一根导线、一颗小电珠；
第二次，增加一节电池；
第三次，增加一根导线；
第四次，增加胶线、小铁片、小硬纸片、小木片。

案例中教师依次投放材料，其导向很明确，活动层次很清楚。用第一次投放的材料怎么接亮小电珠？增加一节电池后，又怎么接？小灯的亮度有什么变化？导线变成两根后又该如何接亮小电珠？用胶线替代导线小电珠还会亮吗？在导线和小电珠间(或两节电池间)垫上小铁片，小电珠亮不亮？换上小木片呢？换上小硬纸片呢？这里教师投放的材料层次鲜明。

(三)为幼儿提供充分参与的机会

(1) 让幼儿充分体验实验过程。在幼儿实验操作类科学教育活动中，教师对活动引入过程占用时间不可太长，让幼儿有更多的时间去自主探索。教师的任务不是把现成的科学知识和概念传递给幼儿，也不是让幼儿依样画葫芦地重复教师的演示实验，而是引导和支持幼儿通过自己动手动脑去自主地进行科学实验活动，主动愉快地去体验活动过程。

(2) 让幼儿按自己的方式去做。教师对幼儿的实验操作除安全方面的考虑外，不应做过多的限制(要求幼儿必须使用什么材料，必须按什么程序操作等)，应使幼儿按照自己的想法去做，尝试解决问题。鼓励幼儿多角度多层面地思考问题，变化使用多种材料，尝试多种实验方法，包括学习他人的方法。允许幼儿有不同的实验结果，认同幼儿按照自己的思维解释实验现象。

(3) 积极帮助幼儿解决遇到的困难，积极热情地对待幼儿在操作中提出的问题。幼儿遇到的问题可能是操作中的难点和重点，教师此时不能直接告诉幼儿正确的做法。应启发幼儿展开讨论，引导其渡过难关，这样可以提高幼儿的思维能力和操作能力。比如，当幼儿在探索如何把冻在冰中的玩具取出来时，他们用了摔、敲、往上面吹热气等办法，都没有成功。这时，教师说："那里有许多工具(锯、锤子、钳子等)，也许你们能用得到。"幼儿迅速地选取工具进行尝试。

(4) 引导幼儿使用科学的方法。在实验操作类科学教育活动中，教师要引导幼儿采用适当的方法观察实验现象。特别是观察事物的特征、事物的异同、事物的变化，根据需要可选择系统观察法、比较观察法和运用多种感官联合观察的方法。

(5) 鼓励幼儿充分地表达。讨论交流是实验操作类科学教育活动的重要组成部分。在经历实验操作过程后，幼儿迫不及待地想把自己所经历的过程和发现的结果告诉给同伴。教师应引导幼儿按活动的结构层次进行梳理，对过程中的现象进行分析、比较、归纳、综合，最后得出结果，并与预先的猜测进行比较，深化原有的经验和认识或调整原来的认识，建立新的经验。讨论交流的过程也是幼儿以表象的形式重现实验操作的过程，通过交流幼儿们的不同实验操作方法，不同的实验现象会引起幼儿从不同的视野角度、以不同的思维去认识同一事物，会极大地丰富幼儿对同一活动的信息量，进一步扩展幼儿的思维空间。

第三节　技术制作类科学教育活动的设计与指导

技术制作是幼儿科学教育活动的重要组成部分。通过科技制作活动，可以使幼儿正确地认识客观世界，发展幼儿手脑并用的能力，培养重视实践勇于探索的精神和求实的科学态度。技术制作类科学教育活动是以科学本质为基础，以实验性的步骤，逐渐使幼儿获得对科学技术的认识，了解技术的转化和中介作用，是理解和掌握现代化世界的窗口。在制作过程中，幼儿充分动手制作和使用简单的科技产品，学习使用工具，设计并开展小制作，把自己投入到对科技的探究之中，体验创造之美、发现之趣。

技术制作类科学教育活动的设计与指导.mp4

一、技术制作类科学教育活动的内容和材料

(一)技术制作类科学教育活动的内容

技术制作类科学教育活动可以划分为认知类和制作类两种。

1. 认知类

所谓认知类，是学前儿童对科技产品和常用工具的认知。

(1) 家用电器：讨论电视机、电冰箱、洗衣机、电饭煲、空调等电器的主要用途和弊端，

学会简单的使用方法，感受它们给人们的生活带来的便利。

(2) 现代通信工具：讨论电话、手机、电脑网络等工具的主要用途和弊端，感受它们给人们的生活带来的方便。

(3) 现代交通工具：了解、讨论各种汽车、火车、摩托车、电车、地铁等交通工具给生活带来的方便和对环境的污染等。或者根据常见物质、材料的特性和物体的结构特点，推测和证实它们的用途。例如，带轮子的物体方便移动、不同用途的车辆有不同的结构，以及安全驾驶、遵守交通规则等常识。

(4) 现代农用工具：认识拖拉机、脱粒机、播种机、抽水机等，知道现代农用工具减轻了农民的劳动负担，使农民增产又增收。

2. 制作类

所谓制作类，是引导学前儿童开展科技小制作活动，了解、熟悉著名的科学家，感受、体验科学家的探索、发明创造的过程。并通过讲故事、看图片等熟悉科学家的故事，通过自己动手制作科技小作品，初步感受科学家的发明创造的探究过程。能尝试使用小工具，能进行小制作，例如用磁铁制作“会走动的小鸡”“小风车”等，体验制作的过程，感受成功的喜悦。即使制作不成功，幼儿积极参与的过程也是一个学习的过程。

适合开展技术制作活动的内容具体如下。

(1) 科技玩具。能探索各种科技小玩具，会正确使用；能进行拆卸、组装等。根据材料可以分为两类。①幼儿纸工类。纸工活动使幼儿的思维活跃，通过撕、剪、贴等各种方法，时时激发其创新精神，创造属于自己的作品。幼儿在纸工活动中感受、理解、创作都表现着他们独特的想象力、表现力和创造精神。纸工活动对幼儿创造力、想象力的发展有重要的促进作用。②废旧材料类。用纸、布、针线或其他自然材料和无毒无害的废旧材料，制作各种简单的玩具，使幼儿在这种动手动脑的活动中理解简单的科学原理，掌握粗浅的科技知识和操作技能。幼儿科技活动的目的主要是培养幼儿正确的科学感知能力，发展幼儿的观察、思维、想象等能力，而这一切都和动手操作相关。在幼儿科技制作活动中，可以运用科学的方法和手段，将客观存在的事物或现象表现出来。通过制作活动，使幼儿正确地认识世界，为逐步树立科学的世界观奠定良好基础。

(2) 简单的科技用品的制作。比如制作简单的尺子、量杯、水平仪等。幼儿对客观世界的认识刚刚开始，对周围的一切都感到新鲜好奇。但受到年龄的限制，还不可能理解那些抽象的科学知识的概念和原理及其内在的规律，也不可能制作更复杂的技术用品。所以，教师只能教给幼儿一些粗浅的知识，让幼儿认识掌握物体的形态、色彩、气味、大小、重量、结构等外部特征，制作简单易行的科技用具和科技用品。

(二)技术制作类科学教育活动常使用的材料

技术制作类科学教育活动使用的材料比较广泛，具体如下。

(1) 木工活动材料。木板、木条、锤子、钉子、木胶、螺丝、绳子等。

(2) 编织活动材料。购买或自制的编织机、编织机配件、各色毛线、剪刀等。

(3) 各种建构活动材料。造桥材料有各种纸板、木板、木块、线、铁丝、竹片等；搭构房子和各种用具的材料有各种形状的木板(有适宜的孔或镶嵌槽)、各种长短和粗细的螺丝、塑料线绳等。

(4) 各种制作活动材料。包括做水车、风车、降落伞、陀螺的用具和材料，有卡纸、纽扣、棉线、胶、剪刀、塑料管等。

二、技术制作类科学教育活动的分类

根据活动目标和方式的不同，可以将技术制作类科学教育活动分成四个类型：观摩类、使用类、模拟类和设计类。

(一)观摩类

此类活动重点在于让幼儿充分接触和感受运用该技术产品。例如，认识并正确操作各类玩具、家用电器等，满足幼儿渴望了解科学技术的愿望，培养幼儿关注科技的兴趣。此类活动通常先由教师或家长演示讲解产品的用途并演示其操作使用步骤，幼儿在观察的基础上动手尝试，最后经共同讨论完成正确的操作。

(二)使用类

此类活动重点在于让幼儿学习掌握工具操作并能正确运用解决问题。例如，正确使用小剪刀、订书机、测量工具、生活工具等，让幼儿了解工具的用处，掌握工具的使用方法，体会使用的技术并能在生活学习中正确运用。此类活动可以是独立的活动内容，也可以是技术制作类科学教育活动中的一个部分。通常由教师或家长启发、引导幼儿操作使用，幼儿在不断的失误中总结，最终掌握正确的使用方法。

(三)模拟类

此类活动通过开展小制作活动让幼儿按固定步骤模仿制作简单的科技产品。例如，制作降落伞、潜望镜、万花筒等。幼儿运用工具和材料开展小制作，是对技术的一种非常直接的体验。此类活动通常由教师或家长演示操作过程，幼儿动手实践，双方共同交流，最后制作完成作品。

(四)设计类

此类活动对于幼儿来说难度较高，它是幼儿在已有的制作经验基础上对创作对象进行的扩展和创新。例如，设计并制作石膏玩具，做一个和别的小朋友不一样的不倒翁等。此类活动通常是在教师和家长的支持帮助下，通过幼儿自主设计、动手动脑、个性化地完成作品的创作和制作过程。

三、技术制作类科学教育活动的设计

对学前儿童来说，科学活动意味着一种游戏，但这是一种困难的游戏，充满着阻碍，需要付出努力。与那些没有困难和阻力的娱乐项目相比，科学活动是与现实相摩擦的游戏。活动的设计就是要尽量满足幼儿的兴趣，使之积极参加这类游戏并从中获得满足感和成就感。

(一)技术制作类科学教育活动的目标设计

活动目标是指幼儿通过活动应当达到的学习结果。教师必须是在全面贯彻总目标的前提下，针对活动内容的特点设计具体目标，并注重学前儿童不同发展阶段的层次关系。在《指南》中，技术制作类在教育活动中的目标培养可以视为总目标。

1. 技术制作类科学教育活动的总目标

(1) 充分地感受和正确操作科技产品的能力。

(2) 掌握简单工具的使用方法。

(3) 在教育者的指导下按规定步骤的操作能力培养。

(4) 是对幼儿自行设计并动手开展科技小制作的能力培养。

2. 技术制作类科学教育活动的具体目标

在具体的执行过程中，根据活动内容等方面的因素，技术制作类科学教育活动的具体目标如表 5-1 所示。

表 5-1　技术制作类科学教育活动的具体目标

教学内容	适用年龄	具体目标	举　例
感受技术产品	0～2 岁	运用多种感官感知技术产品的特征和用途	使用学步车、照镜子、玩玩具。(0～2 岁儿童活动)
体会操作乐趣	2～3 岁	提出他们可能办到的事情，在家长或教师的帮助下操作与体验	骑三轮车、玩大型玩具、玩纸、泥塑。(2～3 岁儿童活动)
掌握简单工具的使用	3～4 岁	能正确使用简单的测量工具、生活工具和自制工具	学习用推、按、拧等不同方法使用电筒。(3～4 岁儿童活动：我让电筒亮起来)
按程序进行操作或制作	4～5 岁	能利用各种材料和设备按规定步骤制作简单物品	学习按步骤正确小制作。(4～5 岁儿童活动：我的降落伞)
设计并开展科技小制作	5～6 岁	行动表明有自己的想法，能用交谈、图像、图样、模型等手段来设计并操作，同时能简单说明理由	学习选择合适的材料自行设计并制作。(5～6 岁儿童活动：巧做石膏小玩具)

(二)技术制作类科学教育活动的过程设计

技术制作类科学教育活动本着面向全体幼儿展开的原则，着重探索过程的指导，尽可能让学前儿童主动创造，努力把此项活动变成幼儿乐于参与的活动。其过程的设计分为：活动前的准备、活动导入、活动展开、活动总结和活动延伸。

1. 活动前的准备

活动前的准备要充分，教师要熟悉活动内容，要能把握该项活动的科技含量及相关科技术语，对知识技能的重、难点有所预测，同时准备充足的制作材料。

2. 活动导入

技术制作类科学教育活动中较常见的导入方法有：通过直接操作材料导入、演示操作过程导入、利用简短指令导入、设置相关问题导入等。教师可灵活选择，充分调动幼儿的好奇心，把幼儿的注意力转移到活动内容上。

3. 活动展开

(1) 鼓励幼儿围绕主题进行假设或设计。作为幼儿学习科学的支持者和引导者，教师应充分考虑到幼儿由于年龄、经验和认识水平的特点，他们常常用独特的、不同于成人的眼光和思维方式去思考，不可能完全按教师的设计思路展开，因此教师应积极鼓励幼儿大胆假设和猜想，尊重幼儿个体的差异性，接纳每一个幼儿的观点，因材施教，逐一点拨。

(2) 鼓励幼儿按自己的想法进行操作。给幼儿足够的时间提出启发性的问题，让幼儿带着疑问，按自己的想法去选择材料进行操作，通过自我操作验证自己的假设。教师不要在幼儿动手操作之前就把答案告诉他们，也不要在幼儿的操作过程中左右他们的思想，暗示结果。正确的做法是放手让幼儿大胆地动手做，从活动中去了解他们的探索情况，鼓励幼儿表达自己的发现，帮助他们按自己的想法进行验证。

(3) 引导幼儿积极开展交流和思考。当幼儿在操作中有了发现之后，无论他们验证的结果与设想是否一致，教师都应尽可能地为幼儿相互间的交流创造条件，让每个幼儿都能表达自己的实践过程。同时，教师还应尽量帮助幼儿总结发现，鼓励幼儿在不断探索、发现的基础上进一步寻求答案以及新的发现。

4. 活动总结和活动延伸

(1) 活动总结。在幼儿表达和交流想法的基础上，教师可以和幼儿一起小结本次活动的知识点，对幼儿学习过程及表现作出评价，也可以对活动感想、活动中出现的问题以及收获等进行总结。

(2) 活动延伸。活动延伸部分可以对活动中制作的作品加以处理，如展示、布置或带回家分享等，也可以将活动过程和方法拓展到其他活动领域。

(三)技术制作类科学教育活动的设计模式

技术制作类活动的教案可以使用图表形式，这样操作起来更加直观便捷。图表形式分为案例信息表和活动计划表两种。案例信息表是教师针对案例进行的标注，包括活动分类、活动主题、实验班级、阶段划分、活动计划和设计人等信息，如表 5-2 所示。活动计划表是教师针对具体活动过程所列出的活动流程信息，包括活动目标、活动准备、活动过程、活动评析等部分，如表 5-3 所示。

表 5-2　案例信息

活动分类：	阶段划分：
活动主题：	活动计划：
实验班级：	设计人：

表 5-3　活动计划

活动目标		
活动准备	活动材料	
	科学术语及词汇	
	可能的重点、难点	
	知识、技能的准备	
	时间安排	
活动过程	引入	
	猜想预测	
	问题探讨	
	分组实作	
	实作记录	
	总结	
活动评析		
备注	以上内容每一个过程都要尽可能配图，操作材料尽量做到幼儿人手一份	

四、对技术制作类科学教育活动的指导及应注意的问题

(一)技术制作类科学教育活动的指导

技术制作类科学教育活动从内容、方式、环境创设等诸多方面都要有利于调动幼儿学习的积极性，都要有利于幼儿主动学习。教师的角色是不断地鼓励幼儿通过实践操作去证明他们的猜想，一边做一边思考。一个富于探索的幼儿群体，一个有趣的实践内容，加上目标明确的老师，技术制作类科学教育活动的开展才能真正成为一种和谐的、积极的科学研究。那么，教师应该如何指导技术制作类活动呢？

(1) 内容上体现科学性。在幼儿科技制作活动中，所选的内容必须具有科学性，不可以掺杂唯心主义或宗教和伪科学。不论是教师的演示、操作、讲解，还是幼儿的动手制作都必须是基于科学之上的，不能有违反科学的做法。

(2) 操作上体现直观性。幼儿科技制作是对客观事物进行具体形象的塑型活动，幼儿对客观事物具体现象的认识是其进行科技制作活动的前提。幼儿只有首先获得关于客观事物现象的全面、清晰的印象，才可能在制作活动中把它们表现出来。同时，因为幼儿思维的具体形象性及客观事物和现象原理的复杂性，教师只有运用各种直观手段，使幼儿接受直接的、生动的教育，幼儿才能更好地理解和接受教师的指导。

(3) 过程上体现渐进性。幼儿科技制作要根据科学技术本身所特有的学科顺序和幼儿智力的发展水平和认识特点，由浅入深、由易到难、由简到繁地逐步进行。要循序渐进地增加新的内容、提出新的要求，并逐渐加大制作活动的难度及其作品所包含的科技知识的深度和广度。这样，才能使幼儿的科技制作水平逐渐由低级向高级发展。

(4) 活动上体现积极性。幼儿的科技制作活动，是由幼儿对科技知识的学习积极性所支配的，这种学习积极性是直接推动幼儿进行科技制作活动的内在动力。具体表现为幼儿对科技制作有主动积极的态度、有热烈浓厚的兴趣、有从事科技制作活动的愿望，能较长时间持续、认真地观察、动脑和操作。因此，教师为了使幼儿在科技制作活动中情绪饱满、态度积极，必须用好积极性原则。

(5) 指导上体现个体性。幼儿园中幼儿是按年龄分班的，教师所遵循的大纲和教材都是针对该年龄班型的大多数幼儿。但实际上，同一班的幼儿由于他们的遗传素质、家庭条件和所受教育环境的不同，造成各自的兴趣爱好、知识经验和操作能力的发展水平都有差别。因此，教师在指导幼儿科技制作中，在活动统一要求下，要考虑每个幼儿的个体差异性，针对每个幼儿的不同特点因材施教，充分发挥每个幼儿的潜力。

(二)开展技术制作类科学教育活动应注意的问题

1. 幼儿的操作过程需要一定的自由度

幼儿在制作过程中，需要在各个维度和方向上都做一些探索的尝试，幼儿需要熟悉他们要用的材料，这是实践操作的初步阶段。进一步的工作就是要按步骤去做并得出结果，但这个结果可能是多种多样的。有些幼儿做事往往急于求成，希望立即就找到答案。如何让幼儿学会从失败中吸取教训，并懂得也许还存在其他的假设，这并不是一件容易的事情。教师必须要有耐心，并努力教会幼儿做事要坚持，要有恒心和毅力去寻找正确的结论。

2. 幼儿活动过程中需要经常与其他幼儿交流

幼儿要获取知识和技能只有动力没有帮助是不够的，在活动过程中需要不断地与其他幼儿交流并在老师的指导下进行。交流的方式通常是小组讨论，这种讨论可以让幼儿对实践中发生的事情和问题加以认识。一个人的想法往往不够全面，通过与其他幼儿的探讨与争论可以相互弥补，这是很有意义且非常重要的。此时教师对幼儿的指导应该是不断地向他们提出问题，鼓励不同的见解，并让幼儿时刻保持清醒；而不应总是向幼儿解释说明，打断幼儿的合理沟通。技术制作类科学教育活动应当为幼儿创造和谐的讨论与支持的氛围，让幼儿构建自己的知识体系，那些纯粹的手工制作是无法达到这一目的的。

3. 幼儿需要一定的时间去实践

幼儿用各种方法去探索技术、掌握方法，需要花费一定的时间去进行实践。教师的重要作用体现在可以多给幼儿一些建议，让幼儿把各种活动分成若干阶段，然后循序渐进地开展。这些活动应该是教学计划的一部分，同时又给幼儿足够的自主性。在围绕某个主题进行教育活动时，一般应安排若干个星期的时间，整个技术制作类科学教育活动的内容与教学建议更要有连贯性和系统整体的安排。

4. 幼儿需要在活动过程中进行记录和小结

与幼儿所记录的其他东西相比，技术制作类科学教育活动的记录是有其独特之处的，它记录了开展的活动并被幼儿所拥有。它是由幼儿自己记录的而不是教师的总结，是幼儿对自己所做工作的理解和肯定，这一点在幼儿科学探究的道路上很重要。它表明幼儿由实践本质或直觉感受过渡到有目的的记录过程。通过记录，幼儿可以学会客观地描述事物，这是有价值的科学延伸。

第四节　交流讨论类科学教育活动的设计与指导

新《纲要》特别强调学前儿童科学活动中表达、交流的重要性。科学领域第三条目标中提出：“能用适当的方式表达、交流探索的过程和结果。”《指南》中也明确指出：支持幼儿与同伴合作探究与分享交流，引导他们在生活中观察并提出问题，讨论和分享自己的问题与发现，在交流中尝试整理、概括自己探究的成果，提出新的问题和想法。

交流讨论类科学教育
活动的设计与指导.mp4

一、交流讨论类科学教育活动的内容

交流讨论类活动不是一种直接的探究活动，它是学前儿童在自我探究与收集资料、整理资料基础上，通过交流讨论等手段获取科学知识的一种科学教育活动。交流讨论活动被广泛应用于各种科学学习活动中，它通过个人发言、与同伴和教师交流及小组讨论的方式促进幼儿对科学知识的理解和掌握。

尽管它不是直接的探究活动，但仍是幼儿获取科学知识的一种非常重要的手段，常与其他方式结合使用，是学前儿童科学教育活动中一种较为普遍的活动类型。交流讨论类活动作为一种非直接探究性学习形式，主要适用于那些不易或不能通过直接的探究进行学习，但是又很必要，或者幼儿喜欢、感兴趣的内容。作为一种集体研讨性的学习活动，交流讨论类活动要求幼儿具备一定的思维能力和语言能力，交流讨论才具备一定的意义。所以该类型活动更多地运用于中大班幼儿的活动中。

二、交流讨论类科学教育活动的分类

按照交流讨论活动所承接的内容的区别，可以将其分为五个类型。根据知识经验准备的途径不同，交流讨论类活动有的来源于幼儿的直接经验，有的来源于幼儿的间接经验。但都可以作为交流讨论的前期基础。

(一)先操作后讨论

此类用于交流的问题来源于前期的操作，即关于通过动手操作获得的直接经验的讨论，如对实验中出现的某一过程或现象的讨论。

(二)先观看后汇报

此类用于交流的问题来源于前期的观察或参观，即通过用眼睛观察获得的直接经验的呈现，如参观某一馆所后的见闻汇报。

(三)先收集后分享

此类用于交流的问题来源于前期的资料收集，即在收集整理后获得的间接知识的分享，如查阅资料后对某一事件或事物现象的知识展示。

(四)先提问后讨论

此类用于交流的问题来源于前期的疑问，即通过思考问题获得的间接知识，如对教师或幼儿所提问题的集中探讨。

(五)先阅读后交流

此类用于交流的问题来源于前期的阅读，即通过阅读获得的间接知识的分享与讨论，如对阅读某一绘本的心得交流。

三、交流讨论类科学教育活动的设计

(一)交流讨论类科学教育活动的目标设计

在交流讨论类活动中，主要是通过幼儿基于前期的准备而围绕某一主题进行的表达交流，通常以幼儿讲话为主要呈现方式，以分享知识、总结经验、明确事理为目的。交流讨论类活动的教学目标有：乐于表达的情感态度和语言交流技能、资料收集与整理技能、科学知识和经验。具体的目标见表 5-4。

表 5-4　交流讨论类科学教育活动目标

教学目标		适用年龄班
乐于表达的情感态度和交流技能	尝试用语言表达自己的想法和发现	小班
	运用语言大胆、完整、有效地交流自己的做法、想法和发现	中班
	主动认真地倾听、理解、分享和评价他人的观点	中班及以上
	会用各种手段(如绘画、图表、儿歌、肢体语言)进行交流	小、中、大班
	乐于表达，愿意用语言表达对主题的认识	小、中、大班
资料收集与整理技能	了解资料收集与整理的途径和方法	中、大班
科学知识和经验	丰富有关讨论主题的科学经验	中班及以上
	学习在资料收集与鉴别信息的基础上构建自己的科学知识	大班

(二)交流讨论类科学教育活动的过程设计

交流讨论类活动不同于操作性的科学探究活动，同时也区别于单纯的语言类活动。它是一种建立在幼儿的直接或间接经验的基础上的科学交流学习活动。因此，应该把幼儿的交流讨论活动和他们获得经验的求知活动结合起来设计。这里，我们从此类教育活动过程的完整性来考虑，沿用前三个类型的活动设计模式，将其分成四部分：活动导入、前期活动、交流讨论、活动结束和延伸。

1. 活动导入

活动导入同前三类活动设计，详见前三节。

2. 前期活动

前期活动是进入讨论环节之间所进行的活动，包括实验操作、观察参观、收集资料、设置问题、科学阅读等。其实，我们在前三节中所讲的三种类型的科学教育活动，里面都涉及交流讨论。当我们要了解幼儿的想法，或当幼儿在观察、实验、制作过程中遇到问题，相互间的交流讨论是再自然不过的。它是教育活动中一个必不或缺的组成部分，也是一种知识的形成与反馈的重要渠道。所以，交流讨论活动往往依托前期活动的支撑，很少作为一个独立的活动而存在。

(1) 实验操作。幼儿在开展交流讨论活动之前动手操作的小实验，交流讨论既存在于幼儿操作实验过程中，也为接下来的交流讨论环节提供了材料。这类活动强调科学教育和语言教育的结合，要求幼儿在亲自动手实验操作过程中，用尽可能多的词语、尽可能准确的语句来表达真实的探究过程，包括描述、假说、推理、证明、总结和归纳。教师引导幼儿交流操作过程，讨论自己的发现，相互分享操作结果。

(2) 观察参观。通常让幼儿观察探究对象，或外出参观考察获取直接经验，在此基础上再进行汇报交流，分享经验。外出参观时，为了便于幼儿的交流，可以采用幼儿绘画、拍照、摄像等形式将调查的第一手资料记录下来，在集体讨论时可利用其再现幼儿的经验。

(3) 收集资料。有些活动，幼儿只能通过收集资料的方式积累间接知识经验。教师可事先提供一些图书图片资料、音像资料、多媒体资料，或提供一些收集资料的途径和方法，建议幼儿在家长指导下通过图书馆或网络图书一起查访有关资料，然后在集体活动中和大家分享。

(4) 设置问题。在科学领域，幼儿科学活动的有效性取决于幼儿的问题意识。通常情况下，引导幼儿产生疑惑、提出问题是组织这类活动的基础。“不一样的纸，吸水的速度一样吗？”“蚂蚁最爱吃什么？”“蚂蚁是如何搬运食物的？”“会飞的都是鸟吗？”这类活动，可先让幼儿对感兴趣的问题进行个别探讨，提出自己的看法及理由，再在此基础上进行深入讨论，使幼儿的不同观点进行碰撞。在讨论中，要引导幼儿听取别人的意见，用事实说明问题，学会从不同角度看问题。活动的目的不在于让幼儿获得一个正确的结论，而在于让幼儿经历不同观点之间相互交换的过程，从而开拓幼儿的思维能力。

(5) 科学阅读。科学阅读是通过阅读科学文本，包括科学普及读物、科学文章、科学童话、科学故事、儿童科学绘本等进行教学活动，以促进幼儿的科学学习。在幼儿园教育活动中，一些内容是很好的科普材料，如插图、说明书和参考书；讲科学故事、创编科学童话；等等。这些活动可以为引入科学学习提供大量的机会。如果教师向幼儿提供合适的材料，科学阅读也能成为幼儿学科学的重要途径，这些活动和科学探究相互补充，使幼儿在进行探究活动的同时，丰富其对科学人文方面的感受和理解，增强民族自信心和自豪感。

3. 交流讨论

在探究活动中，幼儿的交流讨论离不开教师的提问，可以说师幼双方的交流贯穿整个活动的始终。从活动的流程看，第一个步骤是引起注意，或者说是提出问题，即开始关注要探究的问题，引起幼儿探究的动机。第二个步骤是想知道答案，包括：是什么？是什么样的？为什么会这样？怎么来的？还会怎样？既然想知道答案，就先要假设，这是第三个步骤。假设是利用已有的知识经验，以及当前的问题提出假设：是什么样的？为什么会这样？采取什么方法可以知道？为什么会这样？接下来根据假设去寻找答案，或观察，或实验，或收集资料获得对假设的验证。第四个步骤是将所获得的结果，以及获得结果的过程与他人分享和交流。

在与幼儿的交流讨论过程中，教师的活动组织要注意以下几点。

(1) 为幼儿创造交流讨论的机会，充分满足学前儿童旺盛的求知欲。

在活动中，每个幼儿会争先恐后地介绍自己通过各种渠道获得的信息。在科学探究活动后，每个幼儿都有自己的感受、体验和发现，在此基础上产生一种交流讨论的欲望和表现。交流讨论有利于幼儿梳理头脑中的有效信息，帮助其将已有的知识加深、巩固并扩展，帮助幼儿明确所发现的事物特征及关系，以及自己的探究过程。由于幼儿无法直接用文字表达自己的疑问和问题，因此教师要用开放的态度接纳幼儿的提问方式，鼓励幼儿把自己的问题用绘画加符号的方式表达出来。

(2) 为幼儿提供可交流讨论的材料，提升幼儿获取信息特别是获得间接经验的能力。

通常交流讨论类活动都是在事先收集的资料的基础上进行的，这更有利于幼儿信息意识的培养和收集信息能力的提高。教师可以在科学发现室、活动室或自然角、科学角等地设置问题箱，了解和收集幼儿的问题和疑问。这些问题和疑问可以作为科学教育的起点，教师可以鼓励和支持幼儿探究这些问题，这些问题日后很可能生成科学教育活动。在选择问题时，教师要精心选择有代表性的问题，还要考虑到幼儿的普遍接受能力。

(3) 为幼儿营造讲话的环境，锻炼幼儿的语言表达能力。

在对探索过程与结果的表达和交流中，幼儿逐渐懂得学习语言的意义和重要性。在幼儿的疑问和问题点上要寻求幼儿感兴趣和关注的材料。

4. 活动结束和延伸

此部分可以通用前三种科学教育活动的相关设计，详见前三节。

四、对交流讨论类科学教育活动的指导

交流讨论类科学教育活动在指导的过程中，要求教师密切关注幼儿的思维动向，适时调整幼儿思考的角度，引导幼儿科学地思考问题。

(一)问题预设阶段教师要提出有价值的问题

好的问题能引发幼儿思考、引领幼儿去探索真知，也是幼儿能通过探索获得解决问题

的保证。因此，在预设阶段教师要提出有价值的问题。

1. 教师的问题要能引发幼儿的共鸣

教师要掌握幼儿的心理特征，从幼儿发展的角度拟定问题，注重引发幼儿的关注点。教师要以问题为导火索，引导幼儿自主思考提出新的看法、主动探索发现并能自我解决。

常用的提问方式有以下几种。

(1) 提醒：“想一想，它在干什么？”

(2) 假设：“如果……会怎样？”

(3) 反问：“为什么你那么认为呢？”

(4) 鼓励：“说说看，为什么会这样？”

(5) 换位：“想一想，你可以用什么办法帮助它呢？”

(6) 总结评价：“这项活动，你们最喜欢的是什么地方？”

2. 教师的问题要基于一定的氛围情景

教师的提问策略很重要，教师提出的问题是知识的桥梁，一端连着真理，另一端连着幼儿。幼儿要想获得真理，必须要有教师的桥梁支撑。因此，确定恰当的话题和提问的时机是交流讨论活动成功的基石。教师应创设便于开展讨论的问题情景，包括心理情景下的软环境和物质情景下的硬环境。幼儿是以形象思维来思考问题的，因此教师的问题不能脱离情景。和谐的氛围、生动的情景可以激发幼儿展开想象的翅膀。另外，在活动中教师不要急于干预或回答幼儿的疑问，应该保持耐心，给幼儿充足的思考问题的时间，让幼儿通过自己的发现和探索解决问题。

3. 教师的问题要贴近幼儿的最近发展区

提问应能激发幼儿的兴趣，引导幼儿对事物进行比较、想象，寻找事物的因果关系和解决问题的方法；还能通过向幼儿提供解决问题的方法从而帮助幼儿改变其无助的局面；又能避免提供直接的建议进而鼓励幼儿继续探究。提问应具体明确，不能过于频繁，要把握好提问的时机。提问注意层层递进、难度适宜，尤其侧重那些贴近幼儿最近发展区的问题。

(二)为幼儿提供收集资料的方法

幼儿的知识储备来自直接经验和间接经验，而且知识越丰富交流就越热烈，讨论也越深入。因此，资料收集在交流讨论类活动中具有重要的作用，它是幼儿交流讨论和建构知识的前提和基础。教师要为幼儿收集资料提供多种方法和渠道。

1 .挖掘社会资源，为幼儿提供获得直接经验和间接经验的渠道

资料收集主要来自两个方面，一个是幼儿通过自己观察、参观、实验和操作获得的直接认知的信息，称为第一手资料；另一个是幼儿自己或在成人的帮助下通过查阅有关图书或通过网络等渠道获得的信息，称为第二手资料。在幼儿探究活动中，我们倡导通过直接实验、操作、参观、调查来获取事实资料。但对那些幼儿感兴趣的，对生活、学习、发展有意义，却又无法通过直接经验得出结论的问题，如“天为什么是蓝色的”“秋天树叶为什么会变成不同的颜色”等，可以让幼儿通过图书、图片、网络、访问相关人员来获得资料，要避免家长包办代替。

2. 利用幼儿园阅览室或阅读区，协助幼儿阅读和查阅资料

要给幼儿准备生动丰富适合阅读和理解的儿童读物，并给幼儿阅读的时间和自由，可以在阅览室自由查阅。幼儿收集来的资料可以用其熟悉的方式表达，如绘画、泥塑、折纸、照片、录音，可以适当制作一些简单的表格。大班的幼儿可出现简单少量的文字，而且文字一般不独立存在，它与图片、照片和表格相呼应，以引发幼儿对文字的关注和兴趣，使幼儿懂得文字也能表达意义。

3. 妥善保存幼儿收集的资料，帮助幼儿巩固记忆

幼儿资料的保存有不同的方式，可以展示在墙面上，也可保存在幼儿或小组的记录本中。教师要利用环境，把环境变成一个适合科学活动的教育场所，但切忌追求数量和形式。展示在墙面上的常常是一种集体记录，这些信息往往是在幼儿个人记录基础上抽取的具有普遍意义的关键性信息，常常是幼儿在某一阶段的探究活动结束后，在广泛分享、交流和达成初步共识后的阶段性成果的小结。

(三)调动幼儿在交流讨论过程中的积极性

实际上，研究过程和预期结果都写在教材中，幼儿没有机会提出预设、检验预设，也没有机会证明自己的结论，当然也不可能形成对待科学的积极态度。教师应注意让幼儿主动与已有知识建立关联，充分调动幼儿交流讨论的积极性。

1. 教师要运用多样化的活动手段引导幼儿的积极性

多样化的教育活动手段可以调动幼儿的多种感官，避免灌输式与注入式教育，切勿将交流讨论活动变成灌输科学知识的课堂。交流讨论类科学活动传统典型做法是幼儿从阅读资料或讨论图片开始，然后老师做演示、播放音视频或组织问答式讨论，偶尔幼儿也会参与活动，然后老师用教材和结论结束活动。这种方法，是用知识获得和结论验证来代替探究，这里幼儿是在“读科学”而不是“做科学”。

2. 教师要营造一个民主平等、宽松自由的交流氛围

优良的交流氛围使幼儿想说、敢说、喜欢说、有机会说。教师应该以积极的态度对待幼儿，认真倾听幼儿的讲话并及时做出反应。对幼儿的讨论表现出关注和耐心，多鼓励与支持，即使错误的回答也不要急于否定和纠正，要启发幼儿运用已有经验再思考。教师与幼儿在交流过程中不宜使用过于正式的口吻，而要用轻松的语气。对于幼儿来说，既要鼓励他们大胆讲述自己的经验，又要培养幼儿尊重他人，善于倾听的习惯，使交流讨论成为真正的学习。

3. 教师要鼓励幼儿使用多元化手段交流

幼儿表达和交流信息有语言和非语言两种方式。教师应充分调动幼儿运用熟悉的、善于交流的各种方式表达，包括图像记录、手势、动作、表情等。幼儿可利用艺术手段表达他们的科学认识，使交流的形式丰富多彩。如艺术表演、作品或图画展示；讨论形式可多样化：集体讨论、分组讨论、借助图片讨论、创设场景讨论、自选主持人讨论；等等。

(四)要妥善处理结论

在讨论过后，教师要及时归纳知识，进行小结，帮助幼儿明确科学知识，形成整体认知。归纳总结时需要注意以下几个方面。

1. 结论宜简明

得出结论时语言应简单明了，使用的句子不要太长，不要太抽象，尽可能用幼儿能理解的词句，不宜将其上升为原理性的知识概念。

2. 小结要有延伸性

小结应具有延伸性，不一定非要拿出结论，有时候没有结论比得出结论更有意义。

3. 要注重幼儿经验的获得

不要为了让幼儿能尽快获得答案而急于小结，幼儿通过不断的探索交流获得丰富的经验才是最重要的。

4. 小结避免绝对化

小结某些知识时，不要说得过于绝对，要留有空间，以激发幼儿进一步探索的兴趣。

本章小结

本章主要介绍了学前儿童科学教育活动中四种常用的活动类型，即观察类科学教育活动、实验操作类科学教育活动、技术制作类科学教育活动和交流讨论类科学教育活动。分别从四种活动类型的运用范围、分类、活动设计与指导策略及注意问题等方面进行讲述，重点阐述了四种教育活动类型的活动设计和指导策略及其中需要注意的问题。

思考题

1. 幼儿园科学教育活动主要有哪些类型？
2. 观察类科学教育活动的观察方法有哪些？如何设计和指导此类活动？
3. 实验操作类科学教育活动应该如何设计和指导？
4. 技术制作类科学教育活动的分类是什么？如何设计和指导此类活动？
5. 运用所学理论设计一份技术制作类科学教育活动计划。
6. 交流讨论类科学教育活动的指导要点有哪些？
7. 编写一份观察类或实验操作类科学教育活动教案。

知识链接

中班科学活动：紫甘蓝的魔法

活动目标：

(1) 乐于参与紫甘蓝汁与不同材料混合变色的实验，体验动手操作的乐趣。

(2) 感知紫甘蓝汁与不同材料混合后的变色现象，初步了解紫甘蓝可以作为天然的测试剂。

(3) 先尝试用紫甘蓝汁鉴别一些常见材料的酸碱性，并用符号或图画进行记录。

活动重点：

动手参与实验，了解紫甘蓝汁可以作为天然的测试剂。

活动难点：

用紫甘蓝汁鉴别一些常见材料的酸碱性，并用符号或图画进行记录。

活动准备：

(1) 知识经验。

在日常生活中见过、吃过紫甘蓝；已了解小苏打用于食物的发酵。

(2) 教具学具。

实验用到的紫甘蓝汁、白醋、苏打水、橙汁、雪碧、矿泉水、肥皂水、一次性透明纸杯若干、教师使用的 PPT 多媒体课件、提前浸泡过白醋和苏打水的白色纸花一朵、排刷一支；幼儿用到的实验记录表、雪碧等材料的小标签(每人一份)、彩笔(每人一套)、排刷(每人一支)、白布。

活动过程：

(1) 魔术导入，出示紫甘蓝汁，激发对花朵变色的兴趣。

导入语：老师今天给大家带来一个魔术，我要用这杯神奇的紫甘蓝汁，把这朵白色的花变出漂亮的颜色，小朋友们仔细听我的咒语吧。老师会变魔法，不用蜡笔和颜料，就用神奇的紫甘蓝汁，刷一刷涂一涂，花儿花儿变色了，刷一刷涂一涂，叶儿叶儿变色了。

① 魔术表演，依次将浸泡过白醋的白色纸花和浸泡过苏打水的叶子，涂上紫甘蓝汁。

首先请幼儿观看白纸花变色，然后请幼儿确认白纸花涂抹紫甘蓝汁后的颜色，即粉色(白醋)和绿色(苏打水)。

引导观察：白色的花变成了什么颜色呢?

② 了解魔术使用的材料，激发幼儿探究的欲望。

引发思考：老师两次都用了神奇的紫甘蓝汁，却变出了不同的颜色，其实秘密就在白色的花上，请你们闻一闻，猜一猜(出示白醋和苏打水，请 1～2 名幼儿上前闻)，那到底是谁遇到紫甘蓝汁儿会变成红色，谁会变成绿色的呢？一会儿老师请大家自己来试试。(提出要求：幼儿听从口令前往小组实验台自由入座，三人一个实验台)

(2) 分组实验，初步感知紫甘蓝汁遇到白醋变红，遇到苏打水变绿的现象。

① 熟悉材料(紫甘蓝汁、白醋、苏打水)，了解实验要求。

要求：请幼儿将紫甘蓝汁分别加入白醋和苏打水中观察变色情况。

② 幼儿动手操作，教师巡回指导。

幼儿三人一组前往实验台，每人一套实验材料，紫甘蓝汁、白醋和苏打水各一杯；

幼儿尝试将紫甘蓝汁滴到白醋和苏打水中，并观察颜色变化。

③ 师生共同讨论交流：白纸花的花瓣和叶子分别涂抹的液体。

a. 引导观察：你发现了白醋和苏打水遇到紫甘蓝汁分别变出了什么颜色呢？猜一猜，白色的花上涂的是什么？叶子上又涂了什么呢？

b. 小结：原来白醋遇到紫甘蓝汁会变成红色，而苏打水遇到紫甘蓝汁却变成了绿色。

(3) 深入实验，进一步探究紫甘蓝汁遇到不同材料的变色情况

① 熟悉实验材料，鼓励幼儿大胆猜想。

实验台上分别摆放橙汁、雪碧、肥皂水和矿泉水(各 1～2 杯)等四种液体，以及紫甘蓝汁若干杯，各种材料摆放在同一托盘中，并在托盘一侧放有对应的标签，供幼儿记录加入紫甘蓝汁后的变色情况。

教师依次介绍深入实验的四种新材料，即橙汁、雪碧、肥皂水和矿泉水，并请幼儿大胆猜想加入紫甘蓝汁后的颜色变化。

引发思考：紫甘蓝汁倒进橙汁、雪碧、肥皂水、矿泉水里，会变出什么颜色呢？请你跟旁边的小朋友轻声地说一说。

② 教师提出实验要求，引导幼儿动手尝试。

请幼儿前往实验台，选择自己感兴趣的材料，加入紫甘蓝汁，观察变色情况，并用相应颜色的画笔将实验结果画在标签上。

伴随着欢快的音乐，每次完成一种材料的实验之后，幼儿即可将对应结果的标签贴到前方大白板上(白板上贴有红粉色、蓝绿色和紫色卡片，供幼儿将实验结果贴在对应的颜色下，进行颜色匹配)。

幼儿自由实验，记录实验结果，教师巡回指导。

音乐声止，请幼儿回到集体讨论区的座位上。

③ 师生共同查看实验结果，总结规律。

引导幼儿发现不同材料加入紫甘蓝汁后呈现的颜色不同。

针对个别幼儿实验有误的情况，可请其与教师一起再次操作观察变色情况。

【师幼共同小结】

橙汁、雪碧等遇到紫甘蓝汁变成了红粉色；肥皂水变成了蓝色；矿泉水没有发生变化，还是紫色。原来紫甘蓝汁是天然的测试剂，可以让有的东西变红，有的东西变蓝。

活动延伸：

(1) 拓展延伸，利用实验中的材料进行艺术创作。

① 准备一条足够长的白布铺在地上，上面分别放着橙汁、雪碧、白醋、矿泉水等上述实验曾用到的材料(紫甘蓝汁除外)。

② 幼儿用排刷自由蘸取液体涂抹在白布上，完成之后每人一杯紫甘蓝汁，再次进行涂抹。

③ 白色画布在经历了上述材料混合之后，变化出不同的颜色。

④ 活动在轻松愉快的音乐声中结束。

(2) 物料投放。

① 科学区：投放pH试纸和滴管，方便个别幼儿进行深入探究。

② 绘本区：投放有关酸碱pH值的绘本、图书，满足幼儿个性化的需求。

(资料来源：湖北幼儿师范高等专科学校　尹洪洁)

第六章　学前儿童数学教育活动的组织与实施

本章学习目标

- 了解学前儿童数学教育的基本概念和特点。
- 了解学前儿童数学教育的目标和内容。
- 了解并掌握学前儿童数学教育的类型与教育方式。
- 掌握感知数学教育中集合概念、数概念与数量关系、量概念以及简单的加减法概念、几何体概念、时间与空间概念的教育活动。

重点难点

重点： 学前儿童数学教育的内容。

难点： 数学内容的指导方法和活动设计。

案例导入

3 岁的叶子可以清楚地从 1 数到 10，可是老师请她数数数学角架子上有几只玩具鸭时，她用手点数“1、2、3、4、5”，数完后告诉老师有 4 只小鸭子。叶子点数正确却得出了错误的答案，这是为什么？数学都学习什内容？幼儿是怎样学习数学知识的？幼儿怎样才算是真正“掌握”了数学？幼儿期的数学学习对幼儿的发展有什么价值？这些问题将在本章与大家一起思考。

【问题思考】

小朋友在幼儿园里学习数学，是不是把小学低年级的内容都学一遍，上小学后数学成绩就会越来越好呢？

第一节　学前儿童数学教育概述

一、现代科学教育的特征与数学教育

科学教育与科学的发展几乎是同步进行的。随着科学技术的迅速发展，以及社会的进步和教育的变革，科学教育已从传统的学科教育向现代科学教育转变，产生了现代科学教育新概念。

尽管对科学教育的定义有多种，但核心内涵基本一致。我们可以把学前儿童科学教育定义为：教师引发、支持和引导幼儿主动探究、经历从探究到发现，获得有关周围物质世界及其关系的经验的过程。这里蕴含着使幼儿乐学、学会这种有利于幼儿终身发展的长远教育价值。学前儿童科学教育的内涵应包含以下几个重要方面。

1. 学前儿童科学教育是引导幼儿主动学习、主动探索的过程

主动性是幼儿终身学习和发展的动力，社会的发展要求教育要培养人的主动性和创造性。不仅如此，人原本就是一个能动的个体，学习是学习者主动建构的过程。学前儿童科学教育必须成为幼儿主动学习、主动探索的过程。

2. 学前儿童科学教育是支持幼儿亲身经历探究过程、体验科学精神和探究解决问题策略的过程

科学教育最重要的价值是使幼儿学会如何去获取知识、如何学习。学前儿童科学教育应成为教师支持幼儿通过自己的探索获取知识、解决问题的过程。

3. 学前儿童科学教育是使幼儿获得有关周围物质世界及其关系的感性认识和经验的过程

幼儿认识事物的特点决定了学前儿童科学教育不应要求幼儿掌握严格的科学概念，而应引导、支持幼儿通过自身与周围物质世界的相互作用，从而获得真正内化的经验。数学教育作为科学教育的重要组成部分，不仅要符合科学教育的根本性质，也要积极完成科学教育改革赋予的重要任务。

二、学前儿童数学学习的特征

作为学前科学教育的重要内容，幼儿的数学学习不能脱离幼儿的现有发展水平，幼儿的数学学习要尊重幼儿的心理发展的特点和幼儿学习数学知识的特点。幼儿数学学习的特征可以概括为以下几点。

1. 幼儿数学学习依赖于动作

皮亚杰的“抽象的思维起源于动作”这句话非常著名，幼儿数学学习依赖于动作已经成为幼儿数学教育中被广为接受的观点。幼儿在学习数学时，最初是通过动作进行的，特别是小班的幼儿，在完成某些任务时，经常伴随着外显的动作。例如在“对应排列相关联的物体”活动中，幼儿在放卡片时，总要先和上面一排相对应的卡片碰一下，然后才把它放在下面，这实际上就是一个对应的动作。幼儿在最初学习数数时，也要借助于手的点数才能正确地计数，直到他们的计数能力相对熟练了，才能改变为心中无数。幼儿的这些外部动作实际上是在协调事物之间关系的表现，这对于他们理解数学关系不可或缺。例如，在学习加减的概念时，最能帮助幼儿理解加减的数量关系的方法，是让幼儿进行合并或者拿取的动作，使他们在实际的动作中理解两个部分合并为一个整体，或者从整体中拿走一部分还剩下另外一部分。对于还不能摆脱实物进行抽象数学运算的幼儿来说，让他们摆弄数学棒这样的实物进行游戏，既符合他们心理的需要，也有助于他们的学习。

2. 幼儿数学学习需要借助于表象思维

幼儿对于数学知识的理解始于外部动作，要把他们变为头脑中抽象的数学概念，即在头脑中建构事物之间的逻辑关系，还有赖于内化的过程。但是表象的作用在于帮助幼儿完成这一内化的过程。例如，学习的焦点是通过多种方式展示一个数字，这可能就是一个探究项目。可以鼓励幼儿设计自己的数字游戏，可以加入空白卡片、铅笔、转盘、骰子、数字图表、数字轴线和其他不同材料来支持这一数学研究。为了进一步深化学习，也可以让他们在数学区域学习之后，在班集会分享他们的数字游戏或者发明的数学活动。

3. 幼儿数学学习需要与日常生活情境相联系

对幼儿来说，数学就存在于现实生活中。从真实的生活和游戏中感受事物的数量关系并体验数学的有趣，是一种自然、愉快的学习经历。因此，把幼儿的数学学习置身于有意义的、真实的日常生活情境中，可以激发幼儿主动建构的动机，引导意义建构的方向，促进幼儿以已有的知识经验去学习新的知识经验。同时，真实的情景也为幼儿提供了将数学知识与其他知识加以整合，实现“生活化的数学”以及“应用性数学”的条件。例如当进入“钱币”学习环节时，如果客观条件允许，不妨在学习了关于加减法的简单运算后，给幼儿们一个在超市或者市场里购物的探索活动。每个小朋友带着父母给的十元纸币，计划自己的购物内容并计算花费以及剩余的金额，购物结束后带着收据，回到幼儿园作购物统计等一系列的活动。这样下来，幼儿不仅懂得了学习数学的意义，也在体验购物的过程中加深了学习经验并转化为下一次学习的动力。

4. 幼儿的数学学习在应用场面容易提高

幼儿数学能力的提高是一个持续不断的过程，他们用自己已有的认知结构同化外部世界，同时也建构新的认知体系。幼儿园的小朋友，甚至是即将升入小学的幼儿，仍然在试图搞清楚大小的关系。教师组织的“测量我的脚有多大”这项活动促使幼儿使用各种材料来测量他们脚的长度。幼儿们首先将一只脚的轮廓画在厚纸上，然后将脚的轮廓剪下来。他们可以使用自己选择的任何非标准材料来测量他们脚的大小，如曲别针、铅笔、积木等。儿童们使用的非标准材料越多，他们对尺寸关系的理解就越深入。他们开始意识到：与使用纽扣作为测量工具相比，测量相同脚的大小所使用的吸管数量更少。通过这样的互动，他们对长度和物体之间的关系有了更深入的了解。

三、学前儿童数学教育活动的目标与内容

《指南》中数学认知目标表述为“初步感知生活中数学的有用和有趣；感知和理解数、量及数量关系；感知形状与空间关系”。三个“感知”的出现意在强调要尊重幼儿的具体形象的思维特点。幼儿的具体形象思维决定了幼儿数学教育的方式是“直接感知、亲身体验、实际操作”；幼儿学习的方式是“做中学、生活中学、游戏中学”。要坚决反对脱离幼儿身心发展特点的盲目拔高和“小学化”的数学教育方式。《指南》中再次强调了生活中的数学和数学在生活和游戏中的运用，以及幼儿对数学活动的兴趣的培养。反对脱离幼儿生活的抽象的学习与训练，强调培养有益幼儿终生的学习品质。

(一)学前儿童数学教育活动的目标

数学教育活动的目标，既可视为“系列活动”目标，即一组连续、逐步达到的目标；也可视为“独立活动”目标，即在一次教育活动中要达到的目标。数学教育活动目标在内

容上一般包括情感与态度、认知能力和操作技能三个方面，但是并不是每一个教育活动都需要从上述三个方面确定。因此，数学教育活动目标大多是从幼儿获取哪些数学经验这一角度提出的，同时结合数学活动内容对幼儿的兴趣、情感、态度、社会性和操作能力的发展提出相关的目标，这种目标是具体的、可操作的、可评价的，并尽量用行为化的语言加以描述。教师在活动中或者活动后能根据目标的要求观察幼儿掌握目标的情况，判断幼儿的发展状况，提出更具有针对性、更贴近幼儿实际的数学教育活动目标。

(二)学前儿童数学教育活动的内容

学前儿童数学教育的内容面很广，宏观上可以分为数量关系、空间关系和时间关系三个方面，具体一些可以分为：分类、排序与对应等集合概念；数与量的概念和应用；几何图形以及空间和时间等。

数学知识以抽象性和逻辑性为特点，幼儿园数学教育内容构成了一个相互联系的知识体系。以“数”概念的学习为例，幼儿最初获得的是一些数前经验，如对应、排序、分类等经验，这是他们理解数的实际意义的逻辑准备。在幼儿能理解数的实际意义时，他们就能通过计数活动逐步获得数目守恒的观念，同时开始理解数与数之间的关系，如数序、相邻数之间的关系等。接着，他们有了“数群”的概念，开始把数理解为一个可分可合的集合，在此基础上，他们学会了数的分和合(或称数的组成)，而这些知识又构成了理解加减运算的重要基础。由此说明，幼儿数概念建立的每一步都以前一步为基础，数学知识之间存在着严密的逻辑关系。由于幼儿对数的理解是一个循序渐进的、不断变化的和主动建构的过程，它依赖于感性经验，并在社会性交往过程中得到发展，因此幼儿对数的理解显然需要一个较长时间的自由探索和主动学习的过程，他们通过实物或动作的中介来建构对抽象的数与数之间关系的理解。

在引导幼儿学习具体数学内容时，应重点使幼儿初步关注和感知这些内容中蕴含和揭示的数量关系，即“1”和“许多”的关系；对应关系；大小、多少关系；等量关系；守恒关系；等差关系和相对关系；可逆关系；互补关系；传递关系；包含关系；等等。因为这些数量关系反映了数学知识间的内在联系及其规律。同时，在选取幼儿数学学习的内容时需关注四种经验的获得，即关于体验“连续量”和“非连续量”材料的经验；关于空间、形状和尺寸的经验；关于容量、匹配、测量的经验；关于语言和符号的经验。近年来的许多研究表明，幼儿在早期数学能力发展方面存在相当的潜力，我们不能低估幼儿早期的这种认知发展潜力，它对幼儿园数学教育提出了挑战，要求我们思考如何为幼儿的发展创造更有利的条件。

数与形是幼儿数学教育领域中的两个基本概念，所以，在内容的安排上要体现以数形概念为主的原则，各年龄段要注意以“数”概念为中心，数、形、时、空等有机结合，以及数概念形成的先后顺序，使各年龄段的教学内容重点突出，难点分散。

第二节 学前儿童数学教育活动的类型与方法

一、集体数学教育活动

幼儿园科学教育活动一般是面向全体幼儿的统一的集体活动，这也是中国学前儿童教学活动最普遍的组织形式。尽管集体教学有自身的局限性，但是集体教学比较符合我国国情，也是有历史有经验的幼儿园教育组织形式，在今后的一段时间内在一些教育欠发达地区还会普遍存在。即使在教育先进地区，集体活动有时也是教师对幼儿发布信息、听取幼儿的建议和幼儿发表自己意见的重要场景。因此，对于教师而言，学习和掌握幼儿园集体数学教育活动理论和实践非常重要也比较必要(见图 6-1)。

图 6-1 数学教育的集体活动场面

在集体数学活动的实施中，教师应该具备组织活动的能力，其组织策略总结如下。

(1) 组织活动之前要做充分的准备，这里的准备包括知识准备和材料准备。知识准备是指教师为开展活动需要对相关知识进行搜集及整理，幼儿也需要有一定的经验作为铺垫。活动前要为幼儿选择适宜的活动场所，创设活动环境，准备适宜的活动材料，考虑以哪种方式出现最佳。

(2) 对幼儿已有经验的把握。教师在开展活动前需要对幼儿的知识和能力水平进行分析，特别是与该活动相关的经验水平，教师应该有比较明确的了解，才能使幼儿在已有经验的基础上通过活动得到提高和发展。

(3) 面向全体并重视个体差异。这一条看上去简单实际做起来比较困难。幼儿园集体数学活动是面向全体幼儿的教育活动，教师在组织活动时要尽量地兼顾集体和个别幼儿的需要。例如在活动中必须让每一个幼儿有参加活动的机会，主班教师在负责集体活动的进行时，副班教师要帮助个别幼儿解决问题，使其能够跟上整个班级的活动进度。

(4) 制定集体的活动规则。当然规则的建立不仅仅是教师的工作，全体幼儿在教师的引导下逐条地对规则进行思考和确认，同时教师倾听幼儿对规则的理解，这也从侧面保证了规则的顺利实施。

(5) 创造机会使幼儿直接参加活动。避免教师“教”数学的现象，突出“活动”的特点，创造条件让幼儿参加探索活动，尽量规避集体活动的呆板局面。

二、区域数学教育活动

虽然幼儿园数学教育实践中最基本的教学组织形式是集体教学，毋庸置疑的是，区域活动是今后幼儿园数学教育的重要的组织形式，由于其特有的价值，已经成为幼儿园数学教育中不可或缺的一部分。区域活动为幼儿自发学习提供了主动探索的条件，幼儿在建构活动区和数学活动区内自由探索，按照自己的兴趣和问题意识自由选择、主动学习。

(一)建构活动区

当观察一组幼儿在建构区搭建城堡、塔楼或者飞船时，教师会发现他们以不同的方式发展各方面的技能，包括身体、心理和社交等方面。而且，幼儿在积木搭建过程中还同时发展了许多概念以及学科理解相关的能力。当幼儿根据大小、重量和形状将积木进行分类或者根据适用程度选择合适的积木时，他们在练习数学和科学思维能力，他们对不同的几何图案越来越熟悉；当共同搭建一个结构时，他们还在合作与谈判过程中练习与人沟通的能力。

在材料选择上，除了持续投放的搭建积木，还会用到以下其他材料。

(1) 尺子或者卷尺，鼓励幼儿在搭建过程中对结构进行测量。

(2) 在搭建区墙上贴出各种有趣的结构图片。

(3) 图书，最好是带有不同建筑结构图的画或者照片。

(4) 照相机，为搭建好的结构拍照记录。

现代建构使用的积木是由进步主义教育家卡罗琳·普拉特(Caroline Pratt)于 20 世纪初，以福禄贝尔的几何搭建积木为原型设计出来的。与福禄贝尔的桌上积木不同的是，卡罗琳的建构积木可以在地上使用，鼓励幼儿进行无固定框架的、富有创造性的建构活动。实践也证明了，可在地上使用的移动积木具有更大的优势，避免了积木块过于密集组装时难以移动的缺点，鼓励更加流畅和开放的使用流程，而且这种流程可持续进行并容易重新开始新的搭建项目，受到幼儿们的喜爱。积木搭建区往往是一个忙碌而活跃的空间，由于幼儿还在发展其空间意识，因此搭建好的结构很容易一不小心被碰倒，所以，教师在设计建构区时要考虑到幼儿在这方面的差异性，在儿童发展其空间意识的过程中为他们提供必要的帮助。建构区的空间要足够大，空间的大小影响搭建结构的质量，也影响参加幼儿的数量和幼儿合作的质量。理论上说，积木搭建区空间需要大到儿童能够围绕搭建好的结构走动，同时能轻易够到放积木的层架而不会将搭建结构碰倒；如果搭建物被碰倒，幼儿的感情会受挫，幼儿之间可能会发生冲突。如果教室里没有足够大的空间，也可以让幼儿到班级集会的空间进行搭建，但是这样的话，就没有办法持续几天搭建同一个结构，搭建的可能性会受到限制。同时，搭建区应该放到相对比较显眼的地方，引发幼儿们观察和评论，令起初对建构活动没有太大兴趣的幼儿也愿意尝试。

(二)数学活动区

儿童在富有激励性的数学课程中能够学到的是思维的语言、验证的语言和确认的语言。在数学区，可以从以下几个方面对幼儿的自由探究提供支持。

(1) 学习谈论自己的想法。例如，我可以用手指做加法。

(2) 学习验证自己的答案。例如，这是一个三角形，因为它有三条边。

(3) 练习口头沟通一些数学概念，这比记住一些公式更重要。

《指南》里明确规定了学前儿童数学教育的目标和课程标准。探究性的数学区域活动作为学习的一部分，也需要融合到课程标准里去。当幼儿对数学课程有了丰富的经验之后，数学区是进行这些创新和探索的合适场所。数学课程的内容和实践可以在数学区域得到补充和延伸。而且，一个充满活力的、活跃的数学区所起的作用远不止支持集体的数学课程，与数学相关的游戏使幼儿能够自主决定他们如何使用学习和探究资料，数学的探究机会都隐含在数学区内。例如，幼儿测量不同成分制作的面团或者寻找几个较小的积木块以使它们的长度等于较大的积木块；玩沙子可以支持幼儿对数字守恒的理解。数学区尤其有助于幼儿关注那些支持数学概念学习和发展的材料。

数学区可以设置在教室的任何地方，所需要的是一个带桌子的空间，这样就能方便几名幼儿一起工作。还需要一个存放数学教具和玩具的地方(见图 6-2)。

图 6-2　蒙台梭利数学区的活动场面

新学期启动数学区时，教师需要从简单之处着手，可以在早晨集会时介绍不同的学习材料，但是切忌一次性投入过多的材料和玩教具，每次介绍一种即可。当教师简要地示范一种特定玩教具的不同使用方法之后，要让每个幼儿进行尝试，在亲自经历和尝试之后，教师需要与幼儿讨论他们的观察结果并在图表和笔记上记录下来。教师对待幼儿探索之后的所有想法都要秉持开放的态度。教师通过观察和聆听幼儿早期探究情况，可以收集到幼儿的很多信息，例如幼儿已有的知识、技能和兴趣，幼儿的数学理解能力如何，他们如何互动以及他们如何分享信息等。教师根据收集来的信息，考虑下一阶段的探索内容和材料投入。

应该注意的是，幼儿学年之中在数学区获得很多机会自由探索数学材料，并找到独特的方式去使用这些材料，但是，随着时间的推移，数学区的材料以及游戏应该有助于他们理解在数学课上正在学习的内容。因此，到了学年后半段，随着丰富数学区的可能性无穷无尽，教师需要考虑的是幼儿和他们的兴趣点以及年龄段需要掌握的知识和技能这几个因素，以确定哪些内容对数学活动区域更有意义。

第三节　感知集合与数、量概念及数量关系的教育

一、幼儿感知集合的概念

几何形体的认知与教育.mp4

感知物体集合是幼儿学习数数的开始，即儿童数概念的形成是从感知物体集合开始的。“初步形成集合概念”是指幼儿能在经验的层面上对事物进行的一种概括和归纳。引导幼儿学习集合的要求主要可归纳为：体验事物的共同属性，学会求同和分类的技能，初步形成集合的概念并能对两个集合元素进行比较；体验集与子集的关系。

(一)幼儿关于分类的发展阶段

分类能力是幼儿学习数学的基础，日常生活中幼儿不可避免地会接触具有不同大小、不同颜色，或不同形状的各种物体。从错综复杂的事物中，根据某一共同特性进行分析、比较，才能找到物体之间的异同点，然后才能对物体进行分类，才有可能对它们分别进行计数活动，从而认识数的实际意义。因此，它是一种智力活动，是培养幼儿逻辑思维的一个重要组成部分。学习目标包括以下内容。

(1) 分类即按物体的颜色、大小、形状、用途、数量等不同的特征进行区分。可先按一个特征进行区分，再逐步按两个或两个以上的特征进行区分。

(2) 要学习点数物体的数目，知道数的含义，有必要先学会对物体进行分类。

1. 幼儿分类的发展阶段

1) 3～4 岁

(1) 让数以前会从一堆物体中，把名称相同的物体拿出来(限于拿出一类物体)。

(2) 按物体的一种外部特征(如颜色、大小、长短、形状)分类，每次分成一类或两类，每一类不超过 4 个物体。

2) 4～5 岁

(1) 按物体的一个外部特征(颜色、大小、长短、高矮、粗细、形状)分类，每次分成两类或三类。

(2) 按物体的数量分类，每次分成两类或三类。

3) 5～6 岁

(1) 按物体的一个外部特征(颜色、厚薄、宽窄、形状)分类，每次分成两类到四类。

(2) 按物体的两个特征(大小和颜色、大小和形状、颜色和形状等)分类。

(3) 按物体的数量分类，每一类不超过 10 个。

(4) 按物体的用途分类，每一次不超过三类，每一类不超过 3 个物体。

2. 教育指导与建议

物体分类的教学，一般应按照由易到难、由简到繁的原则，围绕分类活动的关键经验进行，同时，要尽力结合已学的有关数、量、形等方面的知识。

(1) 引导幼儿按物体的名称、外部特征、用途、数量等进行分类。

教小班幼儿进行分类时，首先要教他们学会从一堆物体中，找出相同名称的物体。开始教学时，可以给幼儿一些同样颜色、同样大小的物体，让幼儿找出相同名称的物体，以后，逐步教幼儿能排除物体的颜色、大小等干扰，而把相同名称的物体找出来并放在一起。

(2) 利用各种活动进行分类练习。

分类教育可渗透于日常生活中。吃饭之前分餐具：请孩子分发杯、盘、碗、筷，饭后再让他根据杯、盘、碗、筷的不同用途分别将它们归在一起。分家庭成员：请孩子按男女、老幼、戴眼镜与不戴眼镜、站着与坐着等不同特征区分家庭成员，然后再数出各类的数目。分桌上的东西：请孩子将桌上的东西按吃的、用的、玩的等不同用途进行分类，并数一数每一类的数量。

(二)幼儿的排序

排序是指依据物体的差异如颜色、大小、长短、粗细、高矮、先后、多少等特征，按一定的规则或次序进行排列。排序是建立在对物体比较的基础上，它需要有一定的判断推理能力。对幼儿来说，排序比对物体进行分类要困难一些。引导幼儿发现排列规律，遵循由简单到复杂、由明显到隐藏、由少数到多数的原则。排序对幼儿学习数学知识和发展智力有积极的意义和作用。

1. 幼儿排序的发展阶段

1) 3～4 岁

(1) 使幼儿能对大小差别较明显的 3～4 个物体，按从小到大或从大到小的顺序排列。

(2) 使幼儿能对长短差别较明显的 3～4 个物体，按从长到短或从短到长的顺序排列。

2) 4～5 岁

(1) 使幼儿能对数量在 6 以内的物体按大小、长短、粗细等顺序进行排列。会从小排到大或从大排到小，从长排到短或从短排到长，从粗排到细或从细排到粗。

(2) 使幼儿能对 6 个以内的物体按数量逐一增加或逐一减少的顺序排列。

(3) 使幼儿能按数字所表示的多少进行排序，如从 1 排到 6 或从 6 排到 1。

3) 5～6 岁

(1) 使幼儿能对 10 个同类物体按不同差异排序。如能按从矮到高或从高到矮、从宽到窄或从窄到宽的顺序排列。

(2) 使幼儿能对 10 个以内的物体按数量递增或递减的顺序排列。

(3) 使幼儿能对 10 以内的数字按从小到大或从大到小的顺序排列。

(4) 初步教幼儿发现物体排列顺序的某些简单规律。

2. 教育指导与建议

(1) 3～4 岁幼儿按大小差别较明显的物体排序，可以和比较物体大小的教学结合起来；开始可引导幼儿从 3 个物体中找出最大的和最小的，然后再进行排序。教幼儿给长短差别较明显的物体排序，可以和比较物体长短的教学结合起来；教学时，要注意让幼儿学会把物体的一端对齐，以便区别物体的长短。

(2) 4～5 岁幼儿按物体的高矮、粗细、薄厚排序。例如，给幼儿 5 根不同高矮的小棒，让他们观察、比较后，从矮到高或从高到矮排列。同时让幼儿数一数，或者教师任意拿出一根，摆在桌上，指导幼儿以这根为中心，把其他 5 根按从矮到高或从高到矮的顺序排好。教幼儿按物体的粗细、薄厚排序也可以采用上面的方法。

(3) 5～6 岁幼儿按物体的宽窄排序。教大班幼儿按物体的宽窄排序时，可以和比较物体宽窄的教学结合着进行。教这个年龄段幼儿按物体的数量多少(不超过 10 个)排序，可以按数量逐一增加或逐一减少的规律排序，并按数字从小到大或从大到小的顺序排列。指导幼儿按物体的特定规律排序时，可以先建议几个幼儿按照一个男生再一个女生的顺序排列，然后让其他幼儿继续按这一规律往下排。或者让幼儿先摆一个圆形，再摆一个正方形，再摆一个三角形，这样，接着往下排。然后让幼儿说一说刚才是按照什么样的顺序排列的，引导幼儿自己发现物体的排列规律，然后再按这一规律排列。

(三)区别“1”和“许多”

“1”是自然数的基本单位，“许多”是含有两个以上元素的集合。区别“1”和“许多”，了解它们的关系，目的是幼儿学习数概念之前，使幼儿初步认识一组物体(集合)是由单个物体(元素)组成，初步形成集合的概念，为后面学习点数，了解计数的结果做准备。

1. 学习目标

(1) 教会幼儿运用各种感官感知“1”和“许多”。如利用视觉区别一个物体和许多个物体；利用听觉区分一次声响和许多次声响；利用触觉感知一个物体和许多个物体；等等。

(2) 使幼儿了解“1”(元素)和“许多”(集合)之间的关系。即任何“许多”都是由“1”组成的。

(3) 让幼儿学会在日常生活中运用“1”和“许多”以及常用的数量词。

(4) 培养幼儿的观察力、注意力和初步的归类能力。

2. 教育指导与建议

(1) 用观察比较的方法教幼儿认识“1”和“许多”。

教师利用实物或教具，引导幼儿边观察(或摆弄)边比较：什么物体是一个；什么物体有许多。初步理解“1”和“许多”都是代表事物的数量。

(2) 组织幼儿进行分合操作活动，从中感知“1”和“许多”的关系。

教师指导幼儿把许多物体(集合)分成一个一个物体(元素)，再把一个一个的物体(元素)组成许多(集合)，让幼儿在分合的实践中感知集合与元素的关系。分、合操作活动按由易到难进行。先是将同颜色(或同形状)的物体进行操作；然后过渡到不同颜色(或不同形状、不同大小)的物体进行操作。使幼儿认识到物体可以按形状、大小、颜色等分类，逐步扩大对集合范围的感知，培养分类能力。

(3) 教幼儿运用各种感官感知“1”和“许多”。

(4) 引导幼儿在周围环境中寻找“一个物体”和“许多个物体”。有目的、有意识地引导幼儿使用寻找法，可以帮助幼儿把注意力放到对周围环境中的各种物体进行数量分析上来。

(四)比较两组物体的多少

在幼儿初步了解集合和元素之间的关系，且懂得“1”和“许多”的意义之后，应进一步教他们比较两个集合中元素的多少。

1. 学习目标

(1) 学会用重叠对应和并放对应比较的方法正确判断两组物体哪组多、哪组少或一样多。

(2) 教幼儿掌握“一样多”和“不一样多”、“多些”和“少些”、“多一个”和“少一个”等词的含义。

(3) 发展幼儿初步的分析比较的能力。

2. 教育指导与建议

幼儿学习比较两组物体多少时，应注意从易到难、从简单的操作过渡到稍复杂的操作。

(1) 幼儿进行重叠对应比较。

重叠比较，就是将一个集合中的元素逐一重叠在另一个相应元素上。从有情节过渡到无情节的形式，从“一样多”过渡到“多些”“少些”。

(2) 幼儿进行并放对应比较。

并放比较，就是将一个集合中的元素，按上下或左右方向对应并放在另一个集合的附近。同样从有情节过渡到无情节的形式，但是并放时必须注意放的距离。

(3) 幼儿选用自己喜欢的方法比较。

幼儿自己组合两组物体，可以是重叠或并放，可以和不同特征的分类结合进行。在教学中，只要求比较感知两组多数物体的数量，不要求感知具体多几个少几个(可多 1 个少 1 个)。

以上几种方法都可以采取游戏的形式进行，要重视儿童的动手操作并注意引导幼儿在日常生活中进行练习。

二、幼儿感知数的概念和数量关系

引导学前儿童感知事物的数量及其关系，建构初步的数概念，是学前儿童数学教育的主要内容。同时，儿童数的概念其形成和发展也是学前儿童思维发展的一个重要组成部分。但是学前儿童数的概念的建构不是短时期能够实现的，它是一个长期也是一个连续的发展过程。整个过程可以分为若干阶段，各阶段之间既有区别又有联系，主要包括：基数能力的发展、对数序的认识、对数的守恒和数的组成的掌握等几个方面。

(一)幼儿数概念的发展特点

1. 幼儿计数能力的发展阶段

想知道一个集合中元素的个数就要进行计数。计数过程就是把要数的那个集合的元素与自然数列建立起一一对应的关系。在计数过程中，无论按什么顺序去数，只要没有遗漏、没有重复，所得的结果总是一致的，计数的结果与计数的顺序无关。幼儿计数能力的发展顺序：口头数数、按物点数、说出总数、按数取物。

(1) 口头数数。

3～4 岁的幼儿一般能从 1 数到 10，但这难免带有顺口溜的性质，并没有形成每一个数词与实物间的对应的联系，也很难理解数的实际意义。这个阶段幼儿的口头数数表现出如下特点。

① 幼儿一般只会从 1 开始，顺序地往下数，如果遇到干扰就不会数了。

② 幼儿一般不会从中间的任意一个数开始数，更不会倒着数。

③ 在口头数数中，常会出现脱漏数字或者循环重复数字的现象。

5 岁以后，有部分幼儿能从中间任意一个数接着往下数，这说明他们在数词之间逐渐地建立了较牢固的联系。但是一般还不会正确进位，每逢从 9 数到 10 时，常会发生错误，往往又会从头数起。因此，口头数数只是一种机械的记忆。幼儿的这种数数实际是一种“唱数”。

(2) 按物点数。

要求儿童在口头数数的基础上，将数字与客观事物的数量联系起来，建立数与物之间的一对一的联系，做到口手一致地点数。

幼儿在按物点数时，常常会出现种种手口不一的现象，表现如下。

① 口能从 1 到 10 顺数，但手却不能按实物一个个地数，而是乱点。

② 虽然能够按实物的顺序一个个地点，但是口却乱数。

③ 口与手虽然能够有节奏地配合，但不是一对一地配合，即不是数一个数点一个实物，而是数两个数点一个实物，或相反地数一个数点两个实物。

(3) 说出总数。

说出总数即幼儿按物点数后，能够说出所数物体的总数，这也是幼儿计数能力发展的关键。这表明幼儿能够运用数目和理解数目的实际意义。

(4) 按数取物。

按数取物即按照一定的数目拿出同样多的物体，这是对数概念的实际运用。按数取物首先要求幼儿能记住所要求取物的数目，然后按照数目取出相应的物体。

2. 幼儿对数序的认识

数序，即自然数的顺序。每个数在自然数列中的顺序，都是按照后面的一个自然数比前面的一个多“1”的顺序排列起来的。也就是说，数序指的是每个自然数在自然数列总的位置，以及与相邻两数之间的大小关系。

(1) 幼儿计数能力的发展，为其学习数序、形成数列概念做了最初的准备。

幼儿最初模仿成人进行口头数数，虽然这大多是一种顺口溜式的唱歌，但它是按自然数的顺序来背诵的，因而这种口头数数活动可以帮助幼儿感知自然数列中数的顺序。幼儿学习按数点物，这也是按照数序来点数物体的。由此可以看出，幼儿的计数活动，为幼儿数序的学习积累了最初的感性经验。

(2) 认识数序，即要能按序的观念排列 10 以内的自然数列。

幼儿要能比较 10 以内数的多少，理解 10 以内数与数之间的等差关系，即幼儿能把握每一个数同其前后两个数的关系。

幼儿比较数的多少的能力比计数能力发展得要晚一些。3～4 岁的幼儿只能看着实物，在对应的基础上，依靠数数来比较数量的多少。他们还没有建立起抽象的数的顺序和数的多少的明确关系。例如，成人问 3 多还是 4 多，他们往往不能回答，而如果让他们看两组一一对应排列好的娃娃，他们就会说出 4 个娃娃多，3 个娃娃少。5 岁半以后，幼儿一般都能较顺利地比较 10 以内数的多少。

幼儿往往能点数实物并说出总数，但不一定能正确排列 10 以内数的先后。因为正确排列 10 以内数的先后，不仅要认识数，而且对“序”也要有所认识。例如，要求幼儿排列分别画有 1～10 个圆点的 10 张卡片，结果 3～4 岁的幼儿一般都不会排列，到了 5 岁，能排列的卡片数目平均也不超过 5 张。这是因为按序排列圆点卡片是一个比较复杂的过程，幼儿要能正确排列卡片，他们不仅要知道每张卡片上的圆点数量，同时还要能比较数的多少，知道每个数在序列中的位置。调查表明，4 岁以下幼儿大都没有排序能力，4～5 岁的幼儿，排序能力明显提高，但是也有少一半的幼儿不能完成。到 6 岁以后，一般都能按照数的顺序比较顺利地排出 20 以内的顺序关系，说明此时大多数儿童掌握了 20 以内数的顺序关系。

(3) 幼儿对数的序列的认识，还包括对序数的认识。

幼儿理解和掌握数的序数含义，一般比较晚。因为这要求幼儿能一一对应地点数物体，有给物体或者数目排序的经验，还要掌握数的顺序。研究表明，幼儿最初分不清基数和序数。二者常发生混淆。例如，当问到“这是第几个”时，2～3 岁的幼儿常不能回答，或者用基数回答“3 个”“5 个”。要求他们按指定的序数取物更困难些，大多数幼儿去拿第 1 个或最后一个，有的随便拿 1 个或者 2 个。4～5 岁的幼儿，序数观念有了较快的发展，多数能指出 5 个以内物体的排列顺序，但还有少数幼儿对基数与序数发生混淆。

3. 幼儿对数的守恒的掌握

数的守恒指幼儿对数的认识能不受物体的大小、形状、排列形式的影响，正确认识 10 以内的数。数的守恒标志着儿童概念发展水平，也是儿童思维结果的一种表现。3 岁半以前很少有人达到数的守恒，4 岁以后达到数的守恒的人数逐渐相应增加，6 岁以后大多数幼儿能基本掌握。

幼儿不能达到守恒，一般是因为儿童分辨物体的多少是根据空间排列长短、分散或聚拢后所占体积或面积来判断的，而不是根据物体本身的多少来判断。年龄越小，受空间排列形式的影响越大，随着年龄的增长，受空间排列的变化的影响逐渐减弱。

空间排列形式变化的影响大小、客观刺激物的不同、数目大小的不同以及两组数比较中的两数差别的大小不同等，都会影响儿童的守恒能否达到。

儿童达到守恒的途径各有不同。有的儿童借助知觉的帮助，靠观察物体排列的疏密来达到。这在 4～7 岁各年龄都有。另一些儿童则是通过计数来判断数量。这在 5 岁儿童中占大多数。还有的儿童能根据“没有拿走”“没有添上”这种事物恒等关系的推理，来判断物体数目没有改变，这在 6 岁以后的儿童中较多。

4. 幼儿对数的组成的认识

数的组成包括数的分解与组合，故又可称作数的分合，它是指一个数(总数)可以分成几个部分数，几个部分数又可以合成一个数(总数)。幼儿学习数的组成只是学习将一个数分成两个部分数，理解总数与部分数之间的分合关系。

幼儿学习数的组成有如下意义。

(1) 数的组成的学习，有助于幼儿对数的组成蕴含的数量关系的感知和理解。

数的组成实质上是数群与子群之间存在着等量关系、互补关系、互换关系的反映。总数可以分成相等或不相等的两个部分数，两个部分数合起来等于总数，这是总数和部分数之间的等量关系。

(2) 数的组成的认识是理解加减运算的基础。

数的组成中数群之间的等量、互补和互换关系本身就包含了简单的加减运算。幼儿掌握数的组成，可以为学习加减法积累感性经验。他们在抽象概念水平上掌握数的组成之间的数群关系，也直接成为掌握加减运算中数群关系的基础。

(3) 数的组成的学习促进了幼儿思维能力的发展。

研究表明，儿童掌握数的组成，在心理上是对总数和部分数之间三种关系的综合反映。所谓综合反映是指儿童必须同时掌握并运用群与子群、子群与子群之间的关系，才能完全掌握数的组成。幼儿在感知、理解并能运用这三种关系时，其思维能力也就得到了相应的发展。

(二)幼儿数概念发展的阶段及特点

儿童数概念的发展，不仅有一定的连续性，而且表现出一定的阶段性。儿童数概念的发展阶段和儿童的年龄大体相对应，但不完全一致。一般说来，年龄越小，这种一致性越明显。我国心理学工作者根据各地对幼儿数概念的发展的研究结果，将3～6岁幼儿数概念的发展大体上分成三个阶段。

1. 对数量的感知阶段(大致相当于3岁左右)

这个阶段有如下特点。

(1) 对多少的笼统感知；对明显的多少的差别能区分；对不明显的差别，只说“这个多，那个少”“两个都差不多”等。

(2) 会唱数，但范围一般不超过10。

(3) 逐步学会口手协调地小范围(1～5)点数(数实物)，但点数后说不出物体的总数，个别儿童能做到伸出同样多的手指来比划。

2. 数词和物体数量间的联系建立阶段(相当于4～5岁)

这个阶段有如下特点。

(1) 点数后能说出物体总数、末期开始出现数的守恒现象。

(2) 儿童在这个阶段的前期，能分辨“多少”“一样多”，到中期能认识“第几”“前后顺序”。

(3) 能按数取物。

(4) 逐步认识数与数之间的关系(如有了数序的观念，能比较数目的多少，能运用实物进行数的组成和分解)。

(5) 末期开始能做简单的实物运算。

3. 数的运算初期阶段(大致相当于 5 岁以上)

这个阶段有如下特点。

(1) 对 10 以内的数大多数幼儿能保持守恒。

(2) 计数能力发展较快，大多数幼儿从表象运算向抽象数字运算过渡。

(3) 序数概念、基数概念和运算能力的各个方面都有不同程度的扩大和加深。

以上是发展的一般趋势。由于儿童发展存在巨大的差异性，数概念形成中的个别差异也是很大的。同时文化教育对儿童数概念和运算能力的发展也有重要影响。研究表明：在儿童数概念发展过程中存在着某些上升较快的迅速发展时期。从一般的发展趋势看，5～6岁阶段是儿童数概念发展的转折点(或明显的飞跃期)，此时幼儿的计数能力，对基数、序数的掌握及运算能力都呈现飞跃上升的趋势。研究表明，教育对这种转折点的出现有着直接的影响。

(三)教育指导与建议

幼儿虽然还没有建立数的概念，但他们对身边的数量感已在有意和无意之中开始了。一个数就是一个集合，幼儿感知每个集合中各元素的数量，就是幼儿对数的最初学习，这也可以说是他们进入数学习的基础或者说是前奏;设计感知 10 以内自然数基数的教育活动，关键在于引导幼儿发现物体与物体之间数量等同性的存在，让幼儿运用类的观念对物体集合进行按相等数量的求同。例如，当幼儿发现布娃娃有两只眼睛的时候，可以让他找一找布娃娃身上还有什么是两个的，从而抽象出数的实际意义。由此我们可以按以下几个步骤来有序设计与组织幼儿的学习活动。

1. 按数量求同与分类

“按数量求同与分类”是两个有关联且有层次关系的活动，都是要求将相同数量的物体放在一起。其活动的目的是要引导幼儿关注事物的数量特征，发现数量的等同性。为此，教师需要利用日常生活的一切机会，启发幼儿到周围环境中找一找，看看哪些东西只有一个，哪些东西是成双成对的，还有哪些东西是三个一组或三个以上的，鼓励幼儿用自己喜欢的符号在卡片上记录每种物体的数量，发展幼儿对事物数量特征的敏感以及用符号表征物体数量的能力。

教师在幼儿的游戏活动或生活中要注重渗透关于按数量求同和按数量分类的教育要求。幼儿在解决问题的过程中，不仅得到了从物体中抽象出数的经验，还得到了关于表达不同数量属性的经验。这虽然是对个别幼儿随机的教育活动，教师也应该把握住教育的契机。通常在面临组织众多幼儿学习时，教师还可以通过预成性操作活动来实现目的。例如，提供每套 1～10 的点卡标记和 1～10 各个数量集合的实物卡，如数量是 1 的各种动物，数量是 2 的各种植物，数量是 3 的各种玩具等，让幼儿根据点卡标记挑选出相同数量的实物卡片(即按数量求同)或按相同数量将实物卡进行分类后再用点卡来表示(即按数量分类)。

在组织“按数量求同”和“按数量分类”的活动时，教师提供的操作材料应体现数量上的难度层次。例如，可将实物卡分为1～5数量的一套、3～7数量的一套、6～10数量的一套，分步向幼儿提供，以满足不同发展水平的幼儿根据自己的能力来选择材料的需要。一般来说，1～5数量的材料可提供给3～4岁幼儿练习，而对4～5岁幼儿则不必作限制，可将3套材料都拿出来让他们自己作选择。另外，在幼儿最初做这个游戏时，教师关注的重点要放在看幼儿能不能将一样多的实物卡和相同数量的点卡放在一起，而不必要求幼儿再将实物卡按顺序排列，因为处于这一学习阶段的幼儿难以在头脑里同时完成“按数分类”和“按数排序”两个问题的思考，教师可以在他们掌握了“按数分类”后，再提出“按数排序”的建议。如果幼儿无意间已经自发地将材料做了“按数排序”，教师则要不失时机地给予肯定，以增强幼儿的“数序”意识。

2. 认识数字

大多数4～5岁的孩子对数字都不易理解。因为数字符号比数目更为抽象，我们使用数字的时候，就意味着需要“抽象”地运用数目。两只小狗是看得见的，是可以数清楚的；而“2”则是一个数字，既不是两只小狗，也不是两个别的事物。幼儿是按具体的概念“两只小狗”来思维，而不是用一个抽象的数字“2”来思维的。有些孩子虽然能够读出“2”，但他仅仅知道这个数字的发音，而不是对这个数字所代表的意义有所认识。因此，我们在设计有关数字的活动时，一定要将数目与数字紧密联系在一起。

例如，有关认识数字的活动可参考以下方法来设计。

(1) 体验数字与物体数量的关系，并认读数字。

体验数字与物体数量的关系，是设法将抽象的数字与实际事物数量联系起来帮助幼儿认识数字的活动。

(2) 建立数字外形与数量的联系。

活动的操作材料利用了镶嵌或拼图的设计形式，在抽象的数字与物体实际数量之间建立了一种联系，有助于幼儿的自主探索学习。教师在利用这两种材料指导幼儿认识数字时，要充分发挥材料所具有的潜在自学功能。例如，可以鼓励幼儿先猜一猜数字的读音，然后再通过镶嵌或拼合来验证数字是几，使幼儿自己学会认识数字。

(3) 体验数字表示的基数意义，并用数字来表征数量。

当我们用数字来表示某物体集合的数量时，我们就是在基数的意义上使用着数字。但是数字本身并不具有数量的特征，一个数字也不仅仅代表某一个具体的数量，就像数字“3”并不仅仅代表3个苹果，它还代表着所有数量为3的事物。那么，我们如何帮助幼儿来体验数字的这种能广泛运用的基数意义呢？最好的方法是带幼儿去观察周围的世界，结合日常生活让幼儿找一找什么地方有数字，启发幼儿去了解这些数字所代表的数量意义是什么。

幼儿在认识了数字并理解了数字所代表的实际意义之后，要抓住一切机会为他们提供使用数字的时机。例如，当幼儿完成某一活动的操作后，要让他们说一说是怎么做的，还应鼓励他们用图画、符号将活动的结果表示出来。总之要提供大量的数字表征练习活动，加深他们对数字的理解。

3. 数序

这里所指的数序是指1～10数目或数字的顺序，而等差关系则是指自然数相邻两数之间多1或少1的关系。学习数序与等差的活动有一定的内在联系，可以通过如下步骤来设计和组织。

(1) 学习按顺序念数词。

现在大多数幼儿在没有理解所有的数词之前就已经习得了运用一些数词来计数，这可能是源于幼儿早期在家庭或托儿所所接受的教育。

(2) 理解数与数之间的关系。

数的顺序和数字的顺序，从根本上说是和“多一个”的概念联系在一起的。数字“5”在数字“4”的后面，是因为数目 5 比数目 4 多了一个。帮助幼儿感知 10 以内的等差关系和数的顺序，实质是引导幼儿感知、认识在 1～10 的自然数列中，任意相邻两个数的大小关系。活动设计可以先引导幼儿从整体上感知 10 以内自然数列着手，然后再截取该数列中任意一段连续数来判断其等差关系以及前后顺序。

(3) 体验数字的顺序。

由于数字是比数目更为抽象的符号，因此帮助幼儿理解数字的顺序还须借助有关数目的提示以及口头计数的习惯。“数序拼板”是一种供幼儿研究数序的学具，适合给初学顺序的孩子使用，而“数字连图”则可以给已具有数序概念的幼儿练习，一方面可以提高他们的学习兴趣，另一方面也可以巩固获得的概念。

4. 序数

(1) 事物次序的表示。

幼儿认识的数是 10 以内的自然数。自然数可以用来表示事物的数量，也可以用来表示事物的次序。表示数量多少的数是基数，表示事物次序的数是序数。

引导幼儿理解自然数的序数意义，可以结合日常生活需要让幼儿把物体(或事件)与数词进行“配对”。例如，利用散步时间带领幼儿到社区走走看看，按某一地址找找第几栋楼在哪里；到停车场去看看，说说第几部车是什么颜色的。组织幼儿玩排队游戏：教师有节奏地敲小铃时大家四散走，铃声一停大家立刻要按小组排成若干个竖“一”字队形，然后通过报数说说自己排在小组第几个；让幼儿排列各种物体为一排，然后说说第几个是什么物体，并用一个数卡来表示该物体的位置。

总之，要让幼儿在活动中来体会“第几”的含义。例如，从小到大排，第一是指最小的那一个，如果从大到小排，则第一就是指最大的那个了。

(2) 基数与序数相联系的活动。

前面说过，当我们把物体和数词“配对”的时候(一一点数)，我们是把数词当作序数来用的。例如，有小狗玩偶、娃娃、皮球、模型飞机这几样玩具，我们从小狗玩偶开始数“1”，数到飞机是“4”，表示飞机在第 4 个位置上。但是我们说“一共有 4 个玩具”时，我们已经把“4”从飞机上悄悄地取下来，并把飞机归入到这一组玩具之中，而把“4”作为基数来使用了。对于数的基数意义与序数意义的转换，幼儿往往难以理解。

因此，我们可以让幼儿反复经历从不同数目开头的排列和计数活动，特别是变换次序地点数与确定总数的活动，帮助幼儿理解任意一个数量的物体都可以排在序列的第一位。

5. 组成(数的分合活动)

数的分合实际上反映的是集合与子集之间存在的等量关系、互补关系、互换关系。当然这需要教师为幼儿策划安排好循序渐进的系列活动、引导他们自己构建起相应的认识结构，幼儿才能真正自如地解决数分合的实际问题。

(1) 领会数的分解规律。

在幼儿学习 5 以内数的分合经验基础上，从学习 6 的分合开始，教师就应引导幼儿进入一个新的规律性学习之中，即要帮助幼儿归纳先前分合学习的经验，解决下列问题：每个数的分合顺序是怎样的？每个数的分合方法各有几种，和它自身比有什么规律？2、3、4、5 四个数分合方法的递增规律是什么？

(2) 掌握数的分合关系。

当幼儿已经熟练进行 10 以内的分合后，教师再一次打破他们的认知平衡，把他们带进新的学习任务之中，即脱离按规律分合的思路，引导幼儿根据数分合的包含、互补、互换的关系，随机填出某一数的分合或其中一个部分数，掌握数的分合关系。

三、幼儿感知量的概念

量的概念与教育.mp4

在进行户外活动时，大班的小女孩们聚在一起，原来是在比谁的头发比较长；排队的过程中，老师要求按照高矮顺序排队，孩子们比一比，量一量，很快就排好了队。在图书区，孩子们选择了自己感兴趣的图书，但是乐乐却将两本图书并放在一起，原来他在比较两本书的厚薄……这些活动反映了幼儿在生活中发现了长与短、厚与薄、高与矮等关于量的现象。客观事物都有一定的量，学前儿童在日常生活中很早就开始和各种量打交道了。学前儿童学习、比较、测量一些量，有助于他们正确地认识和区分周围的物体，促进其感知觉和智力的发展。

(一)幼儿量概念的发展阶段及特点

1. 3～4 岁

3～4 岁幼儿一般能正确区分物体的大小差异，也能用一些简单的词汇来表示相应的量。例如，“这是一只小白兔”“我家里有一个大的布娃娃”等。此外，这个年龄段的幼儿感知物体大小的准确性有所提高，能区别差别不太明显的一组物体中最大的或最小的那个物体。但是，该阶段的学前儿童还不能认识其他量的差异，也不会用词汇确切地表示。他们对于轻重的感觉也有了初步的发展，他们能够感知和判别具有明显差异的两个物体重量的不同，并基本能够使用正确词汇来表示。

2. 4～5 岁

4～5 岁幼儿感知量的精确性有了很大的提高，他们能对不同大小的物体依次作出区分和排列，也能从一组物体中找出相同大小的物体，还能比较精确地认识区分物体的高矮、粗细、长短、厚薄等，并学会用相应的词汇来表示。

虽然该阶段的学前儿童能判断相等量，但缺乏对物体量守恒的认识，对轻重差异的感知有了较大的提高，同时基本具备了感知轻重相对性的能力。

3. 5～6 岁

5～6 岁幼儿能正确地认识并用相应的词汇描述物体量的各种属性，精确性大有提高，同时对量的相对性有了较好的理解。在理解了量的相对性的同时，他们也能在逻辑的基础上理解量的可逆性和传递性的关系，表现在能完成 10 以内数量的正向排序和逆向排序。

另外，该阶段的学前儿童能理解物体在长度、面积、体积等方面的守恒现象，当物体的位置和形状等发生变化时，仍能做出不变的判断。

这个阶段的幼儿已经具备了认识物体重量和体积之间关系的能力，而大班幼儿思维的守恒性与可逆性更是得到了一定程度的发展。

(二)教育指导与建议

1. 比较物体的大小、长短、粗细、高矮、轻重等

(1) 运用各种感官比较物体的量。

幼儿对量的认识主要是通过感觉器官的运作(视觉、触摸觉、运动觉等)来体验物体在大小、长度、重量等方面的特性。因此，在教学活动中要多让小朋友通过“看一看、摸一摸、摆弄”等活动进行比较，认识物体的量。例如，目测比较大小、触摸比较厚和薄、运动觉感知比较轻重。

(2) 运用重叠法、并放法比较物体的量。

在比较物体的长短时，可以选择两支不同长度的铅笔重叠在一起，即把短的一支重叠在长的一支上面。还可以用并放法比较，例如将两支长短不同的铅笔横放、将两本厚薄不同的书并排摆在桌子上等。

(3) 运用发现法认识物体的量。

在运用发现法认识物体的量时，教师要创设一定的情境，让幼儿在这一情境中发现物体量的不同。例如，在让幼儿认识大小时，教师可以准备各种大小不同的瓶子，将瓶子与瓶盖分开打乱横放着，让他们玩盖瓶盖的游戏，看谁盖得快。幼儿在盖瓶盖的时候，感受瓶盖和瓶口的大小，他们在摸索的过程中，把瓶子从大到小排列，把瓶盖也从大到小排列，然后一一盖上，就这样从中获得经验。

(4) 运用找一找的方法，描述物体的量。

例如，在教室里找一找，哪个窗户大、哪个小，哪个小朋友个子高、哪个矮；在自己的身上找一找，他们会找出腿粗、臂细；也可以在事先布置好的环境中投放一些物品，让学前儿童找一找，并说出物体量的特征。

(5) 运用游戏法巩固对量的认识。

教师可以设计各种形式的游戏，让幼儿区别物体的量，以巩固对物体大小、长短、粗细、高矮等的认识。例如在认识大树叶、小树叶的活动中，鼓励学前儿童用不同的动作来表示大与小，以加深对大小的认识。

2. 感知量的守恒

在幼儿认识了相应量的基本特征后，可以通过变换图式和设置干扰因素来帮助他们感知和学习量的守恒。

量的守恒的教学过程中，教师可以让他们通过比较或数数来理解量的守恒。比较时，先用同等量的两个物体进行比较，让他们看到的是一样的，然后将其中一个量的形式加以变化并提出问题。例如，在面积守恒的活动中，先出示两张一模一样的正方形纸，通过重

叠比较的方法让学前儿童确认这两个正方形是一样大的，再将其中一个正方形折成两个三角形，并提问："这个三角形和原先的正方形是不是一样大小的?"他们的回答可能会不一样。最后教师把这两个三角形再重叠到正方形纸上，让他们直观地感受到是一样大的，只是外形发生了变化。在此过程中，一定要用相等量的两个物体，其中一个改变了，但幼儿还能找到和原来一样的物体。

3. 学习自然测量的方法

测量是一种运算，处于学前期的幼儿，他们对量的认识要晚于对数的认识，故掌握测量的技能要困难些。在4～5岁以后，幼儿才有可能学习用工具测量，教师在活动中应该有意识地指导学前儿童掌握测量的方法。具体来说要注意以下问题。

(1) 示范讲解测量的要领，掌握测量的方法。

在幼儿学习自然测量的过程中，教师首先要明确测量对象及测量工具，其次要向小朋友讲清测量的起点、终点，移动的方法及记号，记下测量的结果。例如，要测量桌子的长短边，测量的工具是筷子。教师边示范边讲解，从桌子的最左边开始，把筷子一头(始端)与桌子的最左边对齐，顺着桌子的底边摆放，用水性笔在筷子另一头(末端)的桌子上画一条短线作为记号，说明这是一根筷子的长度。再拿起筷子，从这条短线开始，再测量，再画短线作记号；这样重复几次，直到量到桌子的最右端。然后请他们数一数，这张桌子的边长有几根筷子长，把数的结果记录下来(见图6-3)。

图6-3　幼儿用木板测量活动区的长和宽

在测量的过程中，要引导幼儿在每一次测量的终点做记号，并让他们理解，第1次测量的终点是第2次测量的起点，第2次测量的终点是第3次测量的起点……量完后，数一数共有几个记号，这个数值就是物体的长度。

(2) 引导幼儿初步理解测量单位与测量结果之间的关系。

幼儿掌握测量方法后，可给他们提供不同的工具测量同一个物体。如上面的例子中，还可以使用火柴或书本来测量桌子的边长。通过加入讨论环节，使他们了解到：测量工具长，量的次数就少；测量工具短，量的次数就多。这一学习经验使得学前儿童初步理解了测量单位与测量结果之间的关系，这对他们以后数量认识的发展有重要的作用(见图6-4)。

图 6-4　幼儿尝试用不同的材料测量长度

① 量的比较是通过对两个或两个以上的物体的比较来认识的，不能只出示一个物体，就问他们是大是小，或是长是短。

② 让幼儿了解量的认识过程是相对的，在教学前儿童进行量的比较时，要通过三个不同量的物体的比较，帮助他们认识量的相对性。

③ 在进行量的比较时，还要注意玩教具的摆放位置。例如，比较高矮时，要将被比较的两个物体放在同一个水平面上；用重叠法比较大小时，应将大的放在下面，小的重叠在上面，便于看清楚。

④ 玩教具的选择与使用要正确。例如，幼儿学习认识物体的粗细时，应选用高矮一样、材料一样，但粗细不一样的两个物体；认识厚薄时，选用长和宽一样，只是厚薄不一样的物体。只突出了一种量的比较，便于他们正确判断和认识。

四、幼儿感知 10 以内加减运算的概念

幼儿加减运算概念的发展，总的来说是从具体到抽象，从“逐一加减”到“按群加减”这两方面来进行观察的。这一发展过程又被划分为三个水平：动作水平的加减、表象水平的加减和概念水平的加减。

动作水平的加减是指幼儿必须借助实物或者图片等物体和材料，通过具体动手摆弄操作材料，进行加减运算；表象水平的加减是指幼儿往往还要借助图片等静态形象进行运算，以后才能脱离具体形象，以生活中熟悉的情节唤起头脑中积极的表象活动，从而理解数量关系并进行运算。运用表象进行加减是学前幼儿学习加减的主要手段；概念水平的加减是指直接运用抽象的数概念进行加减运算，无须依靠事物的直观作用或者表象作为依托，属于较高水平的加减运算。

(一)幼儿加减运算能力的发展阶段

1. 3～4 岁

3 岁半以前的幼儿面对实物，不懂如何用它来帮助自己进行加减运算。他们要依靠成人

将实物分开、合拢给他看，才能说出一共有几个或还剩下几个。他们不理解加减的含义，不认识加减运算的符号，数的运算对这个年龄段的幼儿来说是很困难的。

2. 4～5 岁

4 岁幼儿一般会自己运用实物进行加减运算，但在进行运算时，需要将表示加数和被加数的两堆实物合并，再逐一点数后说出总数(即得数)。在进行减法运算时，也一定要把减掉的实物部分拿掉，再逐个数剩下的物体个数，得到剩余数。这时幼儿完全依靠动作思维，是在最低的思维水平上学习数的运算。

3. 5～6 岁

5 岁以后，幼儿学习了顺接数和倒着数，他们能够将顺接数和倒着数的经验运用到加减运算中去。此时，多数幼儿可以不用摆弄实物，而是用眼睛注视物体，心中默默地进行逐一加减运算。5 岁半以后，随着幼儿数群概念的发展，特别是在学习了数的组成以后，他们在教师引导下，开始运用数的组成知识学习加减。

(二)幼儿学习加减运算的特点

1. 幼儿学习加法比减法容易

加法不是增加，而是合并，并且是一种可逆运算。减法作为加法的逆运算，它需要和加法同样的逻辑基础，也就是说，加法和减法应该能同时掌握，但实际情况却是幼儿学习加法比减法容易。

实验表明，幼儿掌握数群之间的逆反关系要难于等量关系。减法是加法的逆运算，幼儿在运用数的组成知识学习减法时，须具备两个数群关系的逆反能力，须将两个部分数合起来等于总数，同时还须再转换为总数减去一个部分数，等于另一个部分数。在解决减法问题时，很多幼儿常是做着减法想的却是加法。

2. 幼儿学习“加减小的数”容易，学习“加减大的数”难

幼儿在学习加法时，大数加小数容易掌握，而小数加大数则感到困难。在学习减法时，减数小容易掌握，减数大则较难掌握，同时出现错误也较多。

3. 幼儿理解和掌握应用题比算式题容易

应用题是用文字或语言叙述生产或生活实际中一些已知数量和未知数量的关系，而要求得未知数量的题目。幼儿更喜欢回答语言叙述的应用题。

(三)教育指导与建议

这一部分的活动设计与组织主要在于帮助幼儿理解加减法的含义，运用数的分合(或者接数)来掌握 10 以内整数的加减运算，解决日常生活以及游戏中遇到的实际问题。在解决问题的过程中，帮助幼儿理解加减互逆关系和加减交换关系，发展幼儿的可逆性思维。

1. 体验加减法的含义

(1) 通过生活中的实例来体验加减法的含义。

我们可以引导幼儿融入生活、游戏、劳动等活动之中，教师创设产生加减运算的问题

情境，激发幼儿学习的内在需要，使幼儿在“意义学习”的氛围中掌握解决问题的方法。

(2) 迁移已有操作活动的经验来理解加减法的含义。

幼儿在学习数分合时，我们曾引导幼儿通过各种求并集和求补集的操作活动来解决所遇到的问题。现在，当我们要帮助幼儿去理解减法的含义时，仍可以参考这些方法。幼儿在学习加减时，一般不会主动运用数分合的操作经验，但这并不等于我们可以怀疑前面为幼儿提供的数分合学习的必要性。我们应当加强这两部分学习内容的有机联系，创设幼儿迁移数分合操作经验的机会，促进幼儿思维的发展。加强这样的联系，操作起来是很容易的，只要把幼儿前面玩过的“走棋”“接龙”“合起来是几”“实物填补数”等活动规则稍加改变，就可成为有效帮助幼儿理解加法含义的活动了。

2. 学习列加减算式

幼儿初步掌握了实物口头加减运算后就可以提出如何把运算过程用简单的符号记录下来的问题，借此引入“加号”“减号”“等号”，教幼儿用算式将活动的过程和结果记录下来。幼儿初学加减列式时，不要让他们脱离现实情景，要帮助他们通过自身的活动来理解算式中每个数字及运算符号的含义，切忌追求计算的技能技巧，走上“小学化”的歧途。

第四节　感知几何形体、空间以及时间概念的教育

一、幼儿感知几何形体概念

(一)认知几何体活动的概念

认识几何形体是幼儿园数学教育的重要内容，它不仅能帮助幼儿更好地认识客观世界，而且能发展幼儿的观察、比较、归纳、概括、空间知觉和空间想象力。在幼儿教育中常见的几何形体有：平面图形的长方形、正方形、三角形、圆形、椭圆形、平行四边形、菱形、梯形等，几何形体中的长方体、正方体、球体、圆柱体、圆锥体等。

(二)幼儿认识几何形体的特点

1. 常把物体与形体相混淆，用物体名称取代形体名称

儿童生活的环境中充满了大量的具有各种形状的物体，儿童从小通过这样的环境来认识世界。幼儿在生活中看到的是具有各种形状的实物而非抽象的形体，幼儿能直呼的是物体的名称，而非数学意义上的几何图形的名称。幼儿对物体比较熟悉，因此幼儿在认识几何图形时常常出现用物体名称取代形体名称的现象。如把圆形叫作“皮球”“太阳”等，把正方形称作“手帕”等。

2. 平面图形与几何形体相混淆

幼儿对物体的认识是从整体开始的，而幼儿园数学教育活动中对形体的认识是先学习平面图形，再学习几何形体。因此幼儿在认识平面图形时，在要求幼儿寻找周围环境中什么样的物体具有什么形状时，幼儿常常以体代面。如寻找正方形时幼儿会说“桌子是正方形的”。对此，教师要注意引导幼儿观察二者的差异。

3. 对几何形体的认识受到生活经验的影响

生活中常见物体的形状幼儿容易认识，反之，少见的物体的形状幼儿认识起来比较困难。

4. 未形成形体守恒的观念

幼儿对形体的认识会受到几何形体的大小和摆放位置的影响，如正方形旋转 45° 摆放，幼儿就不认识，长方形旋转 90° 幼儿也不认识。因此在教幼儿认识几何形体时教师可能需要通过游戏来强化幼儿对形体特征的认识。

(三)幼儿几何形体概念的发展阶段

1. 3～4 岁

认识圆形、正方形、三角形，看到图形叫出名称，按名称取出图形，掌握图形的基本特征；能在周围环境中找到与图形相似的物体或指出物体某个部分的形状。

2. 4～5 岁

认识长方形、梯形、椭圆形，看到图形能叫出名称，并按名称取出图形；能区别平面图形间的差别；能找出图形间的相同点和不同点；能大致说出同类图形的共同特征；能在周围生活中找到与图形相似的物体或指出物体某个部分的形状；能利用几何形体进行拼搭和建构活动。

3. 5～6 岁

认识常见的立体图形，看到图形能叫出名称，并能按名称找出图形，掌握图形的基本特征；能区别立体图形之间的相同点与不同点；能在周围生活中找到与图形相似的物体；能利用几何形体进行拼搭和建构活动。

(四)教育指导与建议

1. 通过观察比较，认识图形，掌握图形的基本特征

为了使幼儿分清平面与几何体，在教幼儿认识平面图形时，需要选择尽量接近平面图形的物体做教具。例如先观察 2～3 个实物，与图形图片相比较，让幼儿通过观察比较找出其相同点；再通过讲解或者图书，让幼儿了解这种图形的名称和特点。

2. 通过讲解演示，初步认识图形，掌握图形的基本特征

认识形状还可以用讲解演示的方法告诉幼儿图形的名称；认识图形的边、角，并数一数有几个；总结图形的特点；最后寻找周围的环境中哪些物体是某种形状或指出某种物体的某个部分是什么形状。

3. 通过比较性的操作

为幼儿提供有共同特征的不同的图形，如正方形与长方形让幼儿观察比较，找出它们的相同点和不同点，最后告诉幼儿图形的名称。4～5 岁的幼儿已经认识了圆形、正方形、三角形，在此基础上认识长方形、椭圆形、梯形时可以用比较性操作的方法，帮助幼儿更好地认识图形。

二、幼儿感知空间和时间概念

客观世界中的任何一个物体都存在于一定的空间之中，都占有一定的位置并且与周围的物体间存在着相互的位置关系。空间方位是指对于物体的空间位置的辨别和物体之间的相互关系的了解，也叫空间定向。

(一)幼儿感知空间方位的发展阶段和特点

1. 先上下再前后、左右

幼儿在掌握空间方位的过程中最早分出的是垂直的上下方，然后是水平方向的前后和左右。这是由幼儿身体的垂直位置所决定的，不管儿童的身体位置向哪里移动，他们的上下方位的位置是不会改变的，所以幼儿最先认识上下方位。

2. 从以自我为中心到以客体为中心

辨别空间方位有两种参照体系：一种是以自我为中心来判断客体相对于主体的空间关系；另一种是以客体为中心判断客体与客体之间的空间位置关系。儿童在辨别空间方位的过程中经历了以自身为中心到以客体为中心的定向过程。5～6 岁的幼儿大多只能以自我为中心区别左右，不能区别客体的左右。

3. 儿童辨别空间方位的区域逐渐扩大

儿童辨认空间方位的区域随他们年龄的增长而不断向外扩展。开始时，幼儿辨别空间方位的区域是有限的，只能辨认眼前的、近距离范围内的物体的范围，而对那些距离远些的物体的位置则难以作出正确的判断。随着儿童年龄的增长，在学习以及体验活动的积累后，5 岁以后的幼儿不仅可以辨认离自己近的物体的方位，而且可以辨认离自己较远物体的方位，甚至可以判断物体的运动方向。

(二)幼儿感知时间的发展阶段和特点

(1) 时间是一种可以测量的连续量，是数学学习的范畴。最让儿童难以意识到时间的原因是，时间没有直观形象，它看不见也摸不着；同时时间又总是与某种自然现象联系在一起，例如从动植物的生长变化中才能够察觉。由于时间没有直观的形象，因此幼儿认识时间比较困难。

(2) 3～4 岁的幼儿，能够认识白天、晚上、早晨、夜里。

(3) 4～5 岁的幼儿，能够认识昨天、今天、明天。

(4) 5～6 岁的幼儿，知道一周有几天及它们的顺序，知道一年的月份及顺序；认识时钟时会看整点和半点。

(三)教育指导与建议

1. 认识空间方位的教学方法

1) 以自身为中心，认识上下、前后、左右

由于幼儿对空间方位的认识是从认识自己身体的方位开始的，因此教师在教幼儿认识

空间方位时可以先让幼儿认识自己身体各部分的位置关系。同样，教师可以通过讲解告诉幼儿身体的前面、后面、左面、右面是哪个方位，并请幼儿在直接观察的基础上说说自己身体的前后左右方位有什么。

2) 以客体为中心，认识上下、前后、左右

幼儿认识了自身的上下、前后之后，可以让幼儿认识客体的上下、前后。在认识客体的上下、前后时教师可以先进行讲解示范，告诉幼儿其个物体的上下、前后的方位，还可以让幼儿站到物体的位置上去感知。

3) 操作活动

在幼儿初步认识了自身或物体的上下、前后、左右之后，可以通过操作活动使幼儿进一步认识空间方位。在操作活动中可以让幼儿按照指令将某种物体放到指定的位置，或请幼儿自己将某物随意放在一个位置后，自己说出物体放在什么地方。在拼图操作活动时，教师准备两幅有情节或无情节的图画，将其中一幅留做拼图范例板，将另一幅分成几个部分；将几个部分打乱顺序后，引导幼儿利用拼图范例板，在观察各部分图案细节特征的基础上，将几个部分拼成一幅完整的图画。

4) 游戏活动

常见的认识物体空间范围的游戏有许多。如游戏“指五官”，教师边指鼻子、眼睛，边发出指示，幼儿按要求指点自己身体的有关部位。又如游戏“摸耳朵”，教师发出指示：“请小朋友用你的左手摸你的右耳，用你的右手摸你的右腿”。

5) 寻找活动

幼儿认识空间方位，从某种意义上说就是认识地点、认识环境。所以，在日常生活中教师可以有意识地带领幼儿认识幼儿园，认识幼儿园的某个建筑或设施在幼儿园的位置或与其他物体的空间位置关系；或者鼓励小朋友画一个简易地图等。

2. 指导幼儿认识时钟的方法

1) 讲解演示(观察讲解)

教师在指导幼儿认识时钟的时候，首先要认识钟面的结构，其次是钟面的12个数字及排列方向，最后是分针与时针两根针的运动方向及速度。这三个因素叫时钟三要素。讲解这三个要素时一定要有耐心、讲清楚。在幼儿认识了钟面的结构及关系，能初步认识正点或半点后，可以用下面的几种方法进行巩固和强化。

2) 操作活动

教师报时间，幼儿拨出时间或画出时间点；幼儿报时间，教师拨钟点。教师出示不同时间的时钟挂图让幼儿辨认；观察各种类型的钟表图，了解时钟的种类。

3) 游戏活动

例如，传统游戏《老狼几点钟》《时钟》等。

本章小结

本章主要介绍了学前儿童数学教育的具体教育目标的内容，在此基础上介绍了学前儿童在学习相应数学内容时的发展阶段与特点，并着重探讨了教师指导每个内容时的注意事项。

思考题

1. 简述幼儿学习数学的特征。
2. 幼儿数学能力的发展顺序与各自的发展特点是什么？
3. 简述幼儿量概念的发展阶段与特点。
4. 简述幼儿学习简单的加减法的特点。
5. 如何引导幼儿在日常生活和游戏中辨别时间？

知识链接

数字游戏设计

游戏《滚骰子》(小班)

［目标］在游戏中练习数物对应。

［准备］骰子2个，一个有数字，一个有图案。

［玩法］取两个较大的骰子，在一个的每一面分别写上1～6的数字或分别画上1～6个小圆点，在另一个的每一面贴上各种物品图案，两个骰子一起投。然后说出一个骰子面上的数字与另一个骰子面上的物品，如“三个苹果”。对了可得贴纸一张。

［规则］幼儿要轮流游戏，并用清晰完整的语言说出滚骰子的结果。

游戏《买雪糕》(中班)

［目标］根据两个维度(形状与颜色)分类。

［准备］小动物卡片若干，每只小动物的身上都有一个颜色标记和一个形状标记；形状与颜色不同的蛋糕卡片若干。

［玩法］请幼儿根据小动物的颜色或者形状标记情况，为每只小动物找到它喜欢的蛋糕。也可以让幼儿把各种蛋糕按一定的规律分类摆放。

［规则］让幼儿将玩具材料摆放好，如果是2个人以上玩的时候要轮流进行游戏。

游戏《跳跳盒》(大班)

［目标］根据游戏情境练习数的组成。

［准备］衬衫包装盒一个，小青蛙若干。

［玩法］在衬衫包装盒的底部画上草地和池塘，把装饰成小青蛙的纽扣放入盒中，盖上透明盒盖并封好。幼儿摇晃盒子，“小青蛙”随之跳动，停下后看看几只“青蛙”跳到“草地”上，几只跳到“池塘”里。

［规则］幼儿要轮流游戏，并把游戏的结果及时记录下来。

(游戏设计：江苏省常州市藻江花园幼儿园 龚启艳)

第七章　区域科学教育活动的组织与指导

本章学习目标

- 理解并掌握区域科学教育活动的内容和活动类型及指导步骤和指导误区。
- 掌握自然角、科学活动区和数学角教育活动的概念、内容和设计与指导策略。
- 能运用理论知识开展区域科学教育活动的设计与指导。

重点难点

重点：三种区域科学教育活动类型的设计与指导策略。

难点：运用理论知识开展区域科学教育活动的设计与指导。

案例导入

2021 年 10 月 16 日 0 时 23 分，“神舟十三号”载人飞船在酒泉卫星发射中心点火升空，10 月 17 日 9 时 50 分，“神舟十三号”上的 3 名航天员翟志刚、王亚平、叶光富成功开启货物舱舱门顺利进入“天舟三号”货运飞船。“神舟十三号”是中国载人航天工程发射的第十三艘飞船，是中国空间站关键技术验证阶段的第六次飞行。这次“神舟十三号”载人航天任务当中，有一个特别的任务——太空教学。由女航天员王亚平担任太空教师，开展太空教学活动，为大家科普航天知识。这对于儿童来说是一次难得的科普盛宴，它将复杂的理论知识用实验现象去直观再现，激发了儿童学习科学的热情，为未来进一步探索科学奥秘奠定了坚实基础。太空授课不仅是对我国儿童的 STEM(science、technology、engineering、mathematics 四门学科英文首字母的缩写))教学，更是全世界儿童难得的一堂课。航天员王亚平的太空课堂受到全世界的关注，也是中国航天送给国际儿童的一节优秀的 STEM 课。

【问题思考】

幼儿从一出生开始就对这个世界充满好奇，每时每刻都在观察和打量着这个世界。无论是身边的物品还是周围的环境，生活中的一点一滴都是幼儿观察和探索的对象，他们就这样感悟着科学的存在，这就是幼儿早期教育阶段的科学学习。进入幼儿园阶段后，幼儿观察和探索的能力增强，能够学习和体验的事物更多，探索的空间更大。那么我们如何因势利导，培养幼儿的科学态度和探索精神呢？

第一节　区域科学教育活动概述

一、区域科学教育活动的含义、特点及类型

(一)区域科学教育活动的含义

区域科学教育活动概述.mp4

所谓区域活动就是教师根据教育的目标和幼儿发展的水平，有目的地创设活动环境，投放活动材料，幼儿按照自己的意愿和能力以操作、摆弄的方式，进行个别化的自主学习的活动。教师要从幼儿的需要和兴趣出发创设活动环境，并且往往会结合正在进行的教育主题设置活动内容。教师在其中投放各类材料，制定相应的活动规则，幼儿自由选择活动，通过与材料、环境和同伴的互动，进行个性化学习并获得发展。与集中教学活动相比，区域活动为幼儿提供了更加宽泛和自由的活动空间，幼儿可以根据自己的需要和兴趣自主选择活动内容、自由探索，因此深受到幼儿的喜爱。区域科学教育活动是区域活动的一个方面，是与幼儿科学教育、科学普及有关的教育活动，一般是指在自然角、科学活动区或专门的科学活动室组织的科学教育活动。近年来数学教育被纳入科学教育范畴，所以在数学角中开展的活动也属于区域科学教育活动。

(二)区域科学教育活动的特点

区域科学教育活动是幼儿园科学教育活动的一种，也是幼儿园教育活动的重要形式，它凸显了幼儿学习的自主性特点。在区域科学教育活动中，幼儿往往以个体或小组的形式进行探索。区域科学教育活动的特点体现在以下三个方面。

1. 幼儿自由探索

在区域科学教育活动中，幼儿可以寻找适合自己的情境，自主探索开展活动，幼儿可以自由支配区域中提供的一切材料，可以忽略教师的态度，不受时间限定任由自我驱使，其自由支配和安全的需要得到充分满足。在区域科学教育活动中，幼儿完全能够按照自己的意愿参加个人或小组的探索活动，自主地决定活动的内容和方式，它是一种宽松的共同学习或个人学习的教育环境。

2. 幼儿自主操作

区域科学教育活动更强调一种主动的个性化的学习方式，而不是被动地接受式的学习。区域科学教育活动的目标和内容由教师确定，并以活动材料的方式呈现在区域，幼儿自主选择这些材料，自主决定操作材料的时间、速度和次数。幼儿通过对各种材料的操作，认知事物，完成知识的内化，获取学习的经验。

3. 教师间接指导

《纲要》指出：教师应成为幼儿学习活动的支持者、合作者、引导者。在区域科学教育活动中，教师即是支持者、合作者、引导者角色的充分体现，教师的身份成了隐性要素，成为活动的观察者和间接的指导者，教育的要求不再由教师直接向幼儿提出，而是以问题

情境的方式呈现在幼儿面前。教师的作用转化为问题的设置者和结构材料的提供者，也就是说，将教师的指导隐藏在活动材料的设计之中，体现为活动材料的投放。教师不干预幼儿的操作，只是在幼儿遇到困难，需要帮助时给予一定的引导，或者在其不遵守活动区规则、妨碍了他人活动、可能发生危险等情况时，教师才会出来干预。

(三)区域活动和区域科学教育活动的类型

区域科学教育活动是区域活动的一个分支，我们先来了解区域活动的类型。

1. 区域活动的类型

在现阶段幼儿园室内环境设计中，区域活动有很多种类，归结起来大致可分为以下三种类型。

1) 常规区域

常规区域的开发比较早，范围涵盖较广泛。如建构区、美工区、表演区、角色游戏区、阅读区、益智区、语言区、科学区、沙水区、运动区等。

2) 特色区域

所谓特色区域，也就是与别的幼儿园不同的、比较独特的区域。这种特色可以是地域特色，也可以是园本、班本特色的体现。如泥塑、多元智能、足球等。

3) 主题区域

伴随主题教学活动的开展，主题环境的建构已经引起教师的重视，主题环境可以体现在墙饰上，也可以体现在区域环境上。主题区域即是主题目标和主题内容物化在区域材料当中，引导幼儿在区域的自主活动中实现主题目标。如水培区、小动物饲养区等。

2. 区域科学教育活动的类型

目前，根据区域科学教育活动的内容，我们可以将区域科学教育活动划分为三种类型：自然角科学教育活动、科学活动区教育活动和数学角教育活动。

二、区域科学教育活动的规则管理

区域科学教育活动的规则是区域科学教育活动顺利开展的重要保障。在实践中，根据不同规则的性质，主要运用三种方法来帮助幼儿更好地掌握和遵守活动规则。

(一)环境暗示法

所谓环境暗示法，就是指将科学区域活动规则蕴含在环境之中，让区域中的环境来告诉幼儿该区域的活动规则。例如，关于区域人数的限定，可以采用进门挂牌、控制椅子数、投放同等材料等方法来提醒幼儿遵守活动人数。

(二)图示标记法

图示标记法是指教师可以通过图画的方式来表示物体存放的规则，提醒幼儿遵守。比如，在玩具材料收尾阶段，要把不同的区域材料归位摆放，教师可以在归位处粘贴图画，让幼儿将每一类玩具都放在相应的标志处，一把剪刀的图形告诉幼儿这是放剪刀处，贴有几何图形的表示几何图形应放的位置。

(三)情境提醒法

幼儿由于受年龄特点的制约，在活动中常常会因为忘记规则而影响了自己或别人的操作活动。这种情况，教师可以采用情境提醒方法，通过语言或动作进行提醒。如在角色区域中，教师看到玩具娃娃被幼儿扔在地上，就走过去抱起娃娃，“呀，娃娃怎么发烧了？一定是睡在地板上着凉了。妈妈，快抱娃娃上医院吧。”这种软介入的情境提醒，既不会破坏区域活动的主题氛围，又提醒了幼儿在角色游戏中的处理规则。

三、区域科学教育活动的意义

由于区域科学教育活动具有自己特殊的教育优势，它对于促进幼儿的发展具有十分重要的意义。主要表现如下。

(一)有利于幼儿自主性的发展

幼儿在区域活动中，能体会到自主发现、自主创造的乐趣，能以小主人的身份参与到环境的建构中去。因而在进行发现过程中，他们体现出前所未有的热情，专心致志地从事创造活动。在区域科学教育活动中，材料与环境是引发幼儿主动探索的刺激物，又是幼儿主动建构对周围物质世界认识的中介和桥梁。由于区域活动为幼儿提供了自由活动的时间并赋予他们自由选择活动的权利，幼儿在与生俱来的好奇心和探究兴趣的驱使下，特别乐于选择适合自己的活动材料与内容，积极地投入各种活动，成为学习的主人。

(二)有利于幼儿学习能力的提高

和集体性教学活动相比，区域活动更强调幼儿学习的主动性，这种沉浸式的学习充分发挥了幼儿的天性。教育者把教育的重点置于为幼儿的自主学习活动提供良好的条件，支持和引导幼儿依据自己的需要与兴趣主动建构认知与体验，不断地提高自主学习能力，不断激发并保持学习兴趣。

(三)有利于幼儿个性的塑造

在区域科学教育活动中，教师应从教育公平性和促进每一个幼儿发展的角度出发，设计和投放适应不同发展阶段和不同兴趣爱好的幼儿的需要。要促进每一个幼儿个性的发展，教师应了解并尊重幼儿的个性和差别，鼓励幼儿采用自己喜欢的方式去主动学习和发展，使其成为具有社会主义核心价值观和方法论又特色鲜明的个体。

四、区域科学教育活动的指导步骤

区域科学教育活动区虽然是幼儿自由活动、自主学习的场所，但不等于教师可以放任不管。教师对活动区的活动积极关注、悉心指导，才能使教育功能充分地发挥出来。从创设活动区到完全开放活动区，使幼儿达到自由选择、自主活动、自我教育的水平有一个过程。这个过程大体分为两个阶段：过渡阶段和自主阶段。

(一)过渡阶段

在幼儿尚无活动区活动经验阶段，活动区是一个新鲜的环境，幼儿很愿意进入活动区活动，但往往不清楚活动规则，容易处于无序状态。所以，教师要先向幼儿介绍各活动区的内容、材料和使用方法，帮助幼儿建立活动规则，并自觉遵守活动规则，介绍的同时也是给幼儿提供了一次练习的机会。

介绍活动区时，通常采用以下做法。

(1) 先介绍，后开放。介绍一个区，开放一个区，以提高活动区的功效，增强有序性。

(2) 开始最好以小组教育活动的方式进行，以保证每位幼儿都能熟悉各区的内容、材料和工具的使用方法。

(3) 每天每组只介绍一个活动区。循序渐进地进行，有助于幼儿对规则的领会和掌握。

(二)自主阶段

当幼儿具备一定的区域活动经验，能按各自的意愿有序地进入活动区时，教师的主要任务是：一要观察幼儿的活动情况，根据幼儿的需要及时调整活动区要素；二要了解幼儿的发展水平，有针对性地进行指导。

在区域活动过程中，教师对活动区及活动对象要积极关注，有针对性地加以控制。所以，教师必须认真观察，及时作出评估。

(1) 教师对活动区的观察与评估，包括：①各个活动区的使用频率；②活动材料的数量和难易程度；③幼儿间的冲突与环境的关系；④事故与环境的关系。

(2) 教师对幼儿的观察与评估，包括：①幼儿的兴趣；②活动参与情况；③社会交往水平；④认知发展水平。

五、对区域科学教育活动进行指导的误区

幼儿科学教育的核心价值在于使幼儿乐学和会学，教育目标以幼儿乐于探究解决问题的思维过程和发展进程为线索。因此，区域活动在幼儿园广泛地开展起来并深受幼儿和教师的喜爱。但是，受长期传统课程观的影响，在区域科学教育活动中也体现出教师重传授轻实践的现象，也有一部分教师专业经验不足，缺少指导教育实践的有效性。教师的指导误区归纳为以下四个方面。

(1) 教师在观察过程中耐心不足，快速给予幼儿指导。

案例 7-1

扬扬是个做事较慢、自理能力及体力较弱的幼儿，花了很长时间他终于找到自己的区域，但还找不到托盘玩具，教师便帮他找来了印画的托盘玩具，知道他动作慢，也不会印，便握起他的小手教他如何画。

案例中教师没有经过仔细观察而进行强行指导，教师的指导不但没有起到支持、帮助的作用，反而干扰了幼儿的正常活动，不利于幼儿继续活动，甚至会挫伤幼儿的活动积极性。

(2) 教师强行干涉幼儿活动，剥夺幼儿自主权。

案例 7-2

数学角玩教具教学中，老师已经教过幼儿几何拼板这个教学玩具，但由于这套教具拼

板比较多，又有一定的操作难度，幼儿基本上不会拼；收拾起来又不方便，没等幼儿玩几分钟，教师就要求幼儿把玩具收起来。幼儿很不舍地问："为什么收起来呢？"教师说："你们还不会玩，快把它收起来，等你们以后会了再玩。"在教师的再三要求下，幼儿闷闷不乐地收起教具。

案例中面对幼儿这一活动的主体，幼儿有自主学习的权利，教师应该给予鼓励和指导，培养幼儿学习的兴趣，不应该仅凭个人主观态度进行干涉，使幼儿产生不良情绪，削弱了幼儿探索学习的愿望。

(3) 教师的语言缺少有效指导性。

案例 7-3

一名幼儿在玩小丑叠叠乐，幼儿并没有根据大小的顺序来叠小丑，而是显得不够专心，也不太想玩的样子。教师走过去说道："不是这样叠的，你要按照最大的叠起来，不能乱叠。"教师站到幼儿旁边，看幼儿慢慢叠，幼儿还是叠不出来。

案例中教师的语言缺乏引导性，没有站在幼儿的角度想问题，这样的方式阻止了幼儿再次尝试的愿望。

(4) 漠视幼儿发出的邀请信号。

案例 7-4

一名幼儿因为觉得自己做的手工很棒，希望与教师一起分享成功的喜悦，于是不由自主地大声说："老师，我做的花好不好看？"老师觉得幼儿不应该在教师安静工作的时候大声说话，所以教师不带感情地简单回答"好"，也没有走过去欣赏幼儿的作品。

案例中教师从头到尾始终没有关注到幼儿的操作过程及结果，漠然视之。这不仅会丧失教育的良机，而且也会扼杀幼儿探索的积极性及和老师交流的主动性。教师在幼儿区域活动时应积极地关注幼儿，及时捕捉幼儿的心灵呼唤。

六、区域科学教育活动的统整

从当前幼儿园科学教育活动改革的实践来看，以统整的方式来开展的幼儿科学教育活动越来越受到青睐。它是将科学教育与其他领域有机整合，对幼儿进行综合的科学素养培养。因此教师在五大领域活动中，要充分挖掘科学教育要素，开展隐性的科学教育活动。与单纯的分科教育相比，统整课程具有综合性、实践性、开放性、生成性、自主性等基本特点，把握好这些特点，对于正确理解和设计幼儿园科学教育活动具有重要的意义。在幼儿园五大领域中，教师要借助多领域的教育形式和手段，来建构形式多样、受幼儿喜爱的科学教育活动。将科学教育渗透在其他领域活动中，使幼儿在学习语言、音乐、美术、舞蹈、体育等教育活动中和生活实践中感悟科学，是一种隐性教育的方式，这种方式同样可以会对幼儿产生潜移默化的影响。按统整对象和统整程度的不同大致可划为：分领域的教育活动统整和跨领域的教育活动统整等不同的类型。

案例 7-5

活动名称:

大班科学教育活动“会唱歌的纸”

活动目标:

一、通过操作实践，运用多种方法体验不同的纸发出的声音，培养幼儿探索的兴趣

二、运用提供的材料进行“乐器”制作，发展幼儿的想象力、动手能力和创造力

三、选择纸张为乐曲伴奏，享受音乐的美

活动准备:

一、白板纸、牛皮纸、皱纹纸、彩箔纸、瓦楞纸、硫酸纸、报纸等

二、纸杯、皮筋、剪刀、豆子、毛线、双面胶、蛋糕盒等辅助材料

活动过程:

一、试一试，说一说

(一)自由观察，感知和认识各种纸

(1) 教师：小朋友们，看！老师给大家带来了什么(纸)？请小朋友自己去看看、摸摸、捏捏，这些纸有什么不同，它们各叫什么名字？看完了请你向大家介绍。

(2) 教师小结。

(二)尝试操作，发现发出声音的方法

(1) 教师：告诉小朋友一个秘密，这些纸还会发出美妙的声音呢！请小朋友去试一试，用哪种方法可以让这些纸唱歌呢？(引导幼儿抖动纸、用手指弹纸、用嘴吹纸等)

(2) 交流：把自己的做法和感受告诉大家。

(评析：选择贴近幼儿生活的材料作为活动内容，其优点是准备工作不费力，而且使幼儿有亲切感；丰富的材料激发了幼儿探索和发现的欲望。教师适时的质疑引发了幼儿探索的积极性，使他们迫不及待地去发现使纸唱歌的方法)

二、比一比，想一想

让幼儿体会不同材料的纸的声音特点。

(1) 教师：请小朋友互相比较一下，不一样的纸唱歌的声音一样吗？

幼儿再次操作和感受，并与同伴交流发现。

(2) 教师：如果是同一张纸，能不能让它唱出不一样的歌呢？(引导幼儿想一想，同一种纸用什么方法发出的声音会有不同的效果)

(3) 幼儿交流发现。(鼓励幼儿大胆尝试，互相合作，体验各种纸的音色特点)(帮助幼儿理解：不同的纸能发出不同的声音，相同的纸不同的操作发出的声音也不一样)

(评析：教师适时地引导，帮助幼儿进一步操作和发现。活动中，始终以幼儿为主体。在教师富有启发性问题的引领下，在无拘无束的探索过程中，幼儿通过自身的感知，发现了不同的纸能发出不同的声音，不同的操作方法也能使同一种纸发出不一样的声音)

三、听一听，找一找

(一)引导幼儿分析乐曲的特点，找出相应的纸

教师：今天我们就用这些纸来为音乐伴奏好吗？我们先来听听是什么音乐，你想用哪种纸为它伴奏，为什么？

(二)欣赏不同风格的音乐

教师：(请欣赏下面两段乐曲。一段抒情、缓慢、安静的 3/4 拍的乐曲；一段欢乐、喜悦的 2/4 拍的乐曲)根据自己对音乐的感觉，找一种与乐曲相配的纸，进行配乐演奏。

(三)幼儿自由选择喜欢的纸，交流选择的原因

(评析：在科学活动中加入了艺术成分，使科学教育和音乐教学有机地整合在一起。幼儿在优美的音乐声中，愉快地进行科学探索，促进了幼儿多种能力的发展)

四、打击乐《铃儿响叮当》

教师：请小朋友拿好自己的乐器，想好演奏的方法，听好曲子的节奏，进行打击乐伴奏。(活动中，教师鼓励幼儿不断交换纸张或变换方法进行演奏)

(评析：整个活动的设计充分考虑了幼儿的年龄特点，充满了游戏的愉悦性，体现了玩中学)

活动延伸：

引导幼儿根据教师提供的纸杯、皮筋、剪刀、豆子、毛线等辅助材料，进行纸乐器制作并合作演奏。

(资料来源：俞文婵. 大班科学活动：会唱歌的纸[J]. 幼教园地，2007，(12))

案例中科学教育与音乐教学自然地相互渗透，生动活泼的音乐游戏，为幼儿的探索营造了愉悦的氛围和安全的心理环境，使幼儿在科学探索活动中获得了美的享受。整个活动通过“感受音乐—节奏训练—乐器制作”这一模式，促进了幼儿不同能力的发展，并把活动引向课堂之外。

第二节　自然角科学教育活动的设计与组织指导

一、自然角科学教育活动的含义和内容

(一)自然角科学教育活动的含义

自然角科学教育活动的设计与组织指导.mp4

自然角顾名思义，就是大自然的一角，是自然世界的一个缩影。我们所说的自然角是在幼儿园活动室内向阳的角落、廊檐，放置一张桌子或设置一个分层木架，将一些适于在室内生长和照料的动植物，或收集来的非生物，有秩序地布置在上面的场所。自然角科学教育活动是教师在自然角按照幼儿成长的身心需求而建立的隐性教育活动，通过自然角幼儿能够便捷地了解自然世界，建立对自然科学的兴趣，提高观察能力和探索大自然的热情。

(二)自然角科学教育活动的内容

(1) 动物类。自然角养殖的动物是幼儿进行观察的动态材料，通过活动使幼儿养成观察的习惯，学会简单的饲养技能。如小兔、小鱼、小乌龟、小鸟等。

(2) 植物类。自然角种植的植物是幼儿进行观察的静态材料，通过活动使幼儿养成观察的习惯，并学会简单的照料技能。如绿萝、水仙、萝卜、青菜、小葱、小草等。

(3) 非生物类。自然角的非生物为幼儿提供认知的材料，如土、沙子、石头、贝壳、植

物的种子、动植物的标本等。

(4) 工具类。自然角摆放的工具主要用于该区域的使用和清理，可以为幼儿提供认知材料，锻炼幼儿使用的技能。如放大镜、水桶、喷水壶、扫帚、簸箕、抹布等。

(5) 学习档案类。自然角的学习档案为幼儿提供学习过程的记录和信息的保存，培养幼儿的学习方法和规则意识。如观察记录、数据统计、出勤记录等。

二、自然角的功能

自然角是幼儿科学教育的一个重要而独特的场所，其具有如下功能。

(1) 自然角是幼儿了解自然界的窗口。

自然角中摆放的物品，可以集中再现自然界中的某一类事物，如鱼缸、水草、美丽的小鱼，或各种各样的种子、树叶、粮食；也可以是幼儿收集来的各种物品，比如一只贝壳或一块鹅卵石，或是种植幼儿喜欢的花草、蔬菜和奇异的植物等。它能给活动室带来大自然的气息，使幼儿感受到大自然的生机和活力，了解自然界的奥秘。

(2) 自然角是激发幼儿不断探索的积极要素。

幼儿在自然角中比较随意，不像集体教学活动中要在教师的统一指导下进行，幼儿随时可以观察、触摸和探索各种物品，而且还可以对自然角中感兴趣的生物进行长期系统的观察。因此，自然角这一富有教育意义的环境为幼儿提供了观察自然、认识自然与亲近自然的空间。尽管只是一方有限的区域，但自然角为幼儿提供的可能性却是无限的，是激发幼儿探究欲望，增强幼儿探究能力的积极要素。

(3) 自然角为培养幼儿责任感提供有利契机。

在幼儿园，幼儿每天都会经过自然角，面对自然角陈设的种种生物和非生物，自由地接触、观察和使用。幼儿会潜移默化地把自然角中种植的植物、饲养的小动物看成自己不可缺少的小伙伴，从而倍加关注和照顾，它们每一个细小的变化都会引起幼儿的注意，从而培养幼儿对事物的观察力和关爱自然、保护生命的责任感。

三、自然角科学教育活动的设计

(一)观察记录表设计

自然角的观察记录往往使用表格的形式，教师或教师和幼儿一起设计表格的内容和样式。标明观察名称和观察项目，可以是教师电子打印，也可以是幼儿手工绘制。现介绍三种常规观察记录表，见表 7-1～表 7-3 所示。

表 7-1　观察记录表

班级：

日期	__年__月__日			__年__月__日			__年__月__日			__年__月__日			__年__月__日		
天气															

表 7-2 大(中、小) 班自然角观察记录表

天气	观察的植物	观察的发芽情况	观察人

表 7-3 自然角观察记录表

班级： 记录人：

观察对象		观察时间	

观察实录：

思考：

(二)自然角科学教育活动设计要求

1. 自然角的内容要体现丰富性

既然是自然角，就应该具有自然界的多样性，设置丰富的、多层次的内容，为幼儿在室内营造出自然美景。如何让自然角实现丰富性和层次性呢？

(1) 饲养动物。自然角的动物应选择体型小、管理方便、无危险、便于喂养、幼儿感兴趣而且便于幼儿观察的种类，最好随季节的变化经常更换种类，使幼儿能接触到更多的小动物。例如，美丽的热带鱼类、可爱的小乌龟、漂亮的小鸟、外形特征变化明显的小蝌蚪，也可以是小金鱼、蚯蚓、蚂蚁、蜗牛等小动物。

(2) 种植植物。自然角种植的植物应该既能美化环境陶冶情操，又能是幼儿十分喜爱的种类。自然角放置的植物以适宜盆栽的品种为主，不宜过分高大，宜选择颜色鲜艳美观、生命力顽强，具有较高观赏价值的常见植物，而且应该无毒、无刺，不会对幼儿产生不良影响。常见的品种有以下几类：常见的供观花植物有石竹、金菊、串红、菊花、水仙等；常见的供观叶植物有绿箩、吊兰、文竹、含羞草、天门冬等；常见的供观果植物有金橘、石榴、盆栽葡萄、佛手等。除盆栽植物外，还可以选择各种各样的种子、水果，幼儿自己用废弃的盒子种植的萝卜、青菜、小葱、大蒜等都可以放置在自然角中。

(3) 摆放非生物及工具。自然界中除了生物，还有许许多多的非生物，它们共同构成了美丽的大自然，比如岩石、沙砾、泥土、贝壳等。所以作为大自然缩影的自然角内还可适当放置一些非生物。此外，还应提供一些可供幼儿在自然角内进行观察和劳动的工具，如提供放大镜，便于幼儿对自然角内的物品进行精细观察；提供小水杯，便于幼儿用来给植物浇水；提供扫帚、簸箕、抹布等清洁用具，便于幼儿对自然角进行整理和打扫等。

(4) 设置学习档案角。教师还应为班级幼儿准备一本学习档案，挂在自然角内便于幼儿取放的地方，来帮助幼儿用自己的方式如图画、符号等记录。此外，还可引导幼儿将自己观察到的自然界的各种变化，如四季更替、天气变化、小草发芽、花朵开放、蔬菜丰收等自然界现象记录下来，并记下日期。这样便形成了形象生动的图画记录册，如“蒜苗的生长过程”，以及用符号记录的四季变化的记录册，如“三月份天气变化情况”等。学习档案可以帮助幼儿学习记录、统计的方法，培养幼儿责任感和持之以恒的精神。

2. 自然角中物品的种类要体现幼儿的年龄特征

(1) 为小班幼儿提供的观察物应具有明显的外部特征。因为小班幼儿观察力较差，要抓住幼儿的注意力就必须为他们提供有明显特征的物体。例如，兔子、乌龟、大蜗牛、鱼等特征明显的动物；体型大且色彩鲜艳的蝴蝶、蜻蜓等标本；生活中常见的苹果、梨、香蕉等水果；金橘、含羞草等极富特点的植物。

(2) 为中班幼儿提供的物品应具有多样性的特点。中班幼儿观察力、思维能力都有所提高，应该着重发展幼儿的求异和求同思维能力。在尽可能保证物品完整性的同时，可提供一些外观上具有相似之处的物品，并注意其多样性的特点。例如，金鱼、平鱼、鲤鱼、草鱼等多种不同特征的鱼类。

(3) 为大班幼儿提供的物品应具备能够深入研究或细致观察的特点。大班幼儿好奇心强、求知欲旺盛、独立活动能力强，因此提供的物品要有一定的复杂性。例如，引导幼儿观察常青树和落叶树，深入探究其生长条件和特性；饲养小蝌蚪、蚕、蚯蚓等小动物，对小蝌蚪变青蛙的过程进行长期观察；发现蚕宝宝吃了什么颜色的食物，身体就会相应变成那种颜色；了解蚯蚓身体的再生功能；等等。另外，自然角中的物品还要具有广泛性和启蒙性，因为只有浅显易懂、生动有趣，让幼儿看得见、摸得着的内容，才能真正对幼儿起到科学教育的启蒙作用。

3. 自然角的变化要体现季节性

自然角是大自然的一个微缩景观，必须适应和反映季节变化。教师应针对幼儿发展的实际，结合四季的变化，精心制订自然角科学教育计划，发动幼儿及家长认真选择自然物品、相对集中地布置一些内容。比如，春天是生机勃勃的季节，可以投放各种鲜花；可以与幼儿一起播下种子，观察种子的发芽和生长过程；可以饲养可爱的小蝌蚪，引导幼儿观察小蝌蚪变青蛙的过程；秋天是硕果累累的季节，可以投放各种植物的果实如石榴、柑橘、柿子、梨等应季的水果和核桃、杏仁、葵花籽等干果，总之，自然角的内容一定要随季节时常更新，这样才能使自然角充满活力，保持和发展幼儿关注自然的情感。

四、自然角科学教育活动的组织指导

《指南》中指出幼儿科学学习的核心是激发探究兴趣，体验探究过程，发展初步的探究能力。在自然角活动中教师要善于发现和保护幼儿的好奇心，充分利用自然和实际生活机会，引导幼儿通过观察、比较、操作等方法，学习发现问题、分析问题和解决问题。帮助幼儿不断积累经验，并运用于新的学习活动，形成受益终身的学习态度和能力。具体而言，应该做到以下三个方面。

(1) 自然角物品的摆放和陈列要整洁、美观、安全。

自然角中的物品是幼儿园隐性教育环境的组成部分，各种物品应分类摆放，力求做到整洁、美观，并且让幼儿养成观察或摆弄后归放原处的好习惯。另外，注意在自然角中不要安放易使幼儿发生意外的物品，如有尖锐棱角的铁架、带刺的植物等，以免发生磕碰甚至划伤。

(2) 教师的组织指导方式要符合幼儿的认知特点。

在自然角中，幼儿自由探索、自主操作，教师的隐性指导作用不容忽视。由于不同年龄班幼儿的认知特点不同，因此教师隐性指导的侧重点亦有所不同。小班幼儿独立观察能力较差，重点是引导幼儿获得对自然角中物品特征的充分感知，所以自然角里的观察活动需要在教师组织下进行。中班幼儿观察能力明显提高，教师可多为他们设置一些问题，在问题中引导幼儿观察，如“小乌龟长什么样子？是怎样爬行的？乌龟的壳有什么作用？”等，激发幼儿有目的地观察。大班幼儿思维活跃、好奇心强，幼儿需要更多的动手操作和实验机会，所以教师应为幼儿创设条件，提供丰富的材料和工具，但应该在使用工具的方法和安全性上有预见性地提醒幼儿，使幼儿能顺利完成自由探索。

(3) 自然角的日常管理要体现幼儿的自主性。

自然角是幼儿喜欢的活动场所，教师可以充分利用这一点让幼儿参与自然角的设计和管理工作。在布置自然角时教师可以组织幼儿进行讨论，充分听取幼儿的意见，尊重幼儿的想法，鼓励幼儿自带物品布置幼儿园的自然角，安排幼儿参与力所能及的管理活动，轮流照料和看管自然角的物品。例如，小班幼儿可做简单的清理工作；中、大班幼儿可以建立值日生制度，轮流负责动植物的照料或记录。这样，自然角自然而然就成了幼儿长期关注的重点，不仅培养了幼儿的良好的习惯，还能加深幼儿对自然角的兴趣及责任感。对于面积较小，尤其是室外场地不足的幼儿园，更要精心布置和创设自然角，让幼儿有更多的机会接触大自然。

五、自然角活动案例

探索种子的秘密

活动目标：

1. 通过让幼儿观察种子发芽和生长的过程，激发其探索欲。

2. 尝试用绘画的方法记录植物生长的过程。

材料准备：

各类植物的种子、笔、记录卡、橡皮、土壤、水、塑料杯等。

指导要点：

1. 自主选择工具材料进行种植，观察植物是不是发芽生长，主要是水生和土生两种。

2. 每天仔细观察植物的生长过程并用绘画的方式记录，一旦发现有趣的现象便组织幼儿讨论。

实施步骤：

1. 搜集种子。幼儿和家长一起搜集植物的种子带到幼儿园并且做好标记，如：芳芳(红豆)。

2. 集体交换，熟悉种子。遇上不熟悉的可让带来的孩子进行简单的介绍，教师可以预备一些图片，如：蚕豆种子——蚕豆苗对应起来，方便孩子熟悉。说一说自己喜欢什么种子，介绍自己知道的相关知识。

3. 种一种。每一个孩子挑选自己喜欢的种子，预备进行种植。提供土壤、水、塑料管子、小铲子、水壶等材料，让幼儿自由选择种植，看看种子能否发芽，种在哪里长得好。

4. 我的种子发芽了。集体交换，平时先请幼儿观察自己的种子发芽情况并且记录在记录本上，集体交换的时候带着本子来介绍：我们总结出来发芽的种子和不发芽的种子。原来种子是要根据天气情况发芽的，种子选择适合自己的天气才会发芽。

5. 发现一些有趣的事情一起分享。由于我们是夏天种的种子，天气很热，因此水生的一些种子发霉了、臭了，里面还长出了小虫子。所以这些水生的植物我们要勤换水，那样才能干净不长虫。而种在土里的植物很轻易就干燥了，所以要常常照顾常常浇水，不然会枯死。等到植物一直长大，观察是不是会开花结果，熟悉一下结出的果实和我们平常买的一样吗？体验丰收的乐趣。其实我们在罐子里种植结果是有点困难的，由于空间小，缺少营养，还有就是在走廊中没有蝴蝶采粉、蜜蜂采蜜，花粉不受精就不能结果。这里又产生了知识点，我们可以给孩子们看蝴蝶采粉、蜜蜂采蜜的视频，了解植物怎样才能长出果实。在活动中幼儿可能会产生很多的爱好点，可以根据孩子的爱好点展开。

(资料来源：https://www.youshibaodian.com：http://www.youshibaodian.com/a/32ac45e11073428f98bc0f1adc145cd4.html)

第三节　科学活动区科学教育活动的设计与组织指导

一、科学活动区科学教育活动概述

幼儿园的科学活动区是指专门为幼儿科学教育活动开设的活动场地或活动室。按用途、场地及管理归属等的不同，可分为班级科学活动区(角)和全园共用的科学活动区(室)等。

科学活动区科学教育活动的设计与组织指导.mp4

(一)班级科学活动区

所谓班级科学活动区是指在班级的活动室内，划出一定的区域和角落，利用柜子、桌子等构成活动场地，投入一定的操作和制作材料，为幼儿提供进行操作、试验、探索等活动的环境。班级科学活动区(角)为幼儿提供丰富的物质材料，能够保证幼儿自由地、独立地选择各种材料进行操作活动，使幼儿有更多的体验机会。

(二)全园共用的科学活动区

所谓全园共用的科学活动区，是指幼儿园专门为幼儿进行科学探究活动而构建的独立的封闭空间。它为培养幼儿科学兴趣和创新精神开辟了更广阔的天地。目前许多幼儿园都建有全园共用的专门的科学活动区(室)，称之为“科学探索室”或“科学发现室”等。全园共用的科学活动区是幼儿园开展非指导性学习活动的重要场所。在这类科学活动区(室)中，教师为幼儿提供各种科学活动的设备和丰富多样的结构性材料，幼儿可以按照自己的兴趣和意愿来选择活动内容，决定活动时间，并用自己的方法进行自主的科学探究活动，这种活动方式有助于培养幼儿的独立性和自信心。由于在科学活动区中没有量化的考核，幼儿可以更从容地沉浸于科学探究的过程，尽情享受探究过程所带来的乐趣，更有利于培养幼儿对科学活动的兴趣、发展思维能力、提高动手操作技能。在科学活动区中的活动形式也是由幼儿自己决定的，可以独自探索，也可以和小伙伴共同探索。在这种轻松和谐的心理氛围中，幼儿的个性、合作精神和交往能力都将得到发展，因此它对幼儿学习科学具有特殊的意义。

二、科学活动区的材料和内容

科学活动区是幼儿集中自由活动的场所，因此对材料的要求比较高。科学活动区中投放的材料应有助于提升幼儿的科学素养，使幼儿初步了解一些自然科学现象和现代科学技术，激发幼儿动脑动手的愿望，所以科学活动区域中投放的材料应体现多重性和丰富性。

(一)观察阅读类

此类内容通过观察阅读的方式呈现。主要适用于那些无法提供实物让幼儿操作和实验，但对幼儿而言又是必要的科学经验，分别有以下几种方式。

(1) 模型。如地球仪、地图拼图等。

(2) 挂图。悬挂或张贴在墙上的有关科学内容的图画。如我国载人飞船“神舟 13 号”的“天宫课堂”，磁悬浮列车高速行驶，美丽的四季景色，迷人的海底世界等。

(3) 图书及音像资料。科学知识类丛书，如《小雨滴去旅行》《回家》《藏起来的能量》等，以及幼儿科普类光盘等音像资料。

(二)科学玩具类

此类材料多属于玩具，可供幼儿观察、操作和探索。

(1) 蕴含科学原理的成品玩具。如电动玩具、声控玩具、遥控玩具、磁性玩具等。

(2) 利用废旧物品自制的玩具。如利用薯片盒子、可乐瓶和笔杆制作的天平；利用塑料积木、笔杆和冰糕棒制作的小水车；利用泡沫板、水彩笔后堵头制作的齿轮咬合玩具等。

(三)操作实验类

这类材料多属于物理和化学两个领域，可供幼儿观察、实验、操作和探索，是幼儿最喜欢的一类材料。其种类十分丰富，根据涵盖的领域不同，将其划分为十类。

(1) 光。如平面镜、凹透镜、放大镜、显微镜、三棱镜、多棱镜、万花筒、潜望镜等。

(2) 热。如蜡烛、酒精灯、小铁棒、小勺等。

(3) 电。如电池、电线、小灯泡、小电珠、小电扇、塑料棒、玻璃棒、皮毛、丝绸、纸屑、木屑、手电筒、遥控汽车、电动小狗等。

(4) 磁。如磁铁、铁钉、曲别针、铁砂、非铁质金属材料、磁性滑动玩具(走迷宫)、磁飞镖、钓鱼等。

(5) 声。如风铃、编钟、哗铃棒、音叉、捏气发声的橡胶小动物、电话、传声筒、声控小台灯、声控小鸟、声控拉小提琴娃娃等。

(6) 力。如沙漏、液压计时器、斜坡和可滚动的各种物体、容器、水、可沉浮的各种材料、弹簧秤、皮球、皮筋、轨道车、惯性船、惯性坦克、齿轮传动玩具等。

(7) 空气。如气球、风筝、小风车等。

(8) 水。如小杯子、底部有孔的容器、冻冰块的器皿、酒精灯等。

(9) 化学。如糖、盐、果珍、土、沙子、石头、水等。

(10) 天文。如天文望远镜、观察记录册等。

(四)制作创造类

这类材料是幼儿进行各种科技小制作所需的物品。

(1) 某一种制作所需的特殊材料，如制作风车、风筝、沙漏的材料。

(2) 用于各种制作创造活动的通用材料，包括：①安全护目镜；②工作裙或罩衣；③放大器械，如放大镜、手持透镜和三脚架；④取材料的工具，如勺子、滴管和镊子；⑤盛材料的容器，如碗、瓶子、杯子和装食用油的桶等；⑥用来分类和储存的容器，如纸质餐盘、鸡蛋盒和有盖子的透明塑料小瓶；⑦用来测量的非标准化工具，如双盘天平、计数器、自制折尺等；⑧清洁工具，如抹布、海绵、纸巾、扫帚和垃圾盘；⑨用来做标记或画图表的纸张等。

三、科学活动区科学教育活动的设计

这里从班级和全园两个方面来分别介绍科学活动区教育活动的设计。

(一)班级科学活动区的设计

班级科学活动区的特殊性决定了它的设计应该以材料为中心展开，活动目标和过程的设计应该蕴含于材料之中。也就是说，这类活动设计应满足以下六方面的要求。

1. 为幼儿提供种类丰富的材料

为幼儿提供丰富多样的材料是幼儿自主学习的基础，也是幼儿获取丰富科学经验的物质保证。这里要注意的是材料多样化与同一化的关系，即除了要有丰富多彩的探究内容外，针对某一探究内容还应有丰富多彩的材料作支持，以满足不同幼儿对材料的兴趣与需求。

例如，在探究“沉浮”的活动中，教师可以为其提供铁块、木块、石头、泡沫、塑料、胶泥、牙膏皮等，既可让幼儿了解什么东西沉或浮，又可探究怎样使沉下去的东西浮上来，丰富的材料可以满足不同幼儿的需要。

2. 为幼儿提供多功能材料

教师应该准确了解多功能材料的特性，充分挖掘材料的多功能性和可塑性，在活动区中投放适合操作内容的材料，实现其内在的教育容量。多功能材料具体表现是同一种操作材料具有不同的操作方法，为幼儿自由地用自己能想到的方式进行操作、改变和组合提供了广阔的空间。

例如，在一次认识弹性的活动中，教师为幼儿投放的材料有积塑、橡皮泥、充好气的气球等。在第一次分类活动中，教师要求幼儿按变形和不变形进行分类；在第二次分类活动中，教师要求幼儿把变形的物体，按变形后能还原和变形后不能还原进行分类。通过幼儿与材料的相互作用，得出了弹性的准确定义，那就是变形后又能还原的物体具有弹性。此活动中教师准确地把握材料所蕴含的多功能性，充分利用操作材料使幼儿达到认识科学原理的目的。

3. 为幼儿提供有层次性的材料

在科学活动区中，教师应允许幼儿个体在操作同一份材料时在速度、精确度上的差异，允许先操作完的幼儿尝试更深层次的探索，这就需要为幼儿提供有层次性的材料。材料的层次性是指要为幼儿提供符合不同层次需要的材料，以便不同水平的幼儿按照自己的需要进行选择。具体而言即教师要认真分析每一份材料的难易等级和幼儿的个体差异，把同一份材料划分成难易不同的若干个等级投放于区域之中。分层次投放材料可以发挥有效的引导作用，通过不同层次材料的提示和引导，使具有不同认知和操作水平的幼儿均可以得到发展。

例如，在“小灯泡亮起来”的一组材料中，教师为幼儿提供了多根电线、多节电池、多个小灯泡、两头有塑料绝缘层的电池、金属片、木片、塑料片等，那么这组材料就有了较强的层次性。第一层，幼儿只需用电线将电池的正负两极同时连接在小灯泡上，小灯泡就亮了；第二层，幼儿发现两头有绝缘层的电池无论如何也不能使小灯泡发光，必须把绝缘层去掉；第三层，在电池两端垫上金属片，一样可以使小灯泡发光，但如果垫上木片、塑料片等却不能达到目的，说明金属片可以导电，而木片、塑料片却是绝缘材料。这三层之间难度依次加深，幼儿可以根据自己的现有水平，在多层次的材料中选择适合自己的层次进行操作，同时比其现有水平稍高的层次又为幼儿提供了最近发展区，从而促进幼儿不断得到发展。

4. 为幼儿提供有序列性的材料

序列性表现在材料的内容应由浅入深，反映幼儿认知的年龄特点；操作方法应由简到繁，反映幼儿动作发展的特点；操作时间应由少到多，反映幼儿注意力的稳定和兴趣的持续特点。

例如在一次科学活动中，教师将排序操作材料投放到活动区域中，以观察该组材料设计的适宜性。该组材料为雨伞，雨伞有五个维度，即伞的开合、花纹、颜色、大小、伞柄直弯。第一个幼儿选择了该份材料进行操作。她先观察材料，然后开始排序。她选择了一个红色、一个蓝色进行排序，先是伞的一个开、一个合进行排序，再是花纹的一个点、一个条纹进行排序，然后是伞柄的一个直、一个弯进行排序，最后是一个大、一个小进行排序，所有方法都进行了尝试；接下来她开始加入了数字这一维度，一个红色、两个蓝色进行排序，再接两个大的蓝色、一个小的红色，进行排序。排了几次该幼儿好像开始不满足这样的排法。停下想了一会儿，便开始排一个看似无规律的顺序，教师经过询问，原来她排的是两个条纹、两个点、两个弯伞柄三个维度同时进行排序，在跟教师叙述出这个与众不同的排序时，明显地看出她非常的骄傲。

5. 为幼儿提供有结构性的材料

有结构性的材料可以分为低结构材料和高结构材料。低结构材料有麻线、石头、奶粉罐、纸巾筒、珠子、贝壳、松果、雪糕棍、纸杯等；高结构材料有蒙氏玩教具等。科学发现室里幼儿的活动是自由探索的，教师要为幼儿提供有结构的材料，以保证活动过程的可探索性。有结构的材料指的是材料在被使用时能揭示自然现象间的某种关系。或者说，要将科学的原理蕴藏在材料和对材料的探索之中。在科学活动区中提供的材料都应该是有结构的，教师必须研究各种材料的结构及其蕴含的关系，才能有效地引导幼儿在操作材料时发现这些关系，获得各种经验。

例如，教师为幼儿提供有关磁力的材料：磁铁、铁片、木片、塑料、纸片、回形针等，幼儿通过操作，可以发现其中所蕴含的多种关系：磁铁能吸住铁片、回形针，却吸不住木片、塑料、纸片；磁铁能在不接触到铁片和回形针的情况下使它们运动；两块磁铁同极相斥，异极相吸等。这组材料就是有结构性的材料。

6. 为每个幼儿准备数量足够的材料

为了保证幼儿探究活动的顺利开展，活动区中应备有足够的活动材料，使参加活动的幼儿不会因材料的不足而影响自己操作学习的过程。那么何为足够呢？并不是要求每一种材料的数目都必须与班里幼儿的人数相等，而是指在探索过程中起关键性作用的材料必须每人至少一份，起辅助性作用的材料每组一份即可。

例如，在探究物体的吸水现象时，如果这项内容可容纳 6 名幼儿同时进行，那么一盆水足够使用。但关键性的材料必须数量充足，能吸水和不能吸水的东西至少应该各有七八种。这样每个幼儿都有材料可以尝试，而共用一盆水又便于他们互换材料合作探索。

(二)全园共用的科学活动区(科学发现室)的设计

这类活动区的空间更大、材料更多、教师的指导更少。教师在设计这类区域时，除考虑上述六条原则外，还应考虑活动区的空间布置。合理的布局可以充分利用室内空间，使每个幼儿都能专注于自己从事的事情，而不受外界的干扰。在进行空间布置时，要遵循以下原则。

(1) 动静分区合理，如图书区可以和安静的桌面操作区临近安排，而不要和比较热闹的操作实验区靠近。

(2) 同类材料靠近摆放，这样便于幼儿有目的地选择材料，相互交流，共同探索，认识材料之间的联系。

(3) 空间大小适宜，要保证幼儿进行桌面操作的空间，桌面大小要适宜，避免互相干扰。

(4) 室内室外联动，要考虑到室内和室外空间的有机结合和充分利用。

(5) 按理化性质分类收藏，要根据材料的性质考虑摆放位置，如化学类材料糖、盐、果汁等应放在避光处。

(6) 要避免“死角”，确保科学发现室内每一个角落都在教师的视野范围内，以免幼儿在活动中出现紧急情况或发生意外，教师无法及时发现和处理。

四、科学活动区科学教育活动的组织指导

(一)班级科学活动区的组织指导

区(角)科学教育活动的指导和集体教学有所不同。其中显著的差别在于：区(角)科学教育活动中教师的组织指导，具有隐蔽性或间接性的特点。具体而言，教师在区(角)科学教育活动中的指导应符合以下要求。

1. 使幼儿获得乐学的态度，不强求获得知识技能

皮亚杰说：“你教给儿童的越多，他自己发现的机会就越少。”在区(角)科学教育活动中，教师的主要目标就是使幼儿获得乐学的态度。教师要尊重幼儿的兴趣、愿望、需求，尊重幼儿的年龄特点和认知特点，允许幼儿按照自己的方式学习。因此，教师的指导要从目标导向变为过程导向。幼儿的情感、态度要优先考虑，探求知识和解决问题的过程和方法比知识本身更重要。不强求幼儿在短时间内掌握某一知识技能，而是让幼儿通过体验性的学习经历一个自我发展的过程。

2. 让幼儿探究学习，重视个别化的启发引导

集体科学教育活动中，教师的语言讲解较多，而在区(角)科学教育活动中，注重发挥幼儿的主体性，激发幼儿内在的学习动机和建构过程。教师要不断引起幼儿的认知冲突，使幼儿不断感到挑战性和成功的可能性。这就要求教师应该更多地关注幼儿的不同需要，在指导的方式上要避免集体教育活动中的讲解法、讨论法等。如幼儿探索如何接亮电珠时，需要某种东西把电池、电线和电珠固定时，教师为他们提供胶带、绳子等供其选择；幼儿自由探索可沉浮的东西时，教师提供空牙膏皮和卷好的空牙膏皮，是教师的隐性指导在起作用。

3. 营造和谐安全的心理环境，促进探究性学习活动的开展

满足幼儿心理上的安全需要是使幼儿产生认知和理解需要的基础。没有一个安全的心理环境氛围，主动学习和探究就不可能发生。在区(角)科学教育活动中，心理环境的创设比直接的指导更为重要。

教师应该创设一个什么样的心理环境才有利于幼儿的科学探究呢？

第一，给幼儿出错的权利，接纳幼儿的错误认识。

教师要意识到幼儿的错误代表着幼儿当前的认识水平。那些在成人看来是错误的认识，在幼儿的认知结构和水平上却可能是合理和正确的。教师要给予幼儿出错的权利，并应把幼儿的错误作为了解他们思维线索的机会和背景，尽量采取一种宽容和理解的态度。教师

如果不接纳幼儿的错误，往往使幼儿不敢作出诚实的回答，幼儿永远也不会显露出他真实的思想，教师也永远接触不到幼儿的真实水平，也就无法有效地促进幼儿的发展。

第二，鼓励和支持幼儿的探索行为，使幼儿进一步思考。

教师要善于挖掘每一个幼儿探究活动过程和结果的价值，使每一个幼儿在每一次的探究活动中都有所发现，有成功的体验。尤其是那些表面上看好像失败了的幼儿，教师更要给予他们支持和鼓励，并培养他们乐于探究和从不同角度看问题的态度和品质。幼儿的科学探索活动需要教师的支持，如果教师对幼儿的行为加以鼓励，幼儿就能够毫无疑虑地进行探索和尝试。相反，幼儿的行为由于得不到教师的及时强化，就不能充分认识自己科学探索行为的价值所在，从而失去对世界的探究欲望。

第三，少干涉，但给予必要的帮助。

幼儿的科学探索活动应该由幼儿亲身去发现，而不是按照教师的设定去做。教师不要总是在幼儿旁边转来转去，提一些明知故问的问题，不断干扰幼儿的思路。教师要学会保持必要的沉默，学会倾听幼儿的想法和做法，接纳和听取幼儿的解释。教师在幼儿探索时应观察、思考、判断幼儿的需要和已经达到的水平，并给予必要的帮助。当幼儿发生感情危机或遇到挫折时，教师要马上给予情感上的支持和适时的帮助，以保持幼儿探究的兴趣和积极性。

总之，营造和谐安全的心理环境是组织指导区(角)科学教育活动的一项基本要求，它发挥着潜移默化的重要作用。

(二)全园共用的科学活动区(科学发现室)的组织指导

与班级科学活动区一样，在科学发现室中教师一般不对幼儿的科学探究过程作直接指导，而是为幼儿创设宽松的心理环境，提供各种丰富的科学探索材料，通过材料本身吸引幼儿主动探索。

由于这类活动区是全园共享性的科学活动场所，拥有大量的科学仪器、标本、工具及专用设备设施，因此一般需要一名专(兼)职教师负责活动的组织和科学发现室的日常管理。在组织活动方面，教师的作用主要体现在激发幼儿的自主探究愿望，维护科学发现室的良好秩序，以保证幼儿最大限度地自由活动。

第四节　数学角科学教育活动的设计与组织指导

一、数学角科学教育活动的含义和内容

(一)数学角科学教育活动的含义

数学角科学教育活动的设计与组织指导.mp4

皮亚杰的儿童发展理论指出，幼儿学习数学是通过对事物的反复操作，从中抽象出事物的“数”“形”“序”等结构关系。数学角是指在幼儿园活动室的一角，摆放各种数学材料、玩具、棋类、牌类等，供幼儿自由选择、操作、探索数学奥秘的场所。数学角为幼儿提供了自由学习的空间，使幼儿在轻松愉快的氛围中摆弄、操作、玩耍各种数学材料、玩具，自然而然地接受数学知识的熏陶，逐步积累数学经验，促进抽象逻辑思维能力的发展。

(二)数学角科学教育活动的内容

数学角是幼儿自主学习数学知识的重要场所，要想充分发挥数学角的作用，就要科学合理地调配数学角的材料。那么，数学角具体有哪些材料呢？

(1) 分类、排序的活动材料，如不同颜色、形状、质地的瓶盖、弹珠、积塑片，不同大小、长短、粗细、厚薄的围巾、卡片、小棍、铅笔等。

(2) 有关数和数的运算的活动材料，如各种自然物、小型玩具、日常用品、模型、图片、卡片等。

(3) 认识几何形体以及整体与部分的关系的材料，如三角形、正方形、球体、圆柱体等各种平面图形和几何形体的模型，各式积木、拼图、七巧板、图形嵌板等。

(4) 量与计量的工具材料，如小棍、绳子、弹簧秤、尺子、天平、量杯等。

(5) 有关认识时间的材料，如时钟、星期表、年历表等。

(6) 棋类、牌类玩具，如跳棋、军棋、五子棋、掷骰子棋、扑克牌等。

二、数学角材料的基本要求

为了更好地激发幼儿学习数学的兴趣，促进幼儿探索数学活动行为的出现，教师要为不同年龄段的幼儿提供丰富多彩的操作材料，不仅种类多样，而且数量充足，以引发幼儿丰富的思维活动。根据《指南》中的要求，数学角可以提供以下材料。

(一)让幼儿初步感知生活中数学的有用和有趣的材料

(1) 可以为 3～4 岁幼儿提供感知和发现周围物体的形状，使幼儿对不同的形状感兴趣；提供生活中蕴含数量关系的材料，使幼儿体验和发现生活中很多地方都能用到数。

(2) 可以为 4～5 岁幼儿提供在教师指导下能够感知和体会到的事物，让幼儿可以用形状和数量来描述的材料。

(3) 可以为 5～6 岁幼儿提供能发现事物简单排列规律，并可以尝试创造新的排列规律的材料，让幼儿能发现生活中许多问题都可以用数学的方法来解决，体验解决问题的乐趣。

案例 7-6

小白兔种蘑菇

功能：①区分蘑菇的颜色和大小；②能按蘑菇的颜色和大小进行二维分类。

制作材料和方法：制作出一片草地和小兔，创设一定的情境，激发幼儿活动的兴趣；为幼儿准备大小、颜色不同的彩色蘑菇。

玩法：幼儿选择大小不同、颜色不同的蘑菇进行排序，请幼儿仔细观察它们排列的规律，并请幼儿按照规律继续进行排序。对于能力强的幼儿可以请他自己设计排序的方法，能力弱的幼儿老师可以运用图示进行暗示。

(二)让幼儿感知和理解数、量及数量关系的材料

(1) 可以为 3～4 岁幼儿提供能感知和区分物体的大小、多少、高矮长短等量方面的特点，并能用相应词汇表示的材料；能通过一一对应的方法比较两组物体多少的材料；能手

口一致地点数 5 个以内物体，并能说出总数和按数取物的材料。

(2) 可以为 4～5 岁幼儿提供能感知和区分物体的粗细、厚薄、轻重等方面的特点，并能用相应词语描述的材料；能通过数数比较两组物体多少的材料；能通过实际操作理解数与数之间关系的材料。

(3) 可以为 5～6 岁幼儿提供初步理解量的相对性的材料；借助实际情境和操作，理解“加”和“减”实际意义的材料；能通过实物操作或其他方法进行 10 以内加减运算的材料；能用简单的记录表、统计图等表示简单数量关系的材料。

案例 7-7

排排队

活动目标：

能初步理解相邻数，掌握 7 以内数的相邻数；能正确认读阿拉伯数字，并将数字与实物数量一一对应；能按实物的特征进行分类，按类别寻找 7 以内数的相邻数。

制作材料和方法：

材料：酸奶盒、牙膏盒、管形塑料玩具、圆形玩具、实物卡片、数字卡片。

方法：将酸奶盒和牙膏盒装饰上漂亮的颜色，将圆形玩具贴在盒上作为底托，在管形塑料玩具上分别贴上不同数量的实物卡片和数字卡片。

活动步骤：

(1) 教师引导幼儿依据实物卡片寻找“7”以内数的相邻数，并按顺序依次将管形塑料玩具插在底托内。

(2) 根据实物卡片的数量再依次将数字卡片与其相对应，将贴有数字卡片的管形塑料玩具插好。教师引导幼儿准确认读阿拉伯数字。

(3) 幼儿根据卡片上实物的特征进行分类游戏，引导幼儿和同伴合作按不同的类别找出 7 以内数的相邻数，体验游戏的快乐。

(三)让幼儿感知形状与空间关系的材料

(1) 可以为 3～4 岁幼儿提供能注意到物体较明显的形状特征，并能用自己的语言描述的材料；能感知物体基本的空间位置与方位，理解上下、前后、里外等方位词的材料。

(2) 可以为 4～5 岁幼儿提供能感知物体的形体结构特征，画出或拼搭出该物体造型的材料；能感知和发现常见几何图形的基本特征，并能进行分类的材料；能使用上下、前后、里外、中间、旁边等方位词描述物体位置和运动方向的材料。

(3) 可以为 5～6 岁幼儿提供能用常见的几何形体有创意地拼搭并画出物体造型的材料、能按语言指示或根据简单示意图正确取放物品的材料和有助于辨别自己左右的材料。

案例 7-8

它是谁，它在哪

活动目标：

使幼儿在操作材料中分辨左右方位，及在变形的形状中找出小动物对应的房间。

制作材料和方法：

使用硬纸板、酸奶盒和即时贴制作成小房子的形状，并用即时贴分出小动物的房间和楼层；准备独立的小动物图片可以插入小房间中。

活动步骤：

幼儿将小动物卡片放入小房间中，并分辨某个小动物左(右)面的小动物是谁。能力强的幼儿再根据小动物在房间的原位置找到变形的小房间中相应的位置搁置。

三、数学角科学教育活动的设计

数学角科学教育活动要在明确设计原则的前提下，精心选择活动内容，遵循数学活动的规律，熟悉数学角材料与规则，体现数学角的优越性和独特性。

(一)数学角科学教育活动的设计原则

1. 目标性原则

数学角科学教育活动的设计要体现《纲要》的要求。《纲要》中关于数学教育的主要目标概括为四个方面：①使幼儿体会数学与大自然的密切联系；②体会数学的价值；③学会运用数学的思维方式去观察；④获得适应未来社会生活必需的数学经验和技能；等等。数学角的教育目标设计要与这四方面要求相符合。

2. 操作性原则

现代心理学认为，单纯地用眼睛看并不能解决知识内化的问题，即使用语言表达一下，也不能形成完善的认知结构。幼儿需要实际操作物体并经过不断地探索才能形成知识的内化。因此，幼儿在解决数学问题的时候要反复操作学具，学具的可操作性就变得格外重要。

3. 多样性原则

幼儿思维的特点是形象思维，这一思维方式决定幼儿的思维过程脱离不开直观的材料，材料越丰富越能促进幼儿思维能力的发展。尤其是抽象的数学领域更需要通过丰富多样的材料为幼儿提供思维的依据。

4. 时代性原则

在数学角活动设计过程中，要随着时间的推移不断更新材料或定期更换材料，尤其要体现时代性特点，力图把最新颖的材料呈现给幼儿，让幼儿不断接受新鲜的刺激，感知数学带来的愉悦。另外，在数学角活动中，适宜增加传统文化元素，培养幼儿爱国主义品质。

(二)数学角的活动内容设计

数学角活动要想使活动有序有效，教师以数学核心经验为依据组织数学角活动才能确保数学学习的系统性，以幼儿生活经验和兴趣为线索拓展的操作学习才能提高数学角活动内容的高效性，才能更好地满足不同数学发展水平幼儿的个别化学习需求。

1. 紧扣集体教学，提高数学角活动的科学性、系统性

教师要了解幼儿数学概念的发展进程、幼儿获得数学关键经验时的典型思维和行为表

现等。一些系统化课程作为区(角)内容设计的依据，教师可配合每周教学进度，将集体教学活动用到的部分操作材料投放到区(角)中，围绕这些材料组织区(角)活动。集体教学活动和区(角)活动相互渗透、补充，交织成一个整体化的数学学习周期。区(角)活动形式上的自由与时间上的充分，可使集体教学活动中教师无法顾及的个别指导有机会得以实现。这里，一方面教师可以根据幼儿数学学习路径，准确分析幼儿操作行为所反映的个体数学发展进程，从而提供有针对性的指导；另一方面，幼儿发展具有个体差异，将教学活动内容延伸到区(角)活动中，能确保不同发展水平的幼儿在自身原有水平上获得适宜的发展。

2. 准确判断幼儿生活经验，充分开发和利用数学角

教师在日常教学中要充分了解幼儿的年龄特点与生活经验，安排合适的数学角活动内容。幼儿在数学角往往喜欢探究常见材料中蕴含的数量关系或空间关系。如棋子、扑克牌、拼板、积木等，因为这些材料的基本使用方法为幼儿所熟悉，他们喜欢摆弄。教师也可结合当地自然条件，在数学角提供一定数量的种子、贝壳、石子、小棍等自然物品，鼓励幼儿用这些常见材料玩各种数字游戏，如分种子(分类)、抓一把(估数)、装石子(感知数量)、给小棍排队(体验大小与长短的关系)等。幼儿会在兴致勃勃地操作熟悉材料的过程中逐渐获得丰富的数学经验。

(三)数学角材料投放的类型

1. 验证型材料

验证型材料是指数学角中供幼儿在集体教育活动中围绕相关的数学问题进行操作的材料，幼儿可以通过操作材料来验证集体教育活动中的数学问题。例如在讲解正方形的时候，教师在集中活动环节演示、总结正方形的特征；在数学角，可以投入不同大小、不同颜色的正方形实物或图片，供幼儿比较、巩固对正方形特征的理解，在认识时钟时，教师可以把集中活动环节的演示教具放到数学角进行，让幼儿自由操作不同的时钟，摆弄时针、分针、秒针。

2. 探索型材料

探索型材料是围绕某一数学问题，通过幼儿自己在数学角寻找相关实物或图片尝试探究，在动手实践中发现其中规律。例如，在量的数学教育活动中，向幼儿提供材料不同、体积形状相同的物体和材料相同、体积形状不同的物体，让幼儿通过比较、估算发现其中存在的规律性特征。

3. 创造型材料

创造型材料是提供某一材料让幼儿自己设计出具有选择性的结果，目的是充分发挥幼儿的想象能力和发散思维能力。例如，在排序教育活动中，给幼儿一些不同颜色的几何图形，让幼儿根据图形与颜色的特征，设计不同的排序，使幼儿拼出不同的排法。

(四)数学角的活动规则设计

相比其他区(角)活动，数学角材料丰富多样，使用时更需要体现系统性、层次性，从而引导幼儿在规则明确的环境中自主有序地进行有效的数学操作学习。为此，教师可以和幼

儿共同讨论规则，以双方都认可的、明确的规定作为活动规则，帮助幼儿在充分理解规则意义的基础上变被动的执行为主动的自我管理。

1. 标志提示

标志提示是指运用简单的图案、数字或符号对幼儿进行规则暗示或提醒说明。例如，可同时进入数学角的人数是有限的，这一规则可以采用进区插牌、贴标志、打勾等方法让幼儿自主选择，方便自我管理。再如，材料使用后应该放回原处这一要求，是保证材料系统、完整的关键，所以教师可将数学角内所有橱柜、材料箱贴上与所放置的材料及材料数量相对应的图标与数字，且标识的颜色、位置都要力求醒目，方便幼儿整理和检查。

2. 音乐信号

音乐信号能有效减少环节转换时教师过多的语言指令。在每天区(角)活动开始和结束时段，播放 1～2 分钟的轻音乐，让幼儿在音乐声中收放区(角)材料，既可缩减组织环节，又可让幼儿形成动力定型，从而实现自我管理。

3. 表格记录

在数学角活动中，教师可通过要求幼儿及时完成表格记录工作这一手段，了解幼儿在规定时间内是否完成了与数学内容相应的操作学习活动。数学活动记录表要放置在区(角)内比较固定又方便记录的位置，可让幼儿通过打勾、盖章等方式记录自己完成活动的情况。这样既可培养幼儿的任务意识，又便于教师掌握幼儿活动内容、活动的兴趣、完成情况、难易程度。如果教师能对表格记录结果做进一步的细致分析，可提高对个别幼儿的关注度，并可据此对材料作出及时的、有针对性的调整。

四、数学角科学教育活动的组织指导

数学角的操作探索活动与数学集中教学活动两者是相辅相成的。教师要根据本班数学教育的计划和幼儿在数学角活动的表现，随时投放活动材料，并对幼儿的探索活动给予及时的、适宜的指导。

(一)及时提供并补充调整操作材料

幼儿对于数学概念是在与环境材料的相互作用中不断积累而建构的，操作性、探索性是幼儿学习数学的重要特征，操作活动是幼儿学习数学的重要形式。教师要根据数学教育内容及幼儿在数学活动中的表现，在数学角中及时投放数学操作材料，以满足幼儿反复摆弄、操作和体验的需要，适应不同发展水平幼儿的需求，并根据幼儿活动情况及时调整和补充材料。此外，教师也可发动幼儿亲自动手参与材料的制作，以增强幼儿的主人翁意识，更有效地激发幼儿对数学角的兴趣。

(二)使幼儿明确活动的规则

活动前，教师要向幼儿明确提出活动要求和规则，讲清新材料的使用方法，一些需要指导的玩具，如棋类、牌类等，教师可事先通过小组活动的方式向幼儿介绍清楚玩法。此外，还要引导幼儿观察清楚各种材料的摆放位置，教育幼儿爱护材料，活动后注意收拾整理材料，养成良好的习惯。

(三)观察并适时指导幼儿活动

数学角活动中教师必须从显性的主导地位适时适当地退至隐性的引导地位。幼儿是通过自己的实际操作来学习和解决问题的，教师应成为站在幼儿背后的慈爱、沉静的观察者。教师的指导要掌握好“度”的问题，只有在幼儿遇到困难，希望得到别人支持帮助时进行，绝不要做替代者。指导时还要注意因材施教，加强对个别幼儿的指导，切实促进每一位幼儿的发展。

(四)增进幼儿间的相互交流

数学角活动中幼儿彼此间地位平等，他们可以无拘无束地自由交流、讨论，在这样的交流互动中，幼儿既放松，又保持了独立性，这是教师指导所达不到的，它不仅对幼儿学习数学具有一定的支持作用，而且还拓展了幼儿的学习途径和方法，使其在实践中学会相互协调和帮助。因此，数学角中幼儿间的交流与合作是非常有价值的教育资源，教师在指导时应捕捉良好时机，促进幼儿互动，引导幼儿合作学习。

五、数学角活动案例

大班数学活动《多角度分类》

活动目标：

(1) 能从多个角度来分类，尝试自己说出分类的标准，在同一分类标准下能将物品分完。
(2) 积极地参与活动，体验数学活动的乐趣。
(3) 培养幼儿观察、分析的能力。
(4) 发展幼儿逻辑思维能力。
(5) 引导幼儿积极与材料互动，体验数学活动的乐趣。

重点难点：

(1) 引导幼儿观察，找出物体的某种特征，并从多角度进行分类。
(2) 让幼儿明白自己在选择了一项分类特征时，要始终按同一标准进行。

活动准备：

(1) 教具准备：“分类娃娃”。
(2) 学具准备：“分类娃娃”、水果图片、扣子、彩色积木、彩笔若干。
(3) 《操作手册》。

活动过程：

(1) 预备活动。
游戏：五只猴子荡秋千。幼儿一边念儿歌，一边做相应的动作。
(2) 集体活动。
创设情境：十个娃娃来做客，他们各有特色，如何分类想一想，找出相同的放一起。
① 请幼儿操作学具“分类娃娃”，说说自己分类的方法，如按性别分，按衣服样式分，

按动作分等。鼓励幼儿从多角度进行分类，发展幼儿扩散性思维。

② 请幼儿翻开《操作册》，看图提问：图上有几只鸡宝宝？再请幼儿把这些小鸡分成两部分，试试有哪些不同的分法，如按类型分，出壳的鸡宝宝有 9 只，未出壳的鸡宝宝有 6 只等。

(3) 分组活动。

第一组：分“水果”。将图片中的水果按颜色、大小、有叶无叶、单个或成串等不同特征分类，并动手摆一摆。

第二组：分积木。先将积木按大小、颜色、形状等不同特征进行分类，再用彩笔在记录纸上记录，并思考：是圆形积木多，还是红色积木多？

第三组：分扣子。将盘中的扣子分成两类，说说有哪些不同的分法，如按大小、形状、颜色分类。

(4) 交流小结，收拾学具。

请几名幼儿讲讲自己在活动中的分类方法，教师小结。引导幼儿收拾学具。

本章小结

本章首先介绍了区域科学教育活动的含义、特点及类型，详细阐述了区域科学教育活动的指导步骤和指导误区。其次介绍了自然角、科学活动区和数学角的科学教育活动。重点讲述了三种活动的概念、包含的内容、活动的设计和组织指导策略。

思考题

1. 什么是区域科学教育活动？幼儿园区域科学教育活动主要有哪些类型？
2. 区域科学教育活动的指导步骤有哪些？
3. 如何组织指导自然角的科学教育活动？
4. 如何组织指导数学角的科学教育活动？
5. 阅读下列案例，根据本节的理论知识，分析案例中存在的问题。

(1) 一大班幼儿在科学区玩“有趣的双面镜”，幼儿需要将双面镜子的角度调成 30°、60°、90° 和 120°，并在中间放上一个物体，幼儿需要观察在镜子里可看到的物体数量，然后完成观察记录表。幼儿不知道怎么玩，在那里想了很久，还是无从下手。这时教师发现了她的困难，问道：“是不是不会玩呀？”幼儿点头，然后教师便直接把双面镜调成 30°，放在对应的位置上，问幼儿：“你从镜子里看到了几只小熊，是不是两个？”幼儿点头，然后就在记录表上写上 2。教师看幼儿填好后便让幼儿再继续把剩下的表格填完随后走开，可是幼儿仍然不知道如何玩，然后就随便填上数字。

(2) 某中班，在第一次区域活动中科学区投放的材料有：①图形分类——给图形分类；②按规律排序——串珠子、给红旗排队；③图形组合与轮换——变变看；④按数取物——给圈圈找家；⑤数的组合——数字是由哪两个数字组成的；⑥认识磁铁的特性——吸吸看。

(3) 小班一幼儿在科学区准备选择非结构化材料“一次性杯子”来玩，教师看到后说：“你如果不会玩的话，没关系，可和鹏鹏一起玩，他会玩这份材料。”此时幼儿急忙说：“我会玩，我会玩。”教师疑惑地说：“好吧，那你玩吧。”经过几分钟后，教师时不时经过该幼儿身边，询问幼儿与材料互动的进程，后来发现该幼儿不但会玩，还玩出了一种新玩法：将杯子对应，然后找出个数多的那组。

(4) 下面是一段教师与幼儿的对话。

教师：“小朋友们，活动时间到了，收材料了，收材料了，快一点。”

幼儿：“老师，我刚开始玩啊，那个玩具都还没轮到我玩呢！”

教师：“但是我们等下就要吃饭了，现在得收玩具了。”

幼儿：“能不能让我玩一下那个玩具，晚一点再吃饭。”

教师：“同学们都收材料了，不能再玩了，快收吧。下次活动的时候再玩。”

幼儿：“哎呀！也只能这样了，不开心。”

(5) 大班的科学区域活动上，格格小朋友拿着一个彩色的透光片对着每一个植物挨个地照。她照完了之后又拿放大镜照了一遍，接下来她又拿着彩色片加着放大镜一起开始照植物，照完了植物又去照种子。照完种子准备起身去照海螺的时候，老师说：“格格你赶紧挑好一个材料坐那玩。”格格听到后就把彩色片和放大镜放在了桌子上，在区域里拿了一个磁铁开始玩了。她拿到磁铁后，一直坐在座位上，拿着两块磁铁的 S 极和 N 极吸来吸去，之后格格就把几块磁铁摞在了一起，充当积木玩了起来。垒高了几次就放在那不玩了，坐在座位上看着旁边的小朋友拆牙齿模型。

知识链接

把幼儿园区(角)活动搬进森林学校

目前，森林学校教育越来越流行，带孩子们去森林、公园、草地上学习，在户外探索自然材料，已经是越来越多幼儿园的教学内容，也是重视自然教育的表现。英国对自然教育非常重视，可以从 EYFS 2021 新版中看出。比如，七大领域之一的“认识世界”领域，专门提出“自然世界”这个子领域。

没有教室的“森林学校(forest school)”其实并不是开在森林里的学校，而是自然教育的一种呈现方式，将天然环境作为教学基地，进行符合森林学校教学理念的课程游戏活动。

很多人体验过的英国森林学校课程，都是从砍树枝和生火做起。那么，只有野外生存技能才是森林学校吗？其实不是的。虽然森林学校导师需要持有注册合格证书，而申请证书所参加的培训课程也会教大家野外生存技能，但是更多丰富的教学内容是与在幼儿园教室内的区(角)游戏有异曲同工之妙的。

1. 泥巴厨房和角色扮演区

泥巴厨房是英国森林学校课程非常受孩子们喜欢的一个活动，在公园找一个角落挖一挖土，借用树桩或者岩石作为灶台，用真实废弃的锅碗瓢盆作为厨具，就造出了一个泥巴厨房。

孩子们从地上直接抓一把泥巴作为食材，小厨师们就可以开始工作了。泥巴厨房的假装游戏的形式与功能和教室里的角色扮演区是一致的。

2. 天然的创意美工区

EYFS 体系流行的用零部件材料(loose parts)构建的短暂艺术区，就是利用各种小部件材料，不限制玩法和图案，让孩子们组合起来在平面上搭配出一幅画。在森林学校中，孩子们自己找的一片树叶、一根枯枝、一朵花、一块小石头都可以是最佳的零部件材料，土地就是最好的画布，无论怎样的创意都可以被接受。

除此之外，森林学校导师还会找各种森林中的浆果、花朵、树叶等作为颜料的原材料，带着孩子一起制作纯天然颜料，然后用这些颜料绘画和写字。

3. 神奇的户外建构区

建构区是幼儿园教室中必不可少的一个游戏区(角)，也有越来越多建构区材料投放选择天然或拟真的玩教具，比如纸盒、木箱、木头、树枝、石块等。

而森林学校课程中，直接寻找附近的树枝、木头、石块，加上自己准备的麻线和绳网，就可以搭建一个小小的房子把玩偶放进去住；甚至有森林学校导师直接搭建了大型攀爬区，让孩子们能实现建构区和大运动区的游戏。这样真实的建构体验，甚至比用拟真砖头搭建筑更加有趣!

4. 意想不到的数学区

儿童的数学学习一直是英国老师们头痛的问题，如何让孩子们对数学有兴趣，如何让孩子主动去教室的数学区自主学习，如何把数学学习内容融入幼儿园环创，都是英国幼儿园老师们要认真思考的内容。

而户外环境到处都是数学元素，不管是空间、度量还是数数，只要发现孩子在探索自然材料，都可以引导他们学习数学。比如找到的树枝区别长短、大小；把石头和树叶放在水瓶里的浮力知识；抬头看云朵的形状；等等，这些都是意想不到的数学区。

英国森林学校的学习明确提出，要与国家课程和基础阶段目标相辅相成。不仅仅关注自然环境，还可以充分利用丰富的教育资源，实现多种教育目标。

所以把游戏活动搬进森林，利用大自然天然的材料作为玩教具，其实就是把幼儿园的班级区(角)活动搬进了森林学校，而 EYFS 的教学目标也在森林学校课程中实现。

没有孩子不爱自然，不爱森林、树木、草地、湖泊、海边、沙漠、天空，也没有孩子不爱小鸟、花朵、泥巴、昆虫、动物。当孩子们抬头看着天空、脚踩在泥土上、凝望一棵树、抚摸一朵花的时候，那些有趣的教育，就在孩子的心里悄然发生。

(以上文章来源于互联网微信公众号：英国幼教日记，作者：BIEA EYFS 教研组.)

第八章　学前儿童科学教育活动资源的选择与利用

本章学习目标

- 理解并掌握学前儿童科学教育活动资源的含义、内容和作用。
- 掌握学前儿童科学教育活动资源的选择与运用要求。
- 掌握学前儿童科学教育活动资源的创建与管理要求。
- 能在实际应用中开发并充分利用学前儿童科学教育活动资源。

重点难点

重点：学前儿童科学教育活动资源的选择与运用要领。

难点：能在实际应用中开发并充分利用学前儿童科学教育活动资源。

案例导入

一个5岁的小男孩，十分调皮。

有段时间，孩子经常去拧开饮水机的开关玩水，孩子的妈妈怕孩子被烫到，就千叮咛万嘱咐。大人说得口干舌燥，孩子却一副无所谓的态度。

有一天，孩子爸爸打开饮水机开关加热，过了一会儿，用手试了一下，水温有点烫，但是不至于烫伤。孩子爸爸把孩子叫过来，让他玩。孩子开心地伸出手去玩，热水一滴到手上，孩子就痛苦地缩回手。

孩子大叫一声，哭着说："爸爸，烫！"

从此以后，孩子碰到有热水的地方，都会小心，而且认识到饮水机里的水是用来喝的，不是用来玩的。

【问题思考】

对于同样的问题，如果我们采取不同的处理方式，效果就会不同。妈妈的教育方式止于说教，爸爸的教育方式看似狠心，却很有效果。我们不能因为爱，就剥夺幼儿尝试的机会。很多事情只有幼儿亲自体验了，才能懂得其中的道理。

第一节　学前儿童科学教育活动资源概述

一、学前儿童科学教育活动资源的含义

学前儿童科学教育活动资源的概述、选择与运用.mp4

《教育大辞典》对教育活动资源的解释为：“教育活动资源亦称教育条件，通常指为保证教育活动正常进行而使用的人力、财力、物力的总和。”教育活动是建立在一定物质条件和精神条件基础上的活动，首先要有人力因素，即教育者和受教育者；其次是物质基础，即需要有一定的硬件、场所和技术的要求。在学前儿童科学教育活动资源中，人力因素主要指教师和幼儿，物质基础指辅助科学教育活动顺利开展的各种教具、资料、教室、场地等。

学前儿童科学教育活动资源包含两层含义：第一，必须能够保证学前儿童科学教育活动的顺利实施；第二，必须具有教育性，能够促进学前儿童科学教育目标的实现。凡是与学前儿童科学教育有关并能帮助教师实现教育目标，能帮助学前儿童达到学习目标的一切材料、事物、人及其经验和智慧均能成为学前儿童科学教育活动资源。具体来说这就包括了科学教育活动进行所需的各种玩具和工作材料，帮助幼儿学习的各种科学教育资料，以及幼儿生活的可以供科学教育利用的自然环境和社会环境等。

二、学前儿童科学教育活动资源的内容

(一)教具和学具

1. 实物

实物即生活中的真实物体，幼儿观察研究这些实物时，能够直接感知事物的原貌。在学前儿童科学领域，用于教育教学活动的实物非常广泛，只要能够适合教学环境，都可以作为教育活动的对象。如各种动物、植物、人造物品、各种产品等。

2. 标本

标本是保持实物原样或经过加工整理，供学习、研究时参考用的动物、植物、矿物。它属于实物的一种，观察标本是一种方便简捷又直观形象的学习过程。例如，动物牙齿的标本、蝴蝶的标本、树叶的标本等。标本可以是实物的整体，也可以是实物的一个局部。在科学教育中除购买标本外，教师也可带领幼儿一起制作标本。

3. 模型

代表实物的人工制作品就是模型。模型能将实物中的一部分直观地展示。小的实物可以放大，大的实物可以缩小，以便于幼儿观察整体。例如，人的牙齿模型，可做成单颗放大的，也可做成单颗剖面的，还可以做整副牙齿，以适应不同教育活动内容的需要。

4. 图片

图片包括挂图、照片、画片等。图片可以帮助幼儿认识那些不能直接观察到的，或当地没有的事物和现象。图片的内容能够对事物进行分解，扩大它的细小部分，或缩小它庞

大的体积，并能显示事物的内部结构和活动原理。例如，鸭脚的图片、立交桥的照片。但图片只能平面地显示事物，缺少实物的真实感。在各种图片中，照片因为是对实物或现象的留存，所以最真实，但有些细节不易观察到。

5. 图表

用于学前儿童科学教育中的图表大多是以图像、符号的形式出现，也有部分图表会结合运用数字。如植物生长的图解就是多幅图片搭配上文字说明。

6. 沙盘

沙盘是模型的一种，是用木板订制的装有细沙的模具。沙盘可以用于幼儿玩沙游戏，还可以配合其他教、玩具用于科学教育。例如，可配上各种塑料小动物，做成动物园模型。

7. 立体地图或地球仪

立体地图是指具有适当深度和宽度的各种地理图形，地球仪也是立体地图的一种，它们可以让幼儿了解地球表面的大致情况。例如，中华人民共和国的所在位置、河流和高山在地球仪上的表示方式等。

8. 附着板

附着板是用于附着各种物品的揭示板，包括绒布板、泡塑板、磁性板、拼插板、拉线板等。各种各样的附着板能结合其他材料用于科学教育中。

9. 电化教具

电化教具包括收音机、影碟机、电脑、投影仪、电子白板，以及录音带、光盘等，用以播放各种科学教育内容的机器及其材料。

10. 实验器材

实验器材是指用于实验的器具材料，包括各种小实验用的器材及其辅助材料，例如烧杯、小瓶、三棱镜、积木、积塑、放大镜等。

(二)媒体资源

媒体是传播信息的载体，即信息传播过程中从传播者到接收者之间携带和传递信息的一切形式的物质工具，是各种传播工具的总称。

1. 图书资料

(1) 儿童读物。儿童读物是指专为幼儿设计的，包含科学家的故事、当地的名胜古迹、科学新知识、动植物故事等有图画说明的内容的读物，如《蚯蚓的日记》。

(2) 参考资料。有许多有关科学的资料，散刊在各种杂志、画刊中，或刊登在各类报纸上，这些内容也可用作参考。

(3) 工具书。包括各种辞典、百科全书、年鉴等。工具书既可作为幼儿探索问题时的参考，也可作为科学教育中的教师或家长的参考书。因为这些工具书图文并茂，便于学习。

(4) 科学教育活动方案。幼儿园科学教育活动经过理论到实践的研究，已经形成了许多活动方案。包括本园积累的资料和从其他渠道获取的资料。

2. 电子媒体

电子媒体包括电影、电视、互联网。影视资源可实现寓教于乐，由于直观形象深受幼儿的喜爱。当教师使用现代教育技术时，技术本身即构成了资源的一部分。教育网站为教师提供了资源共享平台，儿童教育网站为幼儿提供了了解科学的空间。

(三)自然资源

1. 动物和植物资源

亲近自然是幼儿的天性，动植物是大自然中最具生命气息的，也最易吸引幼儿。植物的根、茎、叶、花、果实和种子非常容易收集，是极好的教育资源。

2. 非生物资源

水、沙、石、土是幼儿生活中经常接触到物质，喜欢玩水、玩沙、玩泥是幼儿的天性。

3. 自然景观

自然景观包括山川河流、森林草原、日月星辰等大自然中的一切景观。幼儿处于人体成长过程的初期，对大自然的认知空间巨大。

4. 时间、天气、季节

年月日、时分秒、风霜雨雪、春夏秋冬等均是很好的科学教育资源。

(四)教师和幼儿

1. 教师资源

幼儿园的教师资源包括全园的教职员工，这些教职员工自身具有的科学知识水平、对科学的兴趣和态度都会直接影响幼儿的科学意识。

2. 幼儿资源

这里的幼儿资源不单是幼儿的个体，也包括幼儿的群体。幼儿个体对科学表现出好奇心、兴趣和求知欲以及自身发展的特点可以作为幼儿认知与发展的内容。幼儿群体的互相交流学习也是幼儿科学素质提高的重要方面。

(五)社会资源

从隶属和区域的角度划分，相对于幼儿内部，我们把不属于幼儿内部的其他资源称为社会资源。社会资源是指幼儿所在地区或邻近地区，可利用的科学教育活动的设施和条件，包括一切人力、物力。比如家长、社区、科普基地、科学宫、科技馆、气象馆、动物园等为幼儿提供学科学的环境和机会。

1. 人力资源

人力资源是指能够对幼儿科学意识、科学观念带来影响的一切人员。包括以下九类。

(1) 当地的年长者。可以介绍当地的历史变迁、家庭生活、学校教育、社会习俗等。

(2) 各界名人及机关领导。可以说明当地社区政治、经济、文化等方面的组织、活动和问题。

(3) 医生及护士。可以协助讨论保健问题，以及如何建立公共卫生的良好习惯等。

(4) 技术人员。如木工、汽车驾驶修理、缝纫、果树栽培等的专门技术人员。他们可以就其所长，介绍其知识和经验，补充科学教育活动中某些问题的研究内容。

(5) 新闻编辑、图书馆工作人员和出版界人士。他们提供的意见，将有助于幼儿知识的增进、阅读能力的训练，以及许多正确观念的形成。

(6) 农民及从事农业工作的技术人员。可以协助有关农业及农村生活的探索、讨论与分析。

(7) 商界及金融界人士。可以协助研究有关商业、贸易以及金融等方面的问题。

(8) 社会工作者。可以协助讨论、研究与分析有关社会服务、社会发展、救济事业、社会安全等方面的问题。

(9) 幼儿家长。

2. 物力资源

物力资源是指各种物资资源，主要是当地的各种物资，包括当地的各种产品，如农产品、矿产品及工业产品等，还包括当地的各种设施，如活动中心、博物馆、社区服务社等。

3. 自然资源

自然资源是指幼儿园所在地区的自然环境及部分人造环境，包括当地的地形、山川、气候、土壤以及渔、牧、农、森林、矿场等。

4. 组织资源

组织资源是指组织机构，包括当地的各种组织机构。

(1) 政府机构。如乡镇区机关、县市政府等。

(2) 教育机构。如教育馆、图书馆、博物馆、科学馆、艺术馆等。

(3) 慈善机构。如孤儿院、救济院、养老院等。

(4) 交通、邮电机构。如铁路局、公路局、港务局、航空公司、邮局、电信局等。

(5) 卫生机构。如卫生所、医院、诊所、疗养院等。

(6) 司法机构。如地方法院、公安局等。

(7) 公用事业机构。如水利局、供电局等。

(8) 工商业组织。如商店、公司、工厂等。

(9) 金融机构。如银行、证券交易所等。

(六)科学活动专用场所

1. 自然角

在幼儿园的室内、廊檐或活动室的一角，饲养小动物、栽培植物、陈列幼儿收集的无生物及实验用品等的自然角。由于自然角就在幼儿的身边，幼儿可以随时开展活动，因此深受幼儿喜爱。同时也是教师最可利用的场所。

2. 种植园(角)

幼儿园屋舍以外的场地，为了环境的绿化、美化开发的种植园，是幼儿感受自然、体验劳作的场所。

3. 饲养角

在幼儿园室外的一角，设置一些小屋或小棚，供幼儿饲养动物所用的地方。饲养一些诸如小兔、小鸡等幼儿喜爱的但是体型稍大的动物，这些就必须放在饲养角里饲养。

4. 气象角

幼儿在气象角可以了解天气及天气变化的状况、天气观测的顺序，并培养幼儿对气象科学的兴趣和熟悉天气预报的内容。

5. 科学活动室

科学活动室为幼儿再现了生活中的科学场所，在科学活动室内，幼儿可以充分地去发现，不仅有利于幼儿经验的积累，也有利于培养幼儿积极主动的探索精神。

三、学前儿童科学教育活动资源的作用

学前儿童科学教育活动资源对学前儿童学习和教师教学具有十分重要的价值，具体表现为三方面。

(一)有利于科学教育活动的生成

教育活动资源是教育活动的根基，没有教育活动资源的支撑，教育活动似无源之水、无根之木。因为幼儿的学习是在不断地与适宜的资源相互作用的过程中进行的，资源对幼儿的认识具有激发性，使幼儿处于积极的探索状态，在各种尝试中发现问题和解决问题。学前儿童科学教育活动资源具有直观性、形象性，能使幼儿学习变得较为容易，而社区、家庭的资源可以让幼儿跨越幼儿园的围墙，更多地看到、听到、触摸到外面的世界。

(二)有利于幼儿身心全面发展

在科学活动中不仅能提高幼儿科学知识技能的认知与体验，丰富的资源还可以使幼儿通过操作、观察、欣赏、体验、反思等多种途径与外界事物产生联系，用自己的感官去感受世界，与教师、同伴交流互动，获得身心的和谐发展。在与大自然零距离的接触中可增强幼儿对大自然的了解，培养与大自然的亲近感。幼儿在与物质资源的互动中，身体协调能力得到了发展，同时产生感兴趣的体验并得到情绪上的满足，促进情感的发展。

(三)有利于教师组织教学

在学前儿童科学教育活动中，教师只有选择合适的资源并充分利用才能有效地帮助幼儿学习，激发幼儿学科学的兴趣。作为教师，只有选用合适的教育活动资源才能支持教育目标的实现，要为幼儿提供直接接触各种资源的机会，如自然资源、物质材料、人力资源，搭建幼儿与幼儿之间、幼儿与教师之间、幼儿与事物之间互动的桥梁。

第二节　学前儿童科学教育活动资源的选择与运用

各种学前儿童科学教育活动资源在学前儿童科学教育活动的实施中起到重要的支持作用，因为学前儿童科学教育活动的存在是以活动资源的存在为前提的。如何发挥教育活动

资源最大的效用，需要每位教师加以重视并有意识地进行选择和合理运用。

一、学前儿童科学教育活动资源的选择

学前儿童科学教育活动资源非常丰富，合理选择学前儿童科学教育的资源是活动成功的必要保障。如何从众多的教育活动资源中选择最佳方案呢？需要从以下几方面考虑。

(一)教育活动资源的选择要体现学前儿童科学教育的目标

学前儿童科学教育目标是学前儿童科学教育内容的集中体现，实现教育目标必须依托教育内容和教育手段来完成。教育内容和教育手段的选择要考虑每一种教育活动资源在实现教育目标上的不同特点。如社会资源更有利于幼儿科学情感、态度和价值观方面的发展；材料类资源更有利于幼儿尝试、体验科学探究的过程。学前儿童科学教育是多样化的，应在科学教育总目标的指引下，选择并创设相应的资源。学前儿童科学教育的目标之一是要能发展幼儿的思维，以能启发幼儿思考的资源为佳。

(二)教育活动资源的选择要体现自然科学的本质特征

学前儿童科学教育的基本理念之一，是培养幼儿和自然的和谐关系，且必须强调自然的属性和自然的特征。所谓自然的属性，就是在选择与创设科学教育活动资源时，充分利用自然物和自然环境，呈现自然世界的原始样貌，使幼儿能在真实的、自然的环境中接受科学教育。尤其在布置自然角、创设园地及各种材料的选择时都应该尽可能地体现自然的特点。在幼儿园的自然环境中，应做到对自然的绿化和美化，使幼儿园成为一个花园。在选择各种材料时，尽量让幼儿接触实物，使幼儿更多地在自然环境中学习科学。

(三)教育活动资源的选择要符合幼儿的发展水平

根据教育发展的适宜性原则，学前儿童科学教育的内容要符合幼儿已有的发展水平，又要能促进幼儿的进一步发展。在资源的选择上既要满足幼儿发展水平的需要，又要有适当的高度，充分体现近期发展区理论。幼儿的年龄特征决定了他们对世界的认识是感性的、具体的、形象的，实物一类的资源是较佳的选择。只有适合幼儿发展水平的资源，才能较大限度地激发幼儿探索的积极性。如可供幼儿进行探索活动的一类材料资源，在选用上比较灵活，可为不同水平层次的幼儿提供适宜的资源。贴近幼儿生活的科学教育活动资源，不仅为幼儿获得科学知识与经验提供前提和可能，而且能让幼儿真正体验到学习内容的意义。

(四)教育活动资源的选择要保证幼儿的安全与健康

学前儿童科学教育中应尽量地利用一些自然物，特别是天然的物品，但是在选择与创设科学教育的资源时，还必须考虑幼儿的年龄特点。幼儿因为其生理与心理的特点，在接触公共场所、设施设备、各种工具和材料、动物和植物这些教育活动资源的时候，要保证不能给幼儿带来任何身体上的伤害。具体是指在选择与创设科学教育活动资源时，应保持空间环境的清洁卫生，同时注意给予幼儿的材料、实物都是安全可靠的。让幼儿直接接触的玩具、物品和材料必须是经过消毒的或无毒性的。在室内饲养动物一定要考虑是否会影

响室内的卫生，是否影响儿童的健康。与幼儿零食相似的材料一定要谨慎处理，以免发生幼儿误食现象。学前儿童科学教育活动资源往往是以自然物为主，一些自然物体会带有对幼儿有害的物质。所以幼儿园不能种植对幼儿有害的植物，包括直接会对幼儿身体造成外伤性伤害的和有毒性的植物。在饲养动物时，患有传染病的动物不能饲养。

(五)教育活动资源的选择要适合幼儿园的设备条件

活动资源选择应该从本地、本幼儿园的实际出发，选择幼儿周围环境中比较丰富的、在实际生活中容易接触到的现实资源。充分体现本地区的自然特点，提高资源的使用价值与利用率，发挥优势，形成自己的风格与特点。选取的科学教育活动资源要配合幼儿园本身的物质条件，因地制宜综合地利用各种科学教育活动资源。随着时代的发展，幼儿园往往会购置一些现成的教玩具，虽然这样方便快捷，而且制作的样式、质量也比自制的高级，有时购买一些现成的物品也是合理的。但是对幼儿来说，他们更愿意探索的却是一些贴近他们生活的环境和材料，特别是他们自己收集的各种材料制作的物品，更是感到非常地喜欢。例如利用废旧物制成的玩具，会使幼儿爱不释手且充满自豪感。

二、学前儿童科学教育活动资源的运用

学前儿童科学教育活动资源从空间上可分为幼儿园资源、家庭资源和社区资源，这三方面的资源是一个完整的资源库，需要充分挖掘综合利用，才能为幼儿的全面发展创造良好的环境。

(一)整合幼儿园内部资源

幼儿园内部资源有教师资源、幼儿资源、物质资源、信息资源、偶发性的科学教育活动资源等。这些资源的综合使用，可以更有效地提高幼儿的感知能力。偶发性的科学教育活动资源，比如大雾、彩虹、蚂蚁搬家、蜘蛛结网、飞进教室的小鸟等，对这类偶发性的科学教育活动资源，教师要善于及时抓住并充分利用。

(二)整合幼儿园、家庭和社区资源

学前儿童科学教育活动的开展既要重视幼儿园、家庭和社区资源的投入和利用，也要重视幼儿园、家庭和社区资源的综合利用以提高教育活动资源的效率，发挥优化的教育活动资源功能。各类学前儿童科学教育活动资源使用之时各有优劣，必须根据具体情况，扬长避短，优化组合，使各类教育活动资源在学前儿童科学教育活动中形成最佳组合，才能发挥资源的优势，实现幼儿园科学教育目标，促进幼儿活泼、健康、主动地发展。

(三)整合科学资源与人文资源

幼儿教育应该把科学资源和人文资源结合起来，培养幼儿形成完善的人格和高尚的情操。教师应该既重视科学改善人类的物质生活和精神生活的社会价值，又重视幼儿友爱、健康、宽容、责任、学会生活和积极向上的个人价值和家国情怀。

(四)整合传统文化资源与当代科技成果

当今科学技术日益渗透到经济发展和社会生活的各个领域，在学前儿童科学教育领域也不例外。教师要认识到，科技不仅成为推动社会生产力发展的最重要因素，而且也成为幼儿认识和感知自然的有力工具。伴随着现代科技的发展和全球化的浪潮，国际科技文化的交流日益频繁和广泛，中国传统文化的力量不容忽视。在学前科学教育中，教师要加强中国传统文化在科技进步方面的融合，把科学精神和民族的传统文化结合起来，培养幼儿的爱国主义精神。

第三节　学前儿童科学教育活动资源的创建与管理

学前儿童科学教育活动资源包含幼儿园资源、家庭资源和社区资源三大板块，但是从幼儿园学前儿童科学教育活动开展来看，幼儿大部分时间是在幼儿园内活动的。因此，在幼儿园内合理创设学前儿童科学教育活动资源显得尤为重要。

学前儿童科学教育活动资源的创建与管理.mp4

一、种植园地的创建与管理

种植园地是幼儿身体力行的最佳场所，种植园地里的各种生物都向幼儿展示了具体形象的生命内容，提供了丰富的活动资源，种植园就是一个小小的生态园。种植园里不仅有幼儿种的植物还有小动物，以及植物、动物生长活动所需的土壤、水等物质。在与资源的互动中幼儿可以感知植物和动物的基本特征、生长过程和生长条件，见识自然的丰富与多元，感受大自然的奥妙。种植园地包含着许多科学探究的知识，幼儿可以进行预测、观察、实验、记录、讨论，从中享受真实体验，萌发科学探究的兴趣，体验发现和探究的快乐。在种植与管理的过程中幼儿还能学习简单的劳动技能，体会劳动的辛苦与收获的快乐。

(一)种植园地的创建

1. 精心设计和规划场地

种植园地应根据幼儿园的场地和条件精心规划，将其划分为花草树木栽种区和常见蔬菜栽种区，如小菜园。小菜园应该选择阳光充足、活动室四周的边角处，以便于幼儿观察、操作和管理。为了充分利用场地，小菜园可根据具体条件设计成各种形状，场地太小的幼儿园也可以运用盆栽方式，以弥补场地不足的状况。

2. 提供劳动工具和充足的活动材料

常用的劳动工具包括小铲、小木桶、喷水壶、小锄头等。可配备若干尺子(卷尺和直尺)、放大镜、玻璃瓶、筷子、小竹竿、小罐、记录表格与空白纸张、笔(铅笔和彩色笔)等用于幼儿观察与操作。

(二)种植园地的管理

1. 制定管理制度，专人负责管理

种植园地应有专人进行管理，合理分配各个班级参与管理的时间。幼儿可参与的工作

包括播种、移栽、拔草、浇水、松土、收获等。教师要制定日常管理制度，明确任务的参与范围，包括全班共同参与的任务、值日生任务、教师带领完成的任务。可将各班分成若干小组，灵活利用游戏、散步时间轮流进入种植园，保证每个幼儿每周都有与种植园亲密接触的机会与时间。

2. 选择合适的种植内容

幼儿年龄小，不易维持种植兴趣，应选择种植容易成活、种植管理方法简单、生长周期短、能在短期内开花结果展现完整生命周期的植物，如蚕豆、玉米、大蒜、小白菜等。开花结果的植物能使幼儿感受生命的美丽和享受到收获的喜悦。种植的植物应根据季节、幼儿观察的需要等条件进行变换，有变化的内容可以激发幼儿的好奇心，引起他们探索的兴趣与愿望。各季生长的花草树木能使种植园地一年四季都有美丽的风景，供幼儿探索发现。

3. 及时修复劳动工具、补充操作材料

应随时对劳动工具进行检查，如有损坏及时修理，保证幼儿使用的安全。操作材料在幼儿使用后收拾归位，及时补充消耗的材料保证活动的继续进行。

二、沙池、水池的创建与管理

沙子和水是自然界最易取得的资源，是大自然提供给幼儿的最好玩具，也是儿童科学教育活动优质的教育资源。沙子和水没有固定的形状，幼儿可以根据自己的意愿和想象随意玩耍，玩沙玩水的游戏本身具有主观性和可塑性，可以给幼儿提供充分发挥他们想象力和创造力的空间。玩沙玩水的游戏会给幼儿带来无穷的欢乐，给予幼儿极大的满足感和成就感。在玩沙玩水的过程中获得关于沙和水的知识，促进了感知觉的发展。在幼儿尽情玩耍中需要大小肌肉群的运动，因此可以锻炼幼儿肢体的协调能力。

(一)沙池、水池的创建

1. 场地设置

沙池、水池从位置上可分为室内和室外；从自身特性上可分为固定的和可移动的，后者可分为沙水箱、沙水盆。户外沙池应设在向阳背风处，深 0.30～0.50 米，有良好的排水性能、有遮盖物，遮盖物可在形状与色彩上加以考虑，注重美观。有条件的幼儿园应该设置沙池、水池，沙池、水池越大越有利于幼儿的活动。条件不足的幼儿园可采用移动式沙水箱，每个能满足 4～6 名幼儿活动才能发挥应有的效果。

2. 材料准备

沙必须是细软的天然黄沙，经筛滤除去杂质，不能使用工业沙和石英沙。辅助材料如沙漏、沙铲、小水壶、小水桶，各种可用于玩沙玩水的玩具，废旧物品(如塑料瓶、塑料袋、泡沫等)，其实可以用于玩耍的废旧物品本身就是幼儿的玩具。

(二)沙池、水池的管理

1. 保证沙和水的清洁

沙要经常过滤，每次活动结束后要清除遗留物，筛去小石子等杂质。沙池中的沙在雨后应翻晒，经常翻动，保持沙的松软、清洁。露天沙箱中的沙土也要定期进行清洗，要设盖以防止动物粪便等污物。如是沙量较少的沙箱，可将沙倒在能滤水的容器中，用清水冲洗后晒干。水池中的水要经常更换，根据要求进行消毒。在不能玩水的季节，要及时放掉水池中的剩水。

2. 提供必要的清洁措施

玩水前要清洁玩水用具。玩水玩沙都可给幼儿准备罩衣、围裙，玩沙时可帮助年龄较小的幼儿把领口塞住，袖口扎紧，在天气炎热的季节幼儿玩沙可以脱去鞋袜。

3. 制定规则

在活动前要说明游戏的规则，游戏中也要提醒幼儿玩沙时不要抛沙，不揉眼睛，把游戏的用具收拾归位，保护水，节约用水。

4. 合理组织

要保证活动的正常进行，除提供必要的物质条件和充分的时间保障外，还应灵活组织。户外容易受季节、天气的影响，可以将室内与室外的活动结合起来。在户外可让幼儿自由游戏，定期组织幼儿集体玩耍。

三、饲养角的创建与管理

饲养角是在幼儿园室外的一角，设置一些小屋或小棚供幼儿饲养动物所用的地方。小动物是幼儿园不可缺少的内容，在活动室的自然角内，幼儿会饲养一些小动物，但是也有许多小动物必须在室外饲养，所以大多数幼儿园都会建立饲养角。

(一)饲养角的创建

(1) 饲养角一般选择在距离幼儿活动室稍远的地方，要求地势较高、阳光充足、空气流通，并且便于清扫。有些幼儿园场地较小，可以利用走廊、楼顶的平台等地方，放置饲养动物的笼舍。

(2) 由于小动物的居住有一些特殊的要求，最好能建造一些小棚小屋让动物们居住。这些小屋在造型上可设计得充满童趣，在色彩上可鲜艳一些。例如，卡通小屋里住着鸡妈妈和她的孩子们，蘑菇亭小屋内住着小兔的一家。无论饲养角建造在哪里，都应考虑用水、排水的问题，以方便打扫。

(3) 饲养角里最重要的还是饲养的动物。在饲养动物时，应考虑到各年龄幼儿的特点，还可以结合课程、主题的需要，尽量选择一些活泼可爱、管理方便、幼儿能亲自照料的动物，比较常见的是饲养兔子、刺猬、小鸡、小鸭、鸽子及各种鸟类等。

(二)饲养角的管理

饲养角与种植园地一样，也是为幼儿创设的亲自然环境，饲养角的建立和活动的开展也是围绕幼儿为主体而进行。

(1) 在饲养角活动时，教师应和幼儿一起进行安排饲养场地、选择饲养的内容等。

(2) 在饲养角，教师应有计划地指导幼儿饲养动物。小班幼儿主要是拿些菜叶或草等食物来喂养动物；中班和大班的幼儿除了喂食以外，还可以参加一些打扫动物小屋的活动。无论是喂食还是打扫，其主要目的在于让幼儿在与动物的接触中观察、了解动物，以及培养幼儿对动物、对自然的情感。

(3) 应经常对园地的建筑物或其他设备等进行检查，如有损坏应及时修复。例如，检查栅栏是否牢固、地面是否平整，以避免发生意外事故。

第四节　学前儿童科学教育活动资源的开发与利用

一、科学教育墙饰创设

学前儿童科学教育活动应该渗透到幼儿在园活动的方方面面，从幼儿教育的统整角度来看，幼儿接受的是全面的生活教育，无法与日常生活割裂开来。在幼儿园的物质环境中，墙饰也是幼儿进行科学探索的一个空间。高质量的墙饰能够支持幼儿的探究活动，激发幼儿的探究动机，引导科学教育活动向纵深开展。与学前儿童科学教育活动相关的墙饰主要包括：科学探究活动的主题墙饰、常规性科学活动的主题墙饰和科学活动区域的背景墙饰等。

(一)科学探究活动的主题墙饰创设

科学探究活动中的主题墙饰主要是指在学前儿童科学教育的集体活动中教师创设的活动场景的主题墙，是一种与科学探究活动内容相互呼应的墙饰。教师在进行科学探究活动时，要积极挖掘主题墙的科学教育因素，设计与幼儿具有较高互动性的主题墙，使之为幼儿科学教育活动服务。

科学探究活动的主题墙饰应具有以下共同特征。

(1) 墙饰的空间选择。空间上以主墙面为主，有时可以有小墙面的配合。

(2) 墙饰的内容和主题。墙饰主题的范围以科学领域的关键经验为主，墙饰的内容和体现形式应有利于帮助幼儿梳理和提升关键经验，促进教育目标的实现。墙饰的内容是在幼儿充分经历和经验的基础上形成的，是以个人的学习、表达和记录为基础的。

(3) 墙饰的管理。教育活动完成之后，教师要带领并指导幼儿将墙饰上的内容按序列和逻辑关系装订成册，制成图书，投放到相应科学发现角、自然角或阅读角，供幼儿阅读与分享。

(二)常规性科学活动的主题墙饰创设

幼儿常常以值日生的角色和身份进行一系列与科学探究相关的活动，与这些活动相呼应的墙饰可以称之为常规性的科学活动主题墙饰。这类墙饰与幼儿的互动性也比较高。主要包括：天气预报和自然角中的动植物管理与探究活动等。

常规性科学活动的主题墙饰应具有以下共同特征。

(1) 墙饰的空间选择。这些墙饰在空间上需要的面积不大，没有过多的要求，与相关物品和材料摆放的位置相临近、相适宜即可。

(2) 墙饰的内容和主题。主题来源于常规要求、各班具体的环境创设和学习内容。从科学教育活动的区域来看，主要是气象角、饲养角和植物角。例如，天气预报、动物、植物的照料。墙饰风格形式应生动形象，符合不同年龄幼儿的特点和需求。

(3) 墙饰的管理。要定期更换墙饰的内容，有价值的墙饰内容可以装订留存。

(三)科学活动区域的背景墙饰

每个班都设有不同形式的科学活动区，这些区域的背景墙饰也具有重要的作用，高质量的科学活动区背景墙饰能促进幼儿的自主探究和潜移默化的知识渗透。

科学活动区域的背景墙饰应具有以下共同特征。

(1) 墙饰的空间选择。选择区角的墙面位置，可大可小。

(2) 墙饰的内容和主题。内容和主题要与区域活动的主体内容、阶段性目标、操作材料相适宜。还要具有一定的美感。另外，可以配有工作规则、工作程序的提示等。

(3) 墙饰的管理。墙饰展出完成后，所展示的全班的集体记录或小组记录可以作为学习档案保留收藏。

二、科普文学作品创编

文艺作品中包含着丰富的科技知识，有利于扩展和丰富学前儿童的科学经验，激发幼儿对科学的兴趣，引导学前儿童学习科学，帮助学前儿童理解科学概念，为学前儿童提供了广阔的思维空间。通过文学艺术的方法进行科学教育，从小培养他们对科技的广泛兴趣；还可以使学前儿童在欣赏、学习文艺作品的过程中，感受科技对人类的影响，潜移默化地受到熏陶。可以用于科学教育的文艺作品的范围很广，文学作品包括童话、故事、诗歌、谜语等。文艺作品在应用于科学教育时，要注意两个方面：一是选择和创编科普的作品；二是指导科学的阅读方法。

(一)选择和创编科普作品

在选择和创编科普作品时，应考虑其内容的针对性。内容的针对性首先表现在内容应能结合幼儿园科学教育的需要，使科普作品成为科学教育的重要内容及方法；其次表现在能符合幼儿的年龄特点。不同年龄阶段的幼儿所选择的科普作品虽应有不同，但总体来说，作品应该围绕一个科学现象或概念展开其情节，避免内容松散或者内容庞杂，使幼儿通过科普作品能对科学现象得到充分认识。

在选择直接供幼儿阅读的作品时，还要对材料本身进行考察。这种考察包括纸张、画面的形象、颜色、印刷质量等。一般来说，供幼儿进行早期科学阅读的作品，应该是大画面(最好是实物照片)、色彩鲜艳、文字少而浅显、主题突出、印刷及纸张质量好的，以吸引幼儿阅读。

1. 灵活运用科普作品的内容

在幼儿园教育中可以结合主题活动的需要，运用科普作品。科普作品的作用之一，是能通过阅读，开阔幼儿的眼界，使他们产生丰富的想象。因此结合活动主题，让幼儿接触更多的文学作品，对幼儿科学常识和科学观念的建立能起到积极的建构作用。比如好多有关动植物的儿歌、诗歌、故事或谜语，就是很好的学习材料。

2. 挖掘科普作品的科技内涵

科普作品中有幼儿自由阅读和欣赏的部分，也有师生共同阅读和欣赏的部分。在师生共同阅读、欣赏的过程中，教师可以运用提问的方法与幼儿一起阅读图书、欣赏歌曲，熟悉和理解图书、歌曲的大致内容，然后应围绕作品中有关科学的内容重点开展活动。在一些文艺作品中，科技的内容往往并不十分明显，需要教师仔细分析和挖掘。在幼儿对主要内容有所把握后，教师要鼓励他们将主要内容总结、归纳，结合作品的难点、重点，进行必要的指导，使幼儿将作品中的细节与内容相结合，从而比较深入地理解作品的主要内容，并能体验作品中所折射出的科学道理。

(二)指导科学的阅读方法

文艺作品中的科技内容往往是幼儿最关心的。在利用这些文艺作品丰富幼儿科学活动的过程中，要结合各种科学教育的方法，并加以适当的引导。

1. 结合观察的方法

观察是幼儿园科学活动不可缺少的内容，文艺作品中的科学知识往往是通过观察来验证的。如儿歌《七彩虹》：“雨过天放晴，太阳露微笑，双手捧出七彩虹……”教师可抓住雨过天晴的天气，带幼儿去观察彩虹出来后的景色，讲述其中的科学道理，使幼儿在观察中，通过自己的感官的直接感知，相信科学，向往科学。

2. 结合小实验的方法

将文艺作品中的科学经验付诸实现，让幼儿懂得其中简单的科学道理。例如歌曲《小红花》，是幼儿喜欢的一首歌曲，其歌词是：“花园中，篱笆下，我种下一朵小红花，春天的太阳当头照，春天的小雨哗哗下……”幼儿通过学唱这首歌曲，不仅提升了歌唱能力，还可通过适当的方法理解歌词内容中的科学道理。教师可以组织小实验活动，让幼儿亲手去种植一些植物，通过植物的生长过程，逐渐明白泥土、阳光、水、空气在植物生长中的作用。

3. 结合游戏的方法

游戏是幼儿时期的主导活动，是幼儿最喜爱的一种活动形式，游戏中同样包含许多科学知识。结合信息交流的方法，文艺作品中涉及科学的知识，需要通过幼儿信息交流，特别是语言的方法来进行理解和提升。教师可以通过讲述、提问、讨论等各种方法，使幼儿明白其中一些简单的科学知识。

总之，在运用文艺作品进行科学教育时，由于文艺作品往往不是以单一方式呈现，所以应该结合各种方法交叉进行。

三、生活中的科学教育

幼儿的一日生活是科学学习和探究活动的重要途径之一。在真实生活的背景下，作为值日生工作常规内容的天气预报活动、在一日生活中利用各种时机进行的随机科学教育、不同季节的郊游和采摘活动等，都是生动且有意义的教育途径与方式。

(一)一日生活中的科学教育

生活中的随机教育是灵活多样的。就活动发生的场所来说可以是室内的，也可以是室外的。就活动的形式来说，可以是针对个别幼儿进行的随机教育，也可以是由某一个生活事件所引发的小组或集体的科学探究活动。

(1) 有助于幼儿积累科学经验。在幼儿的一日生活中，有许多可以渗透科学教育的时机，抓住这些时机渗透科学教育，有助于幼儿积累科学经验。

(2) 乐于探究各种现象发生的前因后果。通过在一日生活中利用各种时机进行科学教育的渗透，幼儿能够感知和发现生活中有趣的科学现象，乐于探究各种现象发生的原因与结果。

(二)户外活动中的科学教育

当前，幼儿园都非常重视环境的创设，每个幼儿园都如同一个小花园，种植各种各样的花草树木，养很多有趣的昆虫和小动物。园内这些大大小小的生灵吸引着幼儿的好奇心和探究热情，在教师的引导下，能够开展各种生动有趣的探究，丰富幼儿有关生物的关键经验。在幼儿园内的户外探究活动中，幼儿能够学习到很多科学常识和科学态度。

(1) 乐于观察与发现周围环境的变化，对周围的事物感兴趣。

(2) 感知动物和植物的多样性。

(3) 收集、比较、分类与交流。幼儿对从园子里收集到的各种各样的有趣的物质和材料进行比较和分类，描述和交流它们的特征。

(三)郊游和采摘活动中的科学教育

郊游和采摘是幼儿园集体活动的一种主要方式，这些活动对于年幼的幼儿来说极具冒险性和挑战性，这些更加接近自然界的环境强烈地吸引着幼儿。在郊游和采摘活动中，幼儿可以学到很多与生态有关的知识。

(1) 运用感官和各种简单的工具进行探索和考察，发现自然界所拥有的各种各样的物质和材料，包括阳光和空气。

(2) 收集、比较、分类与交流。幼儿对从自然界中收集到的各种各样的有趣的物质和材料进行比较和分类，描述和交流它们的特征。

(3) 时间的概念。幼儿可以在一年不同时间里，通过多次观察发现自然界的变化，发现动物和植物在一年四季中有规律地周期性变化。

四、幼儿社会活动案例

幼儿园学雷锋纪念日活动方案

活动目标：

通过参观雷锋纪念馆，使幼儿了解雷锋叔叔，知道雷锋叔叔的事迹。培养幼儿向雷锋叔叔学习的品质和助人为乐的精神。

活动地点：

雷锋纪念馆

活动时间：

2022 年 3 月 17 日(周六)

活动行程：

(1) 早上 8:30 在幼儿园内集合，统一乘坐大巴出发，经过约一个半小时到达雷锋纪念馆。

(2) 纪念馆专门人员接待，组织向雷锋同志献花，跟随讲解员看展厅图片展览。

(3) 在雷锋雕塑像前集体留念照相，以班级为单位表演节目，形象地再现雷锋的一生及事迹，接受爱国国防教育。

(4) 中午集体乘坐大巴车至城市公园，在青山绿水间野餐。

(5) 安排实践活动。在公园内捡垃圾，以实际行动向雷锋叔叔学习。

(6) 16:30 返回幼儿园。

本章小结

本章主要介绍了学前儿童科学教育活动资源的含义、内容和作用，详细阐述了学前儿童科学教育活动资源选择与运用的原则、各种资源的创建与管理办法以及资源的开发与利用。

思考题

1. 什么是幼儿园科学教育活动资源？
2. 怎样选择幼儿园科学教育活动资源？
3. 根据本节所讲的理论知识，设计一个科学发现室。
4. 选择一所幼儿园，根据该园的具体情况设计一个种植园。

知识链接

显微镜下的小人国

1675 年的一天，忽然下起了滂沱大雨，狭小的实验室又黑又闷。列文虎克无法再观察显微镜，便站在屋檐下的窗口，眺望从天飞落的雨水。忽然他萌生了一个念头：用显微镜来看看雨水里有什么。于是，他用吸管取了一管雨水，滴了一滴在显微镜下，进行观察。

“雨水怎么会动？”列文虎克大叫起来。原来，他看到雨水里有无数奇形怪状的小东西在蠕动。他认为是眼睛过于疲劳而造成的错觉，便揉眼再看，结果仍与刚才一样，他感到十分震惊，连忙大声呼唤自己的女儿，女儿以为实验室里发生了什么意外，便直奔实验室。

“我让你看样东西。”列文虎克用手指了指显微镜。女儿走到显微镜跟前一看，惊奇地叫道：“哎呀，这是什么东西啊？跟童话里的小人国一样。”

“这是雨水里的世界。”

“那真是太奇怪了。”

“是啊，确实太不可思议了。”列文虎克陷入了沉思，“这些小人国里的居民是从天上来的吗？”

为了验证这一问题，列文虎克让女儿用干净的杯子到外面接了半杯雨水，然后取出一滴，放在显微镜下，结果没有看到什么东西。可是，过了几天再观察，杯子里的雨水又有小居民了。很显然，这些小居民不是来自天上。

雨水里有小居民，那么其他东西里有没有呢？他将牙垢取下来，用刚取的雨水稀释之后，放在显微镜下，结果也看到了小居民；他又将泥土取来，用刚取的雨水搅拌后，取一点放在显微镜下，结果还是看到了小居民。列文虎克将这些实验记录下来，写成实验报告，寄给英国皇家学会。

列文虎克的这篇实验报告无异于向英国学术界投掷了一颗重磅炸弹，引起一片哗然。

“雨水里怎么会有生物，这简直是胡说八道。”

“这恐怕是在跟我们开玩笑。”

“看这报告的格式、写法，就可想而知文章的真实性。”

绝大多数的科学家持怀疑的态度。庆幸的是，英国皇家学会具有严格的法规，这些法规不允许他们草率地将这篇文章束之高阁。

于是，英国皇家学会组织了一个由 12 名学术权威组成的考察团。他们乘船渡过北海，来到列文虎克的家乡——荷兰的德尔夫特。

在列文虎克家，科学家们在显微镜下，观察到了水中的小居民。他们激动万分，纷纷称赞列文虎克的发现“具有里程碑式的意义”。

其实，列文虎克发现的小居民就是原生动物。他的这一发现，打开了微观世界的一扇窗，透过这扇窗，人们看到了一个神奇的微观世界。

(资料来源：武晋峰. 玩着学科学[M]. 南京：江苏凤凰教育出版社，2014.)

第九章　学前儿童科学教育活动评价

本章学习目标

- 理解并掌握学前儿童科学教育评价的目的与意义。
- 理解并掌握学前儿童科学教育评价的内容。
- 理解并掌握学前儿童科学教育评价方案的编制。
- 理解并掌握学前儿童科学教育评价的具体方法。

重点难点

重点：科学教育和数学教育的评价内容。

难点：科学教育活动的评价方法。

案例导入

幼儿园教师除了要做活动指导，准备教具、材料这些工作以外，无论是集体活动还是区域活动，幼儿在学习的时候，教师还要密切地观察幼儿，活动结束后教师需要记录幼儿的活动情况。学期的某一阶段，幼儿园把教师的教案(活动指导)、观察手册、幼儿的成长记录收集起来，进行整理保存。上述的工作有时得不到教师的理解，他们认为这些并没有什么价值，作为幼儿园园长，应该怎样说明这些文字工作的意义并启发教师做好这些重要的工作呢？

【问题思考】

在理解教育评价的意义基础之上，我们应该怎样评价学前儿童科学教育，怎样设计评价方案，用什么评价方法才能更好地评价各种科学活动。

第一节　学前儿童科学教育活动评价概述

一、学前儿童科学教育活动评价的理论

(一)教育评价的概念

教育评价是 1929 年由美国教育家泰勒(R. W. Tyler)首先提出的概念。作为一门学科，其理论体系是在美国对教育测量运动的批判中形成的，并最终取代了教育测量。教育评价的理论和基本思想就是注重教育效果的价值判断，强调必须分析教育应该达到的目标，并

根据目标来评价教育效果，认为教育评价可以为实现理想的教育目标起到促进和保证作用。但是由于看问题的角度、方法不同，而且教育评价在理论和实践上都处于探索和研究阶段，因此对教育评价至今仍未形成一个确切的、严谨的、被一致接受的科学定义。

尽管现在对如何界定教育评价还未达成一致，但是对教育评价的特点却有着一致的认识。一般来讲，教育评价具备以下三个方面的特点。

(1) 教育评价是一个活动过程。它是一种特殊的、连续性的活动，包含着一系列步骤和方法，并非单一性活动。

(2) 教育评价是有目的、有计划的活动过程。与日常生活中的价值判断不同，它是由确定目标、搜集资料、分析资料、形成判断、指导行动等工作组成的。

(3) 教育评价活动中的评价者与被评价者是统一的。在教育评价活动中，不能将评价者与被评价者看作孤立的两个部分，使之互相对立，而应该使之在评价活动中互相合作、协同动作。

因此，我们可以认为，教育评价是对教育的社会价值作出判断的过程。教育作为一种客观的社会活动，它的结果应该满足一定的社会的政治、经济和文化等发展的需要。也就是说，它具有政治价值、经济价值和文化价值，这些价值的总和又构成了教育的社会价值。教育评价就是对教育的这一社会价值做出判断，并以此促进教育的发展。

(二)学前儿童科学教育活动评价的概念

学前儿童科学教育活动评价是以学前儿童科学教育为对象，根据一定的标准，采取科学的评价技术和方式、方法，对学前儿童科学教育活动的目标、内容、过程及教师、幼儿等进行测定并加以分析，最终作出价值判断的过程。例如，我们可以评价幼儿在科学活动中的观察力、解决问题的能力、探索的兴趣和欲望；也可以评价教师教学方法的运用及教学效果；还可以评价教师与幼儿的互动情况及环境的价值；等等。

学前儿童科学教育活动的评价要从实际出发，倡导“多元评价”，使评价的主体、方法、标准等多元化，体现人性化、个性化。要树立科学的教育评价理念，应该注意以下三点。

首先，从权威评判转变为平等对话，即摒弃只有权威才能担当评价者，只有权威的评价才是唯一的评价结果的观念，改为倡导“多元评价”。因为不同的人有不同的价值取向，如家长和教师的价值观不可能完全一样，幼儿和成人的价值观也肯定不一样。所以，对同一件事不同的人就会有不同的价值判断。由此可见，只有多方共同参与、合作、交流、沟通，才会获得全面而科学的评价。

其次，在评价中要树立“过程意识”，即评估要渗透到整个教育过程中，重视教育过程的评价。例如，教育过程中关于教师教学方法的运用，幼儿探索发现的兴趣、方法及解决问题能力的评价。要避免偏重对结果的评价而忽视对过程的评价。

最后，根据《指南》的要求，必须理解和尊重幼儿的学习方式和特点，注重对幼儿差异性的评价，避免“一刀切”和“成人化”的评价。充分尊重幼儿的个性，深入挖掘每个幼儿的发展潜力，采取动态的评价，关注幼儿的可持续发展，做到通过评价实现“以发展的眼光看幼儿”“让每个幼儿在原有的基础上获得发展”。

二、学前儿童科学教育活动评价的目的

学前儿童科学教育评价的目的是多方面的，但其主要的目的可以从学习者的学习和教师的教学两个方面来考虑。多年来，我国幼儿园教育评价中从学习者和学习方面来思考的评价目的更多地指向甄别功能。就科学领域来说，评价的目的往往用于判别智力水平的高低或认知能力的高低。从教育者的教学方面来讲也主要是为了确定教师的教学技能和教学水平的高低。近年来，由于人们对科学领域教与学的独特性的认识不断加深、对教与学的目的与相互关系的重新认识，因此对幼儿园科学教育评价的目的也有了新的思考。

(一)了解学习者

(1) 了解儿童的需求与初始想法。

(2) 了解儿童的学习过程、进展与结果。

(3) 给儿童提供更有针对性的反馈。

了解学习者——幼儿，是科学教育评价的重要目的之一。但这种评价不再是为了判别智力或认知水平的高低，而是了解幼儿的需求和初始想法、幼儿的原有经验和认识、幼儿探究的基本前提和起点，以便更好地支持幼儿的探究活动，改进幼儿的原有认识。

了解学前儿童科学学习与探究的过程、进展与结果，是为了更好地揭示幼儿建构科学经验的方式和过程、幼儿所取得的一个个进展或困难所在，以便给予幼儿及时且恰当的支持与帮助。了解幼儿学习的结果是为了掌握幼儿新获得的经验和达到的新水平，并将此作为制订下一步新的学习活动计划的依据。

为幼儿提供有针对性的反馈是至关重要的。只有这样，才能为幼儿提供适时的、适宜的、有针对性的帮助。因此，给幼儿提供反馈已成为科学教育评价的重要的和关键性的目的。

(二)改进教学

(1) 制订指导教学的计划。

(2) 检查环境的创设和材料的提供是否适宜。

(3) 检查教育教学方式与策略的适宜性与有效程度。

目前，许多科学教育的理论和实践工作者把评价视作一种教学的策略来进行论述或在教学实践中使用。科学教育评价可以说是为了解学习者的学习和改进教育教学，为儿童提供高质量的科学教育作出了贡献。因此，改进教学是幼儿园科学教育评价的另一个重要目的。这里的教学是一个广义的概念，它包括幼儿教师为幼儿提供的所有指导活动、指导策略与方式。

发生在科学探究各个阶段的、以各种方式进行的评价所搜集到的信息，是制订教学计划和活动方案的重要依据。同时，还能检测幼儿在探究时的心理环境是否健康、物质材料是否具有适宜的结构、环境是否具有支持性等。这些都是保证学前儿童科学探究和科学学习的基本条件。通过对这个课程框架的评价、教学过程的评价，能够检测教育教学方式与策略的适宜性与有效度，识别出那些不适宜教育教学的方式与策略，加以改进和调整。

三、学前儿童科学教育活动评价的意义

(一)对学前儿童科学教育活动的各个要素进行鉴别

通过评价我们可以对教育活动的各要素进行科学的鉴别，也就是说，可以以《指南》中，幼儿的学习发展水平、行为特点、年龄特征的基本要求为导向来检查教育活动的各个方面是否达到了预期的目标，或目标实现到何种程度。例如，通过对某一教育活动结果的评价，来检查幼儿对某一内容的学习情况，从而评价教育活动的效果。另外，通过对幼儿在活动中的表现，评价幼儿的发展水平。同时，我们还可以对评价的对象作横向比较。例如，哪个幼儿发展的水平较高，哪位老师教学的方法更得当，教学的效果更佳。所以说，学前儿童科学教育评价具有反馈功能，可用来判断科学教育过程中的每一个步骤是否有效，如果无效则必须及时采取变革措施，以确保科学教育质量。

(二)对学前儿童科学教育活动作出诊断

过去的教育评价偏重选拔性功能，而当今的趋向是淡化评价的选拔性功能，更强调其诊断作用，即评价不仅是对教育活动的结果进行横向对比，而且要对教育活动的过程作出纵向对比，以便使教育过程更加完善，更加有效。通过诊断可以发现教育过程中存在的问题，并进行分析和诊断，从而改进。例如，引导大班幼儿进行春天的总结性谈话之前，就要了解他们对春天的相关知识、内容的掌握情况，以便有的放矢地组织幼儿开展活动，这种评价就具有诊断作用。又如，根据小班某个幼儿在计数活动中的较长期的表现，可以诊断出这个幼儿计数能力在不同阶段的发展情况，从而判定这个幼儿计数能力的整体发展情况。

(三)对学前儿童科学教育活动加以改进

教育评价的最终目的从根本上说是为了改进今后的工作，而不是鉴别和诊断。在教育活动中，我们将根据教育活动的目标不断地对教育实际作出一系列的评价，通过持续不断的评价达到改进教育活动、实现教育目标的目的。

(四)更好地实施个别教育，因材施教

通过教育评价可以对学前儿童进行纵向与横向的鉴别和诊断，也就是说，通过评价可以了解哪个幼儿发展得较好、较快，哪个幼儿发展得较慢、存在着不足，并通过分析找出症结，更好地了解幼儿间的个别差异，真正做到因材施教。

总之，科学教育评价可以使我们更深入地了解儿童发展的年龄特点和个别差异，帮助教师不断地反思改进自己的工作，更好地促进幼儿的发展。

第二节　学前儿童科学教育活动评价的内容

幼儿园科学教育的核心价值是激发幼儿的好奇心和探究欲望，培养幼儿的探究意识和探究能力，而非传统的以知识传递为目标的课程中所强调的让幼儿较早地掌握较多的科学知识。以此为目标的科学教育活动更注重科学探究的过程，而非探究的结果；更注重幼儿

在探究过程中获得的经验与体验，而非具体的知识。在评价关注高质量的科学教育活动时，法国的“动手做”科学教育改革实验提出，高质量的科学教育活动应具有以下主要特点。

(1) 注意保护儿童，并提供所有有关安全的预示和注释。

(2) 建立在儿童原有的经验、背景和有关早期儿童理论之上。

(3) 能激发儿童的好奇心，鼓励儿童进一步提出自己的问题和发展自己的想法。

(4) 在精心设计的情境中，让儿童对某个主题进行一段时间的深入探究。

(5) 鼓励儿童进行思考、表达并记录他们的体验，并与他人分享和讨论自己的想法。

(6) 应该嵌入在儿童日常的活动和游戏之中，并能整合其他方面的活动。

(7) 给所有儿童提供加入科学体验的机会。

(8) 对儿童进一步的发展有利。

上述关于高质量科学教育活动的主要特点说明了评价科学教育的总体原则和基本理念。同时，在科学教育活动评价中，对环境和材料的评价也是重要的内容之一。主要包括：①精神和心理氛围的安全性(平等的、接纳和尊重差异的、鼓励探究和发现的激励性的环境)；②具有适宜结构的环境布置和操作材料(暗含着教育目标，能激发幼儿的探究兴趣，能引导和支持幼儿的探究与发现)。

一、对科学教育活动的评价

(一)是否提供丰富多彩的科学探究材料

材料是幼儿不可或缺的探究对象，也是引领幼儿开展科学探究活动的物质载体，因此，教师应为幼儿提供丰富多样的科学探究材料，从而保证科学活动的顺利展开。在评价时，首先，观察教师为幼儿投放的材料是否丰富多彩。要确保科学区选择的材料易于寻找且并不昂贵，而且哪些材料和工具应该能够为儿童提供足够开放的机会进行创造性研究和探索。另外，儿童能独立并安全地使用各种材料也十分重要。当儿童进入科学区时，如果教师长时间徘徊在那里并参与其中，儿童就会依赖并期望教师在那里引领他们进行探究活动。尽管不同年龄段的儿童各不相同，这里还是有一些经过尝试证明是大多数儿童感兴趣的材料和研究主题：

- 贝壳、蜗牛或者寄居蟹
- 磁铁
- 种子和豆荚
- 树叶、树枝
- 植物和花
- 昆虫
- 沙子、石头和岩石
- 生命周期(蝴蝶、青蛙、蚕)
- 孵化器中的小鸡
- 鸟的羽毛、骨头和鸟巢
- 水
- 颜料

材料不仅包括各种常见的自然物质。一旦决定儿童在科学区将要进行哪些方面的探索，下一步就需要考虑哪些工具、实验用具和器材能够更好地支持他们的探究活动。例如，在贝壳研究中，科学区需要为儿童提供不同类型的基本工具和材料支持：儿童使用放大镜、尺子、卷尺和天平测量不同的贝壳并比较它们的特性；儿童使用盛鸡蛋的盒子将不同的贝壳分类；儿童在标题为“贝壳探索”的空白本子上用铅笔、彩色铅笔和蜡笔以文字或者图画形式将自己的观察和发现记录下来；在接下来的研究中，科学区还要提供贝壳和软体动物的图片以及几本关于贝壳的图书。在科学区放置哪些工具基本上取决于儿童正在探究的材料和主题，例如，对水的探究性对于对种子的探究来说，需要使用截然不同的工具。与材料选择一样，工具的选择有很多可能性，一些标准选择如下：

- 具有分类用途的托盘、杯子或者盒子
- 塑料袋
- 显微镜(最好是能投影的电子显微镜)
- 滴管
- 试验工作服(可以把大人的白衬衫剪短，贴上儿童的名牌)
- 护目镜
- 照相机
- 定时器和秒表
- 厨房秤
- 漏斗
- 温度计
- 量杯和勺子
- 塑料杯
- 日期邮戳(用于记录学生的观察和发现)
- 镊子
- 非小说类的百科图书和杂志

其次，观察教师是否引导幼儿充分利用和操作这些材料进行科学探索活动。科学探究活动中所使用的材料不是摆设，不应作为仅供观察或者应付检查的物件，而应通过任务设计引导幼儿来关注材料、使用材料、探索材料。

(二)是否激发并保护幼儿对周围世界的好奇心与兴趣

好奇心与兴趣是幼儿迈出的认识周围世界的第一步，不仅可以激发幼儿的探究热情和学习的主动性，开阔他们的眼界，而且对其认识能力、创造性的发展都具有积极作用。因此，教师在组织科学活动时，要注意激发并保护幼儿对周围世界的好奇心与兴趣。在评价时，首先观察教师开展的科学活动是否与幼儿的兴趣一致。只有幼儿自己感兴趣的活动，他们才能够产生持续探究的欲望。例如，教师看到幼儿对雪糕融化的过程非常感兴趣，然后提供不同类型的材料来实现融化的过程，引发了幼儿极大的探究热情。当开辟一个新的科学区探索活动时，快速地教小朋友应该怎样做，或者在没有充分准备好的情况下急于将他们送到科学区参与活动，并不是恰当的做法。在新材料和主题投放之前，教师应该连续几天向他们介绍新活动，可以创设预期激发儿童的好奇心和兴趣，并鼓励更多与探究活动相关的课堂讨论。这样，儿童在动手操作和实施探究之前，就已经对活动的诸多可能性进行了仔细琢磨和反复思考。教师也可以采用多种方式向全班儿童介绍新的活动区。在早晨集会时间，可以借助朗读活动分享一本与探索主题相关的书籍，并讨论关于这个主题已知的内容和存在的问题。基本上，任何可以使儿童参与讨论、思考、提问的机会都能激发他们对探究活动的好奇心，提高他们的探究兴趣。当正式开放科学区的某项新活动时，教师手上已经有了之前记录儿童希望探究各种问题的图表并将图表挂出来。同时，儿童也应该很清楚接下来的调查和探究如何进行，教师要邀请和鼓励儿童自己找出那些问题的答案。

其次，观察教师能否引导幼儿开展持续的探究活动。例如，在观察西瓜生长的活动中，从发芽、长叶到开花的整个过程中，教师引导幼儿自行探究和记录西瓜的生长变化，从而使幼儿的兴趣维持在较高的水平。

(三)是否引导幼儿进行观察、比较、推理、实验

发现问题、提出问题、解决问题是幼儿在科学探究过程中的不断尝试，反映出幼儿探

究意识及能力的不断发展。在评价时，首先，可以通过查阅教育活动方案的设计、活动区材料的投放记录等文本材料来判断教师是否引发幼儿提问。例如，在有关蜗牛的探究中，教师在让幼儿观察了蜗牛的特点、住所以后，有的幼儿提出了“蜗牛喜欢吃什么”的问题。其次，活动是否引导幼儿在探索过程中尝试独立地解决问题。例如，在“蜗牛喜欢吃什么”的猜想活动中，教师鼓励幼儿按照自己的猜想给蜗牛喂食，然后自己验证，观察并记录蜗牛成长的过程。从上述的例子可以看出，在整个持续探究过程中，“问题”扮演着极为重要的角色。介绍一个新活动时，教师开始示范提问和质疑，之后在与儿童的互动过程中，教师还要持续示范“提问”这个动作。在《科学挑战：迎接挑战》(*primary science:taking the plunge*)一书中，温·哈伦已经提出：口头提问是“建立一个有助于儿童提问的氛围的重要因素”。教师的目标是提出具有激发性和开放性的问题，以延展儿童的思维并鼓励他们对问题进行深思熟虑和个性化的回应(见表 9-1)。

表 9-1 教学干预表

关注答案的问题	促进探究的问题
我们有多少个带斑点的贝壳？多少带条纹的贝壳？	如果将这些贝壳按照不同的图案分类，你会发现什么？
你能列出几个步骤来展示茧如何变成蝴蝶吗？	你怎么知道蝴蝶什么时候会从茧里钻出来？
你怎样将石头从土壤中分离出来？	你会用哪些材料将石头从土里壤中分离出来？
你知道你画在皮影上的脸谱为什么没有在屏幕上显现出来吗？	你怎样制作一个皮影并展示出眼睛、鼻子和嘴巴？尝试用废纸做实验，看看会发生什么事情

这些问题虽然差异细微但十分重要。在教学干预表中，左栏的问题关注答案，右栏的问题则关注可能性和扩大好奇心。我们要建议教师示范好奇心而不是答案，因为将问题与儿童的科学探究相联系比获得问题的答案更重要。因此，在评价中也要关注教育活动方案中教师是否有这样的思考和尝试。

(四)是否引导幼儿提出问题并尝试解决问题

当然，如上面的例子中所显示，幼儿在探究过程中自己会提出问题，他们无尽的好奇心将点燃活动区的热情并引领探究的方向。天体物理学家尼尔·迪格瑞斯·泰森(Neil deGrasse Tyson)将科学描述为“以工具武装自己来解读周围世界的一种方式”。他极力支持儿童发展“科学素养”，认为那是一种“展示思维的能力”。我们对于幼儿质疑和好奇心的反应，将支持他们科学素养的发展并引导他们以“玩要”为主的探究活动不断前进。

在活动区提供一个合适的地方记录儿童的问题和想法非常重要。因为儿童提问题的时候教师不一定总有机会在旁边解答，所以如果儿童能把自己的问题写下来或者用图画来表示，那将对我们反馈儿童的问题有所帮助。可以把便利贴放在儿童记录问题的大纸旁边，这样就方便教师或者儿童及时将问题贴在记录大纸上，并能将问题取下来或者加入新的问题贴。教师也可以经常地组织全班儿童共同讨论这些问题，分享他们对问题的理解，哪怕是误解。大家一起讨论时，多让儿童解释自己的想法，这样，随着时间和探究活动的推移，分享自己和解释自己的想法就会成为孩子们的一种习惯。

儿童的问题表述通常与他们对科学现象的观察融为一体。教师需要一些特别的技能来识别这些问题，并帮助儿童重新梳理他们的想法。例如，一个幼儿用一个纸做的杯子盛水，但是纸做的杯子很快就溶解了。幼儿既惶恐又兴奋地喊道："水杯坏掉了！水洒掉了！发生了什么事情？"面对这一状况，有经验的教师并没有直接向儿童解释纸在水里会溶解这个道理，而是利用这个绝佳的机会建议他去探索不同材料在水里会发生哪些不同的反应。教师说："你观察到纸杯在水里会溶解。如果把我们吃点心时用的塑料杯或者瓷杯子放到水里会发生什么事情？活动区架子上还有一个金属杯。你能不能做一个实验，然后决定用什么杯子盛水最好？"一个简单、直接的解释或者答案会关闭所有的探索机会，但是以上面这位教师的方式重塑幼儿的观察和思考则能够点燃幼儿新的探究的火花。

(五)教师组织的科学教育是否源于幼儿的生活与兴趣

与幼儿生活密切相关的活动，才能最大限度地引发幼儿的关注。因此，教师在选择科学教育的内容时应注意与幼儿的生活相联系。在评价时，首先，要观察教师所选择的科学活动是不是幼儿生活中熟悉的事物和现象；其次，考查教师所开展的科学活动能不能让幼儿获取生活中的科学经验。更重要的是，要考查教师所组织的科学教育活动能不能调动起幼儿在生活中探究科学、学习科学、应用科学的兴趣。例如，教师选择科学课程内容"勺子上的哈哈镜"，由于勺子在日常生活中经常使用，因此幼儿非常熟悉，有探究兴趣。教师通过让幼儿自己操作，让幼儿知道勺子凸出来的一面就像凸透镜，照出来的人像是正的，勺子凹进去的一面照出来的人像是倒的，从而使幼儿理解物体表面成像的关系，在生活中探究科学现象，积累科学知识和科学方法，体验科学世界的奇妙。由于内容贴近幼儿生活，幼儿有话说，容易操作，因此就会呈现较强的探索欲望。

从区(角)设计的角度来看，当设置好并向幼儿介绍不同的活动区(角)之后，教师需要认真观察他们如何使用那些活动区(角)并注意哪些儿童对科学区(角)的哪些内容表现出极大的兴趣，以及哪些幼儿对科学区(角)似乎不理不睬。教师还需要认真倾听，如幼儿正在说什么。在观察和倾听的过程中，教师可能会发现幼儿在某一方面具有特别的兴趣，并考虑如何将这些特别的兴趣有针对性地加入活动区(角)的玩耍和活动中。

教师也可以设计一堂"迷你课"，让幼儿以"头脑风暴"的形式分享他们想建构哪种种类的交通工具，然后请幼儿使用绘图纸、铅笔和尺子将创作计划画出来，还可以让幼儿使用工具书和图片进行有关交通工具的研究。在这一系列的过程中，教师要不断观察，了解发展情况，并计划下一步的活动方案。随着实践的推移，科学活动区(角)的设置必须反映班级整体儿童的学习兴趣和需要。

二、对数学教育活动的评价

学前儿童数学教育活动旨在让幼儿在生活和游戏中感受事物的数量关系，并体验到数学的重要和有趣。因此，在开展数学活动中，我们更加关注的是有数学学习的过程以及在此过程中幼儿所获得的学习体验。在评价幼儿的数学活动时，应重点关注以下几个方面的内容。

(一)是否在生活和游戏中进行教育

幼儿很早就开始在生活中体会到数学的有关概念，并通过游戏这种形象、生动的方式来感知数、量、形等的关系。因此，在评价时，首先，考查教师是否善于挖掘生活和游戏中非正式的数学概念。例如，让幼儿在吃饭时摆放碗筷，让幼儿了解一一对应的概念。其次，教师是否能用游戏的形式来组织数学教育活动。例如，主题活动“超市购物”中，让幼儿通过摆放商品、列购物清单等活动来认识生活中的数量关系，体验数学的实用性。最后，教师是否可以因时因地开展数学活动，密切联系生活。例如，在秋天，可以让幼儿通过收集园中的树叶来作为数学活动的材料；再如，在摆放桌子、爬梯子的同时数数，在轮流活动时使用计时器。

(二)是否鼓励并引导幼儿进行操作和反思

幼儿在操作中学习数学，并在操作中不断发现问题，进而思考问题的解决途径，尝试解决数学问题。因此，教师组织的数学活动，要能够鼓励并引导幼儿进行操作和反思。在评价时，首先看教师是否为幼儿提供了操作的时间和材料。对于幼儿而言，数学知识是在操作中逐步建构起来的，幼儿通过不断地摆弄和操作数学材料来发展数学能力。其次，教师能否为幼儿提供互相交流、讨论的机会。数学活动绝不仅仅是告诉幼儿知识，而是通过提问、讨论等多种方式，促进幼儿间的交流和互动，进而促进幼儿解决问题能力的发展。例如，搭建积木塔的活动中，教师鼓励幼儿展开讨论，是三块积木还是四块积木更加稳定，在讨论后引导幼儿进一步思考积木牢固的原因，并展开尝试。

(三)教育内容能否保证科学性、全面性和逻辑性

数学教育活动所涉及的数、量、形、关系等内容的选择，不仅要符合幼儿的年龄特点、现有的数学认知水平，而且要考虑数学学科本身的逻辑体系。因此，在评价时，首先要判断教师选择的数学活动是否与幼儿的发展水平和知识经验相符合。例如，在小班幼儿能够点数 4 以内的物体后，教师才组织幼儿开展 4 以内的按数取物的活动；其次，考查课程内容的设计是否包含了数、量、形、关系等的全部内容，这可以通过查阅教师的学期活动计划以及活动教案等文本材料来考查；最后，要观察活动的结构是否合理，这不仅指数学知识本身的逻辑性及幼儿数学认知发展的顺序性，而且包括活动之间过渡和衔接的流畅性。

(四)教师的教学语言是否科学，能启发幼儿的思维

教师恰当的数学语言，不仅能够为幼儿提供正确的示范，而且能够启发幼儿的数学思维，帮助幼儿获得正确的理解。因此，在评价时，首先要考查教师的教学语言中涉及的数学概念是否科学、准确。教师在一日活动中正式或非正式地使用数学语言，例如分发水果的数量“一个、两个、三个”，幼儿就能在潜移默化中获得正确的感知和体验。其次，考查教师的数学语言是否符合幼儿的年龄特点。例如，在分类活动中，教师会明确告诉小班的幼儿要按照“形状”或“大小”进行分类，而不是笼统地说分成两类。最后，观察教师能否启发幼儿逻辑思维能力的发展。例如，提一些激发幼儿进行观察、比较、概括的开放性问题，而非直接告诉幼儿某些特定知识；在认识三角形时，向幼儿呈现圆形和三角形，提问幼儿“它们有什么不一样”，鼓励幼儿自己去观察和比较，而并非语言说明。

(五)是否提供丰富多样的数学学习材料

丰富多样的可操作性材料，能为每个幼儿运用多种感官、多种方式进行数学探索活动

提供条件。在评价时，首先要观察教师是否为幼儿提供了许多适宜其发展的各类材料。与幼儿生活密切相关的各种物品都可以成为数学环境的材料，例如，沙子、树叶、贝壳、火柴棒等。其次，提供的材料能否被幼儿充分利用和操作。教师为幼儿提供的数学材料应做到难易结合，使每个幼儿都能轻松地、创造性地使用材料，真正达到获取数学知识、发展自我的目的。

三、对学前儿童发展的评价

儿童发展评价.mp4

学前儿童发展的测评是为了判断儿童发展情况而收集信息的过程，而儿童发展评价是在测量所收集的信息基础上，对照某一种或者多种发展标准，对儿童的发展状况作出价值判断，例如，个体儿童某方面的发展在同龄儿童中所处的相对位置，或者儿童是否发展到某种既定标准等。

《指南》中明确了教育者对不同年龄的幼儿在科学领域的发展状况的期望，有助于教师更深入和清晰地了解儿童发展的内涵、儿童在科学领域发展的行为和表现方式、年龄特征以及教师与家长在这一发展过程中如何发挥作用等问题。可以说，《指南》已成为指导学前科学教育改革、提高学前科学教育质量、促进学前儿童科学素质健康发展的实践指南。

同时，教师对于幼儿在进行某种尝试中和完成探究后的评价取向和不同评价方式，反映着教师不同的教育观念，直接影响着幼儿在科学领域发展的方向和教育目标的实现。

(一)儿童发展评价的价值取向

评价引导着学前儿童科学教育的方向。在确立学前儿童科学领域发展的评价指标时，如果以幼儿掌握知识的多少为标准，将影响幼儿获得乐学、会学和会用这些有益于终身发展的长远目标和教育价值，影响幼儿理解和体验科学探究的本质、获得科学探究的能力和对科学探究的热情。如果以幼儿智商的高低和智力测验的方式来进行衡量，将无法真实反映幼儿乐学的态度和探究解决问题的实际能力。因此，我们对幼儿发展的评价指标应以幼儿的科学精神和品质与科学探究的能力为核心，倾向于具有发展性的、可持续性的、有益于幼儿终身发展的教育目标和价值。

(二)儿童发展评价的基本原则

评价应以促进幼儿的科学学习与发展为根本目的，同时，要承认和尊重每个幼儿所具有的独特性和幼儿间的差异，还要注意在幼儿真实的探究活动中进行评价。

1. 评价以促进幼儿的发展为目的

发展是一个生命体永不停息的更新和进步过程。人的发展是一个贯穿生命始终的过程。儿童的发展是一个不断进步而且速度很快的过程，它不会停止，也没有终结。因此，我们要用发展的眼光看儿童。我们的评价是要了解、判断幼儿当前的水平，并为进一步引导和促进幼儿的发展提供依据，而不是要判断幼儿“智商”的高低，给幼儿标上“上、中、下”或“好、中、差”的标签。

可以说，评价是了解幼儿发展水平的手段，更是教师了解自己的工作效果，反思自己工作中的问题的一种参照标准。评价主要是为了改进教师的工作，促进幼儿的发展。

2. 接纳和尊重差异

就人类而言，既有差异的人群，也有互补的人群，这使每个人具有独特的价值。就儿童而言，每一个儿童都有自己的特点，儿童之间有很大的个体差异，而且年龄越小，差异越大。他们发展的优势领域、发展的起点、发展的速度与进程、最终达到的水平都有很大的差异，他们的思维特点、学习方式与风格也各不相同。

因此，我们要尊重幼儿的这些差异，尽可能少地作横向比较，而是更多地看到他们在原有水平上的发展和进步。

3. 结合幼儿真实具体的探究活动评价幼儿的发展

在幼儿园科学教育实践中，教师使用最多的是根据评价功能和运行时间来进行划分的评价方式，即诊断性评价、形成性评价和终结性评价。而且，教师往往注重在学期初为了解幼儿的基础水平而进行的诊断性评价，和在学期末，为了解幼儿本学期发展水平所进行的终结性评价。而对于幼儿在科学探究方面的发展进程了解较少，对于幼儿在每次探究活动中获得了什么发展和如何获得发展的这些因素重视不够。因此，我们要加强这方面的研究和实践探索。

教师要学会关注并评价幼儿在自发的个别和小组活动中，在教师有组织的集体和小组活动中，幼儿的科学探究能力和科学精神品质的表现，通过自然观察幼儿的行为、倾听幼儿的自言自语和同伴间的交谈，通过与幼儿的交谈与询问等多种方式，全面了解幼儿的发展状况。

(三)评价的指标体系

对幼儿在科学学习方面所获得的发展进行评价，其指标体系应包括幼儿在科学活动中所表现出的科学精神和品质、科学探究能力和科学知识三个方面。其中，科学知识可根据不同的探究主题和内容，根据核心概念发展的方向来确定，科学精神和品质、科学探究能力两方面的评价指标如下，以供教师对学前儿童科学学习进行评价时参考。

1. 科学精神和科学品质

1) 明确的探究兴趣

(1) 有自己真正感兴趣的事物。

(2) 对于不知道的事物，想通过自己动手探究来搞明白。

(3) 不断探究未被教师要求了解的事物(室内外、园内外，如家庭、公共场所等)。

2) 创造精神

(1) 喜欢创造新的活动(新的玩法、新的内容)。

(2) 为探究解决问题，表现出某种创造精神(如以不寻常的和建设性的方式使用设备、材料，建议或尝试新的实验)。

(3) 根据观察和探究，总结或者描述新的结论。

3) 乐于思考

(1) 不断地思考、揣摩。

(2) 当其他幼儿已经报告了自己的结果时，还能专心探究以做出自己的判断。

(3) 能对自己的行为进行反思，将新的发现与预想的结果进行比较。

4) 求实与批判精神

(1) 使用证据作为自己结论的依据，不为权威的观点所左右。

(2) 敢于按照证据去改变自己的思路。

(3) 指出实验和操作中矛盾之处。

(4) 为达到深入理解的目的，敢于质疑遍的观点和解释。

5) 吸收精神

(1) 认可、倾听同伴的不同想法。

(2) 接纳和吸收同伴的合理意见，修正或完善自己的想法和做法。

(3) 能尝试使用别人的想法和做法解决问题(按自己的想法完成后，再试试同伴的想法和做法)。

(4) 在必要时能向他人寻求帮助。

6) 坚持性

(1) 不怕失败，不断尝试。

(2) 尽管别人早已做完，仍坚持做完整个活动或操作。

(3) 对自己感兴趣的东西能长时间坚持(几天、几星期、几个月)。

7) 独立性

(1) 有自己的见解。

(2) 自己能做的事情尽量自己去探索，适当地拒绝帮助。

2. 科学探究能力

这里，每个项目里呈现的能力级别都以从低至高的顺序排列。

1) 具有好奇心、发现问题和提出问题的能力

(1) 用行动表现出好奇心和疑问。

(2) 能提出有关的问题。

(3) 能进行有关的猜想和预言。

2) 材料的操作能力和工具的使用能力

(1) 探究和操作材料与使用工具时有些迟疑。

(2) 探究和操作材料与使用工具的方法有限，有很大的试误性。

(3) 能用比较适宜于解决问题或发现关系的方式操作材料和使用工具。

(4) 能寻找独特的方法去发现各种关系。

(5) 能寻求教师没有提供的材料和工具。

3) 探究的倾向性和深度

(1) 稍微操作几下就完了，或根本没有操作起来。

(2) 探究一会儿材料又去搞别的了。

(3) 能保持平稳的探究进程。

(4) 能热切而专心地深入探究材料。

(5) 对感兴趣的活动能提出关于下一个活动的建议，连续不断地深入探究。

4) 记录和统计有关的信息

(1) 用简单的图画记录自己观察和探究的事物。

(2) 能用图画的方法记录事物的特征和变化过程。

(3) 能用简单的形式(符号、表格、图表、曲线)收集和记录有关的信息，即汇集数据。

(4) 能用简单的计算、图表等方式对观察和探究的结果做简单的统计整理。

(5) 能使用自己的记录和统计来说明结果，形成解释或者分析。

5) 发现关系的能力

(1) 发现某个物体的特征。

(2) 发现差别明显的两个物体的不同点。

(3) 发现相近物体的共同点。

(4) 依据一定的标准，对物体进行比较和分类。

(5) 发现事物间的因果关系。

6) 表达与交流

(1) 叙述自己做过的、发现的、考虑的事情，并与预先的假设相比较。

(2) 敢于报告自己的做法、发现和想法。

(3) 能清楚地表达自己的观察和发现。

(4) 能清楚地表达自己的观察与操作所发现的关系。

(5) 能清楚地说明自己的观察和操作的程序与相应的发现。

(6) 能有条理地描述事物间的相互作用及关系。

(7) 能对他人的发言作出自己的反应(不是附和老师的话)，提出新问题、新想法。

四、对教师组织科学活动的评价

对学前儿童科学教育的评价，既要包含幼儿所获得的发展，又要包含教师的教育组织策略，因为教育组织策略是否适宜，直接影响着幼儿所获得的发展。教育教学评价和儿童学习与发展评价如同一枚硬币的正反两面，都是必不可少的。

(一)幼儿园教师的作用

首先，幼儿园教师是教育机构对幼儿施加教育影响的实施者，是幼儿园教育的核心构成要素。幼儿园班级是幼儿园教育体系中最小的组织单位。教师要完成班级中物质环境要素的选择、利用与调整，与同事和家长的沟通、交流和合作，对教育活动的设计、组织和实施。教师是班级运作的组织者和协调者。其次，教育活动是幼儿园和班级对幼儿施加教育影响的基本途径，教师是教育活动的主要参与主体之一。教育活动就是在教师与幼儿的互动过程中逐渐展开、由教师与幼儿共同建构的。教师的观念与行为决定了教育活动的结构与性质，教育活动又塑造和反映了教师的角色与地位。最后，教师是幼儿在幼儿园里的重要的“他人”。幼儿进入幼儿园之后，教师成为幼儿生活中直接接触时间最久的成人之一，教师不仅是幼儿在班级中学习、模仿的对象，而且成为幼儿的依恋对象，因此幼儿会主动亲近教师，愿意接受和信服教师的教育。在这个意义上，教师对幼儿的影响更具有效力。

教师的观念与行为直接影响幼儿在幼儿园中获得的学习经验的内容与性质，会对幼儿产生全方位、多方面、持久性的影响。教师可以通过对活动目标、内容、方法与策略的选择与指导，为幼儿的认知探索提供适宜的引导和支持，促进幼儿的认知发展。例如，教师提出富有启发性、支持性、开放性的问题，有助于幼儿的数学学习。教师可以影响幼儿的价值观和态度的形成。学前期儿童对事物已经表现出一定的价值倾向和选择态度，但是仍不稳定，受环境影响较大。此外，教师对周围的人、物、事的观念、态度和行为，都会直接或者间接影响幼儿的价值观念和选择；教师在与幼儿互动的过程中持有的期望与评价以及对幼儿活动中的介入与指导，会影响幼儿个性品质的养成和社会性情感的发展。由此可以看出，教师以多种方式直接或间接地影响幼儿多方面的学习与发展。

(二)教师评价的主要方式和基本原则

长期以来，由于受到技术理性、工具理性思想的影响，教师必须按照规定的一系列标准化行为提供教育教学服务来确保幼儿园实现教育教学目标，教师被视为幼儿园这一社会教育机构实现其目的、保证其有效运行的关键所在，教师成为一种物化的存在。教师的教育教学评价就是按照这一外来标准来衡量教师的过程，在这种思想指导下的教师评价呈现出以下特点：评价目的定位于鉴定和选拔；重视结果性评价，较少过程性评价；评价主题以管理者或外部专家为主；评价标准单一。要发挥教育评价的真正作用，必须改变上述对评价的片面认识和实践，强调以促进教师发展为根本目的，重视过程性评价的自律性效能，树立以自评和同僚间互评为主导的评价主体多元化格局，增加对不同幼儿园教师的区分性和差异性评价内容，将评价作为研讨、反思和改进提高自身教育观念和行为的有力工具，形成教师间自我发展和共同提高的氛围和条件。

(三)教师的科学教育活动评价的指标体系

教师的教育活动评价包括教育内容、教育环境和材料、教育过程、教育结果、教育目标和价值等方面。下述指标供教师自评和管理者对教师评价时参考和借鉴。

1. 教育内容具有意义性

(1) 符合幼儿的兴趣和需要，幼儿有内在的动机和兴趣。

① 在幼儿的兴趣点上生成的。

② 或已有效激发或转化成了幼儿的兴趣。

(2) 体现和能够实现具有发展性的教育目标。

① 与幼儿的已有经验相关联。

② 有幼儿经过努力可能达到的新目标、新经验。

2. 物质环境和材料具有启发性

(1) 材料能引发幼儿探究。

(2) 材料物化着教育目标。

(3) 材料有益于幼儿自己发现关系和获得有关经验。

3. 教育过程具有探索性

(1) 有效地引发了幼儿的好奇心和疑问。

(2) 有效、充分地使幼儿调动已有经验进行猜想、预测。

(3) 接纳所有幼儿的想法。

(4) 鼓励每一个幼儿按自己的想法做，通过操作验证自己的想法。

(5) 鼓励、引导幼儿反思并依据事实作出解释。

(6) 鼓励、引导幼儿将新的发现和解释与预想相比较，进行交流。

4. 结果具有经验性

(1) 经验和结论建立在幼儿充分操作和体验的基础上。

(2) 结论是在幼儿经验和观点基础上的概括，与幼儿的概念和思维水平相适应。

(3) 为幼儿提供不断运用已获得的经验的情境和条件。

5. 教育价值具有可持续性和多项性

(1) 注重长远教育目标和价值，注意抓住时机实现多种教育价值。

① 乐学的态度。

② 科学的精神和品质。

③ 合作、接纳的态度。

④ 解决问题的能力。

⑤ 良好的生活习惯和能力。

⑥ 语言表达和交流能力等。

(2) 注重促进每一个幼儿在原有基础上的发展。

① 接纳幼儿不同的发展进程和速度，给每个幼儿充分的、适宜的探究时间。

② 接纳幼儿不同的最终发展水平。

③ 给予幼儿富有启发性的并能促进幼儿成功的指导。

五、师幼互动评价

师幼互动评价.mp4

作为儿童人际关系的一种重要形式，师幼互动对儿童的发展、学前教育质量的关键作用日益受到教育者的重视。尤其在科学教育活动中出现大量的教师贯彻或者适时介入儿童科学活动、教师启发幼儿科学思维、教师与幼儿进行科学课题讨论的场面，因此教师与幼儿之间的互动对于幼儿科学思维和能力的发展，对科学教育质量的提高，具有不可忽视的作用，因此有必要对于师幼关系进行评价，使之不断完善。

(一)师幼互动的概念和过程

1. 师幼互动的概念

师幼互动(teacher-child interaction)，即发生在教师和幼儿间的互动。学前教育的性质及内容决定了教师与幼儿之间的互动与其他教育阶段的互动有着极大的差别。首先是互动发生的时间频率。师幼互动几乎贯穿着幼儿在园的一日活动的所有环节，发生在幼儿园活动的各种场景，有着非常高的频率。其次是互动的内容。师幼互动的内容除了教育教学，还有大量的生活指导。因此，我们将师幼互动定义为在幼儿园一日生活各环节中，教师和幼儿之间发生的各种形式、性质、程度的心理交互作用和行为的相互影响。

2. 师幼互动的过程

师幼互动的过程是指教师与幼儿发生互动的起因、所有语言或非语言的信息交互过程。

1) 师幼互动过程中的内容

对互动过程中的内容，研究者有不同的分类。参考刘晶波的师幼互动研究中与科学教育活动有关联的师幼互动分析，教师发起的互动内容为：要求、指令或者提醒、询问、指导或者帮助、提问或让幼儿演示、评价、与幼儿共同游戏或交流、让幼儿帮忙做事等；将幼儿发起的互动归结为：请求或征询许可、展示活动或活动结果、寻求指导或帮助、发表个人见解、与教师共同游戏、表述客观情况、提问、帮助教师做事等。

2) 师幼互动过程的方式

按照互动过程的方式分，可以将师幼互动分为语言行为和非语言行为。很多时候，我们的语言行为会伴随着一些非语言行为，例如眼神、表情、手势、身体接触等。因此，在互动过程中，以语言互动为主，伴随一定的手势、眼神等，这种互动行为为语言互动。如果没有语言出现，完全是用眼神、手势或者表情进行互动，则是非语言行为互动。

3) 师幼互动过程的性质

按照互动过程所带的感情色彩，可以将师幼互动分为积极互动、中性互动和消极互动。带有明显的和蔼、亲切、鼓励、赞扬情感因素的互动为积极互动。例如，老师对幼儿说："你真棒！""我特别喜欢你！"只是陈述情况，并不带有明显的感情色彩的互动为中性互动。例如，"后面的小朋友快点做！"或者幼儿咨询教师"这个积木应该放在哪里？"消极互动是指互动过程中带有明显的不满、厌烦等消极情感。再例如，教师对幼儿说："你做得太差了！""我不喜欢你这样。"

4) 师幼互动过程的敏感度

按照每一次互动反馈方的敏感程度，师幼互动可以分为高敏感度互动和低敏感度互动。任何互动如果得不到对方的反馈，都会很难再继续进行和发展。当然互动的另一方是否对发起人的互动作出反馈，与互动双方对彼此的行为和敏感程度有直接关系。所谓的师幼互动的低敏感性，即作为互动接受的一方对发起者的互动没有明显的反馈和响应。例如，幼儿对教师说："老师，我旁边的小朋友碰掉了我的积木"，老师没有听见或者假装没有听见，没有作出任何回应，这就是一个低敏感度的互动。

可以看出，高质量的师幼互动在结构上表现出一定的特点。发起的主体应该是教师和幼儿发起都重要，教师面向群体、小组、个人并重。互动方式应该有更多的肢体接触，互动性应该更加积极，互动的敏感度更高。

(二)师幼互动的外部特征

1. 交互性

师幼互动具有交互性的特点，也就是说教师和幼儿的互动是双向进行，相互作用的。一方面，教师发起的互动可以引导幼儿的思考，调节幼儿的行为，从而影响幼儿科学学习的发展；另一方面，幼儿的行为也会给教师带来影响，在一定程度上决定了教师是否会继续与幼儿发起互动或给予反馈、进行何种深度的互动以及何种敏感度的互动。

2. 网络性

幼儿和教师处于班级、幼儿园这样的大环境之中，大环境中的各种角色在互动过程中形成一个巨大而细密的网，网络中任意两个主体发生的互动行为都会对网络产生影响。因此，师幼互动带来的影响不仅仅限于当下产生互动的教师和幼儿，还会给其他教师和幼儿带来影响。例如，教师严厉地批评了某位幼儿，其他幼儿和教师目睹或者听说了这件事。该幼儿与教师之间的亲近程度有所改变，甚至对同为教师的其他教师也会产生惧怕心理。而面对教师批评幼儿这一事件，其他幼儿可能受到教师评价幼儿这一影响，改变了对该幼儿的评价，从而改变了与其的互动方式与内容，在该教师面前也会更加小心谨慎，这种情绪也许在对待其他教师时也会有所投射。

3. 情境性

在不同情境中，师幼互动的内容和方式也会有明显的差异。幼儿园一日活动可以划分为四种不同性质的环节：生活活动环节、集体教育活动环节、户外活动环节以及区(角)活动环节。其中，集体科学教育活动是教师的高控制环节，师幼互动的方式是面向群体的；科学、区(角)活动多是幼儿自主活动，师幼互动是教师与幼儿个体之间的互动。生活活动环节，教师面向幼儿互动的内容主要是洗手、喝水等生活要求；户外活动环节，幼儿向教师发出邀请、征询许可的比例会上升。

4. 情感性

情感性是师幼互动非常重要的特征之一。对于幼儿来说，幼儿园是他们第一次以独立的身份进入外界环境。这个环境对幼儿来说是否安全、温暖，对于他们在幼儿园的生活、学习十分关键。因此，作为幼儿园的代言人，教师与幼儿的互动不仅仅是事务性的，互动过程中的情感交流尤显重要。研究者将师幼关系与亲子关系进行类比，发现两者之间确实存在内涵和类型上的共同之处。因此，研究者认为师幼关系在很大程度上与亲子关系一样，是以情感为纽带的。

(三)师幼互动的影响因素

师幼关系是一个复杂的系统，涉及参与互动的主体，以及参与互动主体所处的时空环境等因素，而且这些因素之间也互相影响，共同作用于师幼互动。了解影响师幼互动的各个因素，能帮助我们更加深入分析师幼互动。

1. 幼儿的个人特征

研究证明幼儿的性别与师幼互动之间有明显的相关关系。女孩子更容易与教师形成亲密的师友关系，而男孩子更容易与教师形成矛盾关系。这一差别主要是由于男孩子与女孩子不同的行为习惯所引起的。例如，男孩子更喜欢在教室里大声叫嚷来回跑动等，这些行为容易在教师眼中成为问题行为，继而引发教师与儿童的冲突。相对来说，女孩子更加安静顺从，符合教师对幼儿的期待，更容易形成积极的师幼互动关系。

除了性别之外，性格也是影响师幼互动的重要因素。例如，自控能力较强的幼儿容易与教师形成亲密型的师幼关系；自控能力较弱的孩子更容易与教师发生矛盾；性格内向的幼儿很少主动发起互动，与教师的互动频率也比较低；而性格外向的幼儿会积极参加活动，更多地发起互动，因此与教师形成亲密的师幼关系。

2. 教师的个人特征

敏感又温暖的教师更容易与幼儿展开积极的师幼互动，冷漠的、消极的教师更容易与幼儿发展为矛盾型的师幼关系。同时，教师的班级管理方式与态度也会形成不同的师幼互动，专制型、放任型和民主型教师对待幼儿的态度不同。不仅幼儿的亲子关系会影响到师幼互动，教师自身过去的亲子关系也同样在师幼互动中起作用，童年时有更愉快的亲子依恋经历，教师更能与幼儿发展为亲密的师幼关系。另外，教师的受教育水平、教育观念、反省能力、对工作压力的个人感知能力，都是影响师幼互动质量和类型的因素。

3. 时空和频度

幼儿在教室中所处的位置对师幼互动的频次有很大影响。幼儿坐的位置离教师越近，越容易与教师形成语言或非语言的互动；教师与幼儿的交往时间越长、互动次数越多，双方互相了解程度越高，双方也就更容易展开积极的、良性的互动。这是一个良性循环的过程。

第三节　学前儿童科学教育活动的评价方法

一、科学教育活动评价方案的编制

评价方案是评价工作的关键性指南。只有对评价方案充分思考和准备，对许多有关问题做了周密细致安排的基础上，评价才能达到预期效果。学前儿童科学教育评价一般包括以下步骤：确定评价目标、制定评价方案、实施评价方案、处理评价结果。

(一)确定评价目标

学前教育评价是一个以学前教育目标为准绳的价值判断过程。但是，一般来说，学前教育目标总带有某种程度上的原则性和抽象性。因此，为了提高学前教育评价的科学性，需要把抽象的学前教育目标具体化。

1. 评价的目的

作为评价者首先要明确评价是为了什么：是衡量教育效果的优劣，还是探讨教育教学方法的运用；是了解儿童的现有发展水平，还是对儿童进行比较和鉴别；是为了考评教师，还是为了发动家长献计献策，加强家庭和幼儿园的联系，保证家园教育的一致性。只有目的确定后，才能根据目的恰当地选择评价的内容和方法等。

2. 评价的主体

评价的主体指的是评价者，即评价的组织者和实施者。在学前教育机构，管理人员、教师、儿童及家长都是学前教育评价工作的参与者，幼儿园教育工作评价实行以教师自评为主，其他人员参与评价的制度。在所有的评价主体中，教师与儿童是主体中的主体。

评价的目的不同，评价的主体就不同。例如，对幼儿园进行评估定级，评价的主体应该是专业的评价机构或者上级教育行政和业务主管部门；对幼儿园内部教育效果进行的检查评价，评价的主体可以是幼儿园的管理人员及有关的教师；教师本人可以针对自己的教育教学情况，作出自我评价，或者进行自我诊断，从而改进和提高；儿童也可以作为评价的主体，对家长、老师、同伴及本人做出各种评价。

3. 评价的对象和内容

在科学教育评价中，既要全面真实地反映评价对象的有关情况，又要力求简单可行，从实际出发，选择可操作性强的、具有代表性的内容进行评价。例如，对某教师教学方法的使用进行评价，就不需要将其学历、职称、品德等作为评价内容。

(二)制定评价方案

制定评价方案，就是根据评价的目的，对整个教育评价的过程进行总体的规划。这一步骤包括以下四个方面。

1. 明确评价标准

在学前儿童科学教育评价中，要评价教师的教学、儿童的发展状况、幼儿园的教育教学质量等，应该以学前儿童科学教育的总目标作为依据和标准。

2. 设计评价指标体系

评价指标体系是教育目标的具体化，是把评价的内容中各个有关因素按照一定的层次和权重，组成一个指标体系。比如，要评价幼儿的好奇心，可以通过幼儿在观察小兔子中的表现来进行，可以将幼儿的表现分为从远处看、在近处看、用手摸、用语言逗引、喂食、将发现告诉给他人等因素，组成本次评价活动的指标体系。

3. 选择收集资料的方法和步骤

收集资料的方法有很多，如观察法、调查法、谈话法、作品分析法等，针对不同的评价内容应该选择不同的方法。对同一评价内容，有时也需要采用不同的评价方法，以提高评价结果的可靠性。

4. 准备评价的书面材料

为保证评价结果的科学性，需要在评价前准备一定的书面材料，并在评价中进行记录。如运用观察法，就要准备好观察记录的表格和评价标准；运用问卷调查法，要设计好调查问卷；运用访谈法，要准备好访谈提纲；等等。

(三)实施评价方案

评价方案的实施主要有以下三个方面。

1. 进行评价说明

评价正式实施之前，评价的组织者要对评价所涉及的对象作必要的解释，以争取评价对象的支持和协助。例如，有的教师担心自己班的幼儿成绩低于其他班级，对班上的幼儿进行事先演练，或者强化训练，甚至变相泄题等，就会干扰评价方案的正常进行，影响评价的真实性。评价者在评价方案实施前一定要取得教师们的理解和合作，也要对儿童进行适当的解释，以消除其可能产生的紧张情绪。

2. 收集评价资料

在日常生活中，儿童往往会表现出各种各样的探索行为，如专心致志地观察小动物、制作科学玩具，而对周围的其他事情不感兴趣。这些其实都是有价值的资料，评价者应加以重视，耐心、细心地进行搜集。

收集评价资料，有时需要在较长的一段时间中持续地进行。这就要求评价者认真负责，按照程序抓住时机，勤观察、勤记录，以使收集的资料更全面，更准确。

在评价过程中，不能面对评价对象随意发表议论和评价，以免对儿童产生一定的影响，并削弱评价资料的客观性。评价者对资料的文字记录要保证客观性，避免使用一些带有主观色彩的词汇。比如，“他很喜欢小蜗牛”带有主观的推断，而“他每天都要去观察小蜗牛的变化，每天观察时间是 5 分钟”就比较客观。

3. 对评价资料进行汇总和整理

在获得评价资料以后，要及时、认真、精确地分析资料，用统计方法将评价资料加以处理。

(四)处理评价结果

实施评价方案以后，评价者要针对汇总和整理的结果进行全面、认真地分析，得出评价的结论并形成评价报告。

二、科学教育活动评价的方法

教育评价的目的是真实地、全面地反映评价对象的相关情况。我们要想保证教育评价的客观性、科学性，就必须借助科学的方法。在学前儿童科学教育评价中，既要收集评价资料又要对评价资料作出解释，都要坚持科学性，而不是通过主观臆测作出评价。因此，要根据客观的材料来描述对象。如果是要确保收集材料的客观性，就要按照科学的程序，有计划、有组织地进行。但是，科学的方法并不一定是正规化的、标准化的测验，我们应该注重通过多元化的评价方法，而不是统统用标准化的模式来收集资料。作为评价者，我们应该针对每个儿童的特点进行个别化的评价，而不是用统一的标准来衡量每一个不同的个体；对儿童进行评价时不要停留在评价幼儿在特定情境下的表现，而应该注重对儿童的整体的评价；不应该进行静态的评价，应该注重动态的评价、发展性的评价。另外，我们更应该注重把评价和教育活动密切结合起来，在活动中进行评价。

可用于学前儿童科学教育评价的方式有很多种，这里介绍收集评价资料的常用方法：作品分析法、测查法、问卷法、观察法、访谈法。

(一)作品分析法

所谓作品分析法是根据学前儿童的各种作品，分析幼儿发展水平，或检测教育教学活动的效果。例如，要求幼儿观察小蝌蚪的生长变化并作观察记录，教师以此分析幼儿观察的细致性、准确性、系统性，同时了解幼儿坚持性、独立性等品质的发展情况。又如，小班数学活动中，要求幼儿比较图片中两个娃娃的不同点，并把不同点标注出来，却发现没有一个幼儿能够发现娃娃的所有不同点。教师据此发现了教学中的失误——教师没有引导幼儿按顺序观察并找出不同。再如，要求两岁半左右的儿童分别画出圆形、三角形、正方形，但他们画出的却是三条分辨不出是什么图形的封闭曲线。由幼儿的作品我们可以分析出：这一年龄段的儿童无法区分各种不同的图形，更无法认识各种图形的特征。在他们看来，三角形、圆形、正方形之间并没有什么区别，它们都是封闭的曲线。他们还无法理解图形的边和角。另外，他们的小肌肉控制能力差，也无法精确地画出各种图形。因此，我们没有必要要求处于涂鸦阶段的儿童画出各种图形，重要的是引导他们对各种图形感兴趣，对各种封闭的曲线感到好奇即可。

作品分析法的优点在于资料较易收集，并且具有间接性，教师有足够的时间对幼儿的作业进行分析、比较，使评价更加客观准确。其缺点是，只能较多地反映当前教学的影响，而不能反映幼儿稳定的发展水平，不能系统、完整地了解幼儿的科学素质发展水平。

(二)测查法

测查法也称测试法，指通过预先准备的问题测查儿童的发展水平。测查法由统一的测试题目和测试程序构成，优点是对大量的对象进行测试，可以在较短的时间内获得大量的反馈信息，便于量化和统计分析。测查法包括以下四个方面的内容。

1. 编制测试题目

测查者根据评价的目的，拟定测试的内容和题目。题目不宜太多，以免被测者疲劳、烦躁。另外，还要拟定相应的指导语，对被测试者提出统一的要求。指导语要求简练、明确、通俗易懂，易于被幼儿接受。

2. 准备测试材料

测查中有时需要纸、笔，有时需要被测者操作，测试者要做好充分的材料准备。

3. 设计记录表格

记录表格一般是用来记录被测者在测试过程中的言语或行为表现，是统计分析的原始材料。设计表格时，应对被测者可能出现的回答或行为表现，事先加以归类，以便在测试过程中，在相应的单元格中做标记。

4. 拟定评分标准

要根据不同类型的测试的题目，拟定不同的评分标准。如加减法题有对错两种结果，最后可以计算正确率；守恒能力测试则需要进行等级评定。

(三)问卷法

问卷法是将一系列设计好的问题组合起来，通过书面形式，提供给调查者，征询被调查者的意见，回收、整理、分析问题的答案，从而获取有关评价对象情况的一种评价资料收集方法。它的缺点是缺少面对面的沟通，研究者往往不在现场，真实性无法核对；另外，问题用文字或符号表达，对调查对象的要求较高，信息不够深入细致。优点是简便易行，省事、省力、调查内容广泛。

问卷调查需要事先设计和编制问卷。为便于回答和统计，一般选择的题型是填空题、选择题、判断题、排序题等。

1. 问卷的结构及设计

问卷的基本结构包括题目、前言、指导语、问题及供选择的答案、结束语五个部分。

(1) 题目

在问卷开始应该标明调查的主题，便于调查对象明确调查的目的和内容。

(2) 前言

前言部分简要说明问卷的目的和意义，让调查对象了解回答问题的原因，消除他们的顾虑和疑问，确保他们能够提供真实、客观的信息和材料。前言要简洁、明确、真诚、通俗易懂。

(3) 指导语

提示语部分对答卷的方法、要求、注意事项等作具体的说明，语言要简明扼要。

(4) 问题及供选择的答案

问题及供选择的答案，是问卷的主要环节。问题要明确具体，答案选项要尽量全面。

(5) 结束语

结束语包括答谢辞和问卷回收方法。要用简短的语言对调查对象的合作表示真挚的感谢，同时让调查对象明确如何回收问卷。

2. 问题的编制及答案设计

问题的编制及答案设计是问卷的基本部分。可根据问题内容的不同，将问题分为开放式问题、封闭式问题、半开放半封闭式问题。

(1) 问题的编制语言要简练、通俗；问题的内容应具体、清晰、含义单一，避免相互兼容，避免带有倾向性和诱导性，不能过分笼统和抽象，要考虑到调查对象的知识背景；问题不应带有任何暗示性。

(2) 答案的设计意义要明确简洁；多选题中各选项要相对独立，避免交叉和包含；选项应该具有层次性，排列要讲究逻辑性；所有答案只能按一个标准分类。

(3) 题目的排列和呈现要注意排列顺序，应遵循以下几条原则：同类组合、先易后难、先概括后具体、先封闭后开放、先一般后特殊。例如，问题与列出的该题的答案应相对靠近、集中，避免填答者漏读某些部分；同类性质的问题应排列在一起，以利于调查者思考；可以相互检验的问题必须分隔开。

以幼儿作为调查对象的问卷要避免使用文字，尽量使用图画的方式。在调查实施时，要由调查者指导幼儿阅读问卷，帮助幼儿理解，然后由幼儿回答。

由于学前儿童的阅读水平较弱，对幼儿的问卷调查，一般采用口头式问卷。即评价者提出问题，幼儿口头作答，然后根据幼儿的回答进行评价。比如，在测查时我们可以口头提出这样的问题：“想一想，我们可以用什么样的办法将一块木块沉入水中？”从而了解幼儿运用所学知识解决问题的能力。为了避免幼儿之间相互干扰，影响评价的真实效果，要注意采取一定的隔离措施。

(四)观察法

观察法是指通过感官或辅助仪器，有目的、有计划地对自然状态或准自然状态下的现象或行为进行系统和连续的考察、记录、分析，从而对观察对象作出评定的一种资料收集方法。

观察法具有自然性和直接性。观察法是在自然或准自然状态下进行的，因而具有自然性；观察法考察的是正在发生的真实情况，观察者可以亲身感受被观察者的环境和活动，因而具有直接性。观察法特别适合于学前儿童，他们的身心发展水平较低，书面和口头表达能力有限；同时，他们在被观察时，不容易敏感，表现自然、真实，收集的资料比较真实可靠。观察法的应用范围很广泛，包含的方法也比较多。常用的观察法有行为核对、情境观察和事件详录等。

1. 行为核对

行为核对就是在观察之前，依据评价的目标、内容制定一份观察行为核对表，观察过程中，评价者将观察到的行为与核对表中的项目逐条核对，并在符合的条目上做记号。

行为核对的优点是记录简便易行，不足是制定核对表要求较高，比较困难，不仅事先要确定观察行为的类型，而且需要通过抽取一定数量的具体行为，从中选择出具有代表性的行为，确定为核对表中的行为条目。

2. 情境观察

情境观察是由评价者事先创设一个特殊的情境，以此引发评价者想要观察到的有关行为反应，从而获取评价资料，达到评价观察对象的目的。

情境观察的优点是能够测量幼儿发展水平的不同层次，另外它是在情境控制中进行的，能排除一些无关因素的干扰，观察的效果较好。缺点是这种观察花费的时间和精力较多，观察的多是外部行为表现，因果关系的确定难以精确。且在观察中，记录的只是想要观察的行为，忽略细节，因此难免带有一定的主观性。

3. 事件详录

事件详录是指通过对某种特定行为或事件的完整过程的观察，进行详细记录，然后作出评价。事件详录法虽然不需要事先编制记录表格，也不需要事先创设特殊的情境，但要针对事件的过程或相应的行为加以速记，并且要确保真实、客观，因而对观察者的要求较高。其优点是评价者可以随时随地在日常活动中观察、记录，并及时作出评价，使评价更加现实、可行、有效。

(五)访谈法

访谈法也称谈话法，是评价者通过与访谈对象进行面对面的交谈，以口头问答的形式来获取有关评价资料的一种方法。访谈法的优点是：谈话的过程灵活、深入；获得的资料直接、可靠；有利于谈话对象发挥主动性；简单易行，适用面广。访谈法的缺点是：样本较小，获得的资料比较难以标准化，对被调查者的心理状态不好控制，有一定的局限性，所以对访谈者素质要求很高，访谈者的价值观、态度、谈话水平、语气等，都会影响评价对象，容易导致偏差。

访谈法的类型可以分为集体访谈和个别访谈；也可以分为直接访谈和间接访谈。例如，可对某个儿童进行访谈或对一组儿童访谈，可面对面访谈或电话访谈。

运用访谈法(谈话法)应注意，访谈者首先要做好准备工作，例如选择适当的访谈形式，设计好访谈提纲，了解被访谈者的情况，选好访谈的时间、地点。访谈中要与被访谈者建立良好的关系，取得其信任。同时，要尊重访谈对象的年龄特征。访谈法的对象除了幼儿，还可以是教师、家长等。

三、对科学教育活动评价资料的分析

评价是为了更完善，而不是为了评价而评价，因此，评价的所有资料都需要分析，然后反馈于现场的教学实践。不同的资料分析方法对资料的收集方式和数据的性质等都有一定的要求。评价资料的处理和分析方法必须在评价的设计阶段就要开始计划。无论是质的评价还是量化评价，都应该根据评价目标来组织材料和选择方法。

(一)评价资料的准备

对评价资料进行分析之前，需要做一些初步的整理和编码工作；使原始资料尽量完整、准确、不遗漏，也符合各种分析的要求。

1. 初步核查和整理

评价资料收集之后，首先要对收集的原始资料进行核查和整理，去除或修正不正确的信息，并把杂乱无章的原始资料按照目标的需要整理成易于分析处理的形式。核查评价资料时，意味着要对原始资料进行数量和质量上的核实，检查是否准确，是否有遗漏和缺失，内容上是否有矛盾之处。根据整理和核查的结果，决定补交或者修正资料，尽量保证资料的完整性、真实性和准确性。

2. 资料的编码和汇总

对资料进行核查和整理之后，开始对符合要求的原始资料进行登录，也就是说把分散在大量原始资料中的信息进行编码和汇总，再分门别类地登记在总结性表格中。在登录原始资料时，往往需要对原始资料加以判断、赋值或者加以分类后的名称，再看该资料符合哪种分析形式。例如，针对教师的课堂组织与管理儿童行为的能力所收集的资料，往往是教师书写的描述性观察资料，可以根据观察记录中多次观察的描述性结果，判断该教师在该项目能力上的优劣程度，进行总结性评定的级别性的数字赋值，并将该赋值记录在总结表格中。

对待资料的编码和汇总工作需要有耐心和细心，因为任何错误和疏漏都会影响评价结果的准确性。初步完成对资料的编码和汇总后，还需要其他人员进行复核，检查是否准确无误。对有争议之处要认真进行讨论直到大家统一意见。对评价资料的量化处理和质的分析，是一个具有专业性的工作，相关人员应当经过适当的培训，或者由具有相应知识经验和技能的人员执行这个工作。

(二)评价资料的量化分析

1. 量化分析的特征

量化分析是将原始资料转化为易于理解和解释的形式，并应用各种统计技术深入分析变量间的关系。例如，对幼儿园家长的问卷调查中所获得的满意度资料的量化分析，包括对各种满意度指标百分率变化的描述式统计分析，也包括利用复杂的推断统计技术，确定不同的满意度指标对家长的整体满意度的重要性，探索影响家长满意度的因素，以及不同群体家长的满意度之间的差异性等有效信息，最后分析确定幼儿园在今后的工作中需要改进之处，确定提高家长的满意度的工作措施。用量化分析方法对评价资料做出具体精确而且合理的结论，可以提高评价的说服力。在量化分析的实际运用中，各种统计方法尤其是多元分析过程需要用计算机来完成。

2. 科学教育量化分析的结构方式

教育评价中的量化分析可以采用各种过程和内容的结构形式，这里考虑到科学教育的特点，选择集中科学教育评价中需要用到的分析方式，如动态分析、对比分析和内容分析。有时在同一个评价项目中，会将多种结构方式结合起来使用。

1) 动态分析

动态分析又称作时间序列分析，是以现象所显现出的数量特征为标准，根据现象发生的时间数列，判断被研究对象是否符合发展趋势的要求，检测其偏离正常发展趋势的原因，并对未来的发展趋势进行预测。资料里的数据应该包括指标所属的时间和指标在某一时间的数值两个部分，按照时间先后序列形成数列，然后对编制好的时间数列进行量化分析，以观察现象变化的大致过程和趋势。

2) 对比分析

对比分析是把现象或者事物加以比较，通常是把两个互相联系的指标数据进行比较，从数量上展示和说明评价对象的规模大小、水平高低、速度快慢，以及各种关系是否协调。对比分析中，选择合适的对比标准十分关键。选择合适才能作出客观的评论，若选择不合适，则评价可能得出错误的结论。

3) 内容分析

内容分析即对于明显的传播内容，如书籍、杂志、报纸、电视节目、信件、照片等，做客观而且有系统的分析处理，并加以量化描述。其基本做法是根据特定的概念框架，对内容样本的信息进行分类记录和编码，首先是选择具体的观察和点数单位，做出编码表；然后按照编码表为编码赋值，必须遵循互相排斥和详尽性原则，将所有内容都归进类别内。内容分析法的特征表现在明显、客观、系统、量化等四个方面，常用于分析书面材料和文字性材料，是客观而系统地寻找文字信息的具体特征的各种技术手段的总称。内容分析是一种规范的方法，要求分析者根据预先确定的计划，采用一定的规则，按照一定的步骤，其主要目标是确定资料内容中某些项目的频数，或者确定某些类别在资料中所占的比例等。

3. 科学教育评价数据的统计方法

教育评价中统计分析方法很多，这里我们只介绍幼儿园科学教育评价的情况下，教师常用的最基础的统计分析方法——描述性统计。常用的描述性统计量主要包括描述性百分比、算数平均数和标准差。

(1) 描述性百分比

描述性百分比多指百分数。百分数是以 100 作分母的分数，既可以表示数量的增加，也可以表示数量的减少。百分数运用广泛，例如，45%的家长对幼儿园的评价是非常满意的。通过百分数的比较，可以了解各项评价值是否有了显著变化。

(2) 算数平均数

算数平均数是表征数据集中趋势的一个统计指标，它是一组数据之和除以这组数据的个数的结果。例如我们考察家长的满意度，通常是由家长按照从1—5的顺序给满意度指标打分，如果调查样本是30人，该满意度的算数平均数=所有得分之和/30。平均值较高，说明满意度的集中趋势较高。算数平均数在统计学上的优点是它更少受到随机因素的影响，缺点是更容易受到极端数值的影响。

(3) 标准差

标准差表示一组数值相对于平均数的离散程度。标准差较大，说明大部分数值和平均数之间差距较大；标准差较小，则说明大部分数值接近平均值。通常同时使用平均数和标准差来描述数据的一般特征。

(三)评价资料的质的分析

1. 质的分析的特征

质的评价资料由现场观察或者访谈记录等所获得的描述性文字材料或者符号组成。质的资料分析是一个对资料进行整理、选择、分类、描述、综合、归纳，从而用有意义的方式来组织信息和提取信息内涵的过程。

对质的评价资料分析基本上依赖于评价者的主观分析，要验证的假设并不是预先设定的，而是在收集信息的过程中获得。所以，质的资料分析经常包含在整个资料的收集过程中，不断综合信息，是一个自下而上的归纳过程，通过对经验材料的分析和归纳，将经验证据与抽象概念相结合。

关于质的资料往往是对较少数对象的很多方面进行描述，只体现行为或者现象的个性特征，但是任何的共性都存在于个性之中，任何的特殊性必定包含普遍性的因素。虽然质的资料来源主要是描述或归纳对象和现象的特征与性质，往往难以提供有力的证据来说明现象之间的因果关系。

与量化资料的分析相比，质的分析需要花费更多的时间与工作量。学习了解质的分析的有关方法和技术，有助于提高质的资料整理和分析的效率，提高分析和评价结果的有效性和可靠性。

2. 质的评价资料的整理

质的评价资料的分析首先涉及对资料的整理，对大量杂乱无章的描述性资料加以整理和简化，使之保持资料的丰富性特征，又便于进一步分析和归纳它的价值意义。主要包括分类、建档、编码等具体内容。

首先，将经观察记录或者录音等获取的资料全部如实地输入计算机，指定文本文件并保留原始文件。在录入的同时，还要着手建立资料档案，如评价对象的社会背景和特征档案。录完后，对资料进行编码，进行简化和分类，从而摆脱原始细节的杂乱状态，使之表现为可用于进一步加以分析的主题或概念。经过这种反复编排对比，直到意识到某种模式的出现为止。

在整理和编码评价资料的过程中，分析者应当及时记录思考过程中闪现的观点和创见，以及对资料的评论和阐述。

3. 质的资料分析方式

1) 现象学分析

现象学认为真正的认识是在意向与直观的动态统一中产生的，因此在对语言、符号和意义的理解与分析之上，以心理体验活动为基本的思维态度和思维方式，强调理论的统一和客观与观念的统一。现象学分析重视“整体”与“部分”的关系，对意识进行动态描述分析。现象学分析方式对于语言资料的分析，旨在理解由资料本身体现出来的现象的特征。评价分析者必须尽量抑制自身主观意念对资料的解释，从而允许资料中关于评价问题的有意义的内容自然地凸显出来，再把互为关联的意义单元整理归纳，使之相互联系，将这种相互关联的意义单元作为评价问题的回答。

2) 语句分析

语句分析的理论基础是扎根理论。扎根理论运用归纳的方式和系统化的程序，对现象加以分析、整理和比较，旨在使得到的结果更加具有适当性、理解性、推断性和控制性。语句分析对各种语句的类型、意义、适当性等加以分析，了解被评价者的心理状态及其与教育有关的观点和意见。语句分析往往涉及客观经验、事实判断、道德价值等，以及对象的态度、取向、信念等方面的资料。

(四)评价结果的解释和运用

对评价资料进行量化或者质的分析之后，应该对分析的结果加以总结和解释，得出评价结论。对结果的总结可有不同的方式，如图解式、表格式、文字小结或者详细的书面报告等。

1. 解释评价结果的原则

无论以何种方式呈现评价结果，对结果的解释必须遵循以下原则。

(1) 实事求是地根据实际数据和资料进行解释，不能夸大或者上纲上线。

(2) 根据统计学的要求，合理、有限制地对结果作出适宜的判断。

(3) 针对评价结果呈现对象的特点，应采用适当的措辞说明评价结果，不能由于追求专业化和学术化而令评价对象无法理解评价结果。

(4) 对评价结论的运用应该谨慎，须考虑生态效应、社会效应和心理期待等问题。

2. 解释评价结果的方式

1) 图解式和表格式

图解式是根据评价资料的性质和分析的目的，选用直方图、圆形图、曲线图等方式直观地呈现评价结果。例如，需要比较各年龄段幼儿对科学区(角)的选择倾向性的频率，可选用直方图；要显示某种发展趋势，可采用曲线图等。为清楚地区分不同的图解，必须标明图号。图标一般放在图的下方，标题必须简明达意。如果有必要对图中内容加注，图解的文字一般用较小的字放在图的下方。

表格式是在由线条分隔成的主栏和宾栏的表格结构中添加数字，加上标号和标题说明表中的内容。表格中的主栏一般纵列在左边，用来说明表格所要呈现的主要对象。宾栏一般横列在表的第一行，通常用来说明所属对象的有关指标或者类别。表格中的数据采用阿拉伯数字，且必须准确无误，各纵列上的数字的小数点必须对齐位数，同一单位在标题中说明。

2) 文字小结式和书面评价报告

文字小结式是指用简洁的文字描述性地总结和概括评价的主要结果，力求让阅读者在短时间内较全面地了解评价研究的最重要的结论。

有些比较正式的评价研究项目需要向要求评价方或者资助评价方提供详细的书面评价报告。

3) 在线评估和报告

近年来有些早期教育或早期干预项目，设计出关于儿童发展某些方面的在线评估报告，由家长或教师在网站上为班级幼儿或者个体幼儿注册登记后，输入有关幼儿发展的各种评估信息。系统在对幼儿的资料加以综合分析之后，自动生成评估报告。此种评估报告的优点是教师和家长可以在幼儿发展的动态过程中，反复适时地评价幼儿的发展动态，以便及时调整对个体幼儿的教育方案。

本章小结

本章主要介绍了学前儿童科学教育活动的评价概念与目的，在此基础上介绍了学前儿童科学教育的评价内容，其中包括科学教育活动评价、数学教育活动评价幼儿发展评价、教师评价以及师幼互动评价，着重介绍科学教育评价方案的编制和评价的分析方法。

思考题

1. 学前科学教育活动的评价原则是什么？
2. 简述儿童发展评价的原则与指标体系。
3. 简述学前科学教育评价的主要方式和基本原则。
4. 怎样理解师幼互动评价的重要性？
5. 试编制一份科学教育活动教师评价的量化表格。

知识链接

多彩光谱中的科学领域评价

多彩光谱项目评价活动旨在识别个体的智能，其假设是因为认知发展是有差异的，所以每个儿童都有相对强项的领域。

多彩光谱项目的评价方法不是靠某种测试，而是为儿童提供在各个领域(社会、身体、音乐、数学、语言、机械、艺术和科学)活动的机会，了解儿童在这些领域所获得的经验。教师可以把多彩光谱材料视为有用、有效的工具，根据需要有选择性地使用。既可以吸收多彩光谱的理念，采用它的结构，把学习和评价结合起来，扩展儿童活动的范围，也可以用个别化的活动来支持教育领域的新尝试。

多彩光谱的评价方法具有三个显著的特点。

(1) 在有意义的真实情境中进行评价。

(2) 模糊了课程和评价之间的界限。

多彩光谱的评价活动围绕儿童自身进行，就像在教室里开展的其他活动一样。必要时教师给予帮助或提示，以便儿童能尽最大努力去完成任务。

有些区域易于进行持续性评价，在儿童任务结束后仍旧把材料放在教室里，这样可以获得丰富的随机信息——可以看到儿童记住了什么，在已学的基础上建构了什么；教师还可以观察到儿童是如何相互分享材料的使用方法的，又是如何创造性地使用材料的。如美国学者玛拉·克瑞克维斯基在《多元智能理论与学前儿童能力评价》中所阐述的："我们希望所有多彩光谱的活动都能成为教室日常课程的一个有机组成部分"。

(3) 关注活动的风格特征。

关于风格的项目有很多，诸如儿童的自信水平、坚持性、对细节的关注等。这些信息有利于教师辨别儿童特定领域的或跨领域的活动风格。

科学领域的评价活动由以下四个部分的活动构成：发现区活动评价、寻宝游戏活动评价、沉浮活动评价、装配活动评价。下面列举发现区活动评价和沉浮活动评价两个部分。

一、发现区活动评价

这部分考查的是幼儿作为"自然科学家"对自然现象显露出的兴趣和敏锐的观察技能。在发现区，通过向儿童介绍各种生物和无生物的物体，鼓励幼儿对其进行观察、描述和分类。

在大约一年的活动中，引导儿童观察、探究和理解自然现象。活动区的活动和评价的结构性不强，主要不是进行单个的、正式的活动，而是让儿童在整个学年都接触到大量的自然科学活动。教师对儿童科学探究、科学观察中所含的认知成分进行正式或非正式的观察，从而对儿童作出评价。这些认知成分包括：密切的观察、异同的辨别、假设的形成、实验以及对自然世界知识的兴趣。教师可以在室内、室外的各种活动中观察到这些成分。由于儿童的兴趣各异，因此要为他们提供广泛的科学体验。

在对幼儿自然科学智能进行观察之前，教师需要认真研读评价标准表，熟悉各种规定。评价时使用发现区观察表(见表 9-2)，尽可能详细记录儿童的各种情况，包括问题陈述、兴趣、观察及解决问题的策略等。发现区观察表的结果不在于一个量化的分数，而是使教师通过此表全面了解儿童在自然科学领域的兴趣及其强项。

表 9-2　发现区观察表

观察项目	观察结果
密切地观察 使用不同的感官 注意物体在时间上的变化，用各种方法记录观察结果 其他	
识别关系 对比、比较不同物体或事件，根据各种标准对物体进行分类 其他	

续表

观察项目	观察结果
形成假设 根据观察进行假设 问“如果……会怎样”之类的问题 尝试解释原因 其他	
实验 创设实验情境 创新地操纵物体 其他	
对自然活动感兴趣 对自然现象显示出强烈的内在兴趣，问与其观察物体有关的问题， 报告有关自然环境方面的经历 其他	
自然世界的知识 显示出不同寻常的大量知识，提供信息和回答问题 其他	

发现区活动评价标准具体如下。

1. 密切地观察

(1) 运用一种或多种感官密切观察材料，了解环境中物体的物理特性。

(2) 长时间地注意观察某个物体的变化，如植物新生的叶子、树上的苞蕾、蝌蚪长出了腿等。

(3) 喜欢通过画画、图表和序列卡等来记录观察现象。

2. 识别关系

(1) 注意到物体之间的异同，喜欢对材料或事件进行比较，如把蜘蛛和蟹进行比较。

(2) 根据不同的标准对物体进行分类，如根据颜色、形状、大小、质地等分类。

3. 形成假设

(1) 根据观察进行假设。

(2) 对自然物体或事件喜欢问“如果……会怎样”之类的问题。

(3) 试着解释某种现象。

4. 实验

(1) 在形成假设之后(这个假设可以是自己的，也可以是由他人提出的)，产生实验的想法或创设简单的实验情境。如把大小不同的两块石头扔进水中，看看是否一个比另一个沉得快些。

(2) 操纵重要变量或把材料综合起来，以此来探索物体或物体间的关系。

5. 对自然活动感兴趣

(1) 长时间地对自然现象或相关材料感兴趣，自我学习的内在动机强烈。

(2) 经常问与自己所观察的物体有关的问题。

(3) 喜欢报告自己或他人在自然环境方面的经历。

6. 自然世界的知识

(1) 对某个自然物体或现象显示出不同寻常的广泛知识，如小虫子、恐龙。

(2) 自发地提供有关各种自然现象的信息，常常回答教师或他人提出的有关自然环境的问题。

二、沉浮活动评价

这部分考查的是幼儿作为“实验型科学家”所具有的超越观察的能力以及运用所呈现的信息推断统领的规则的能力，这是科学思维中的一个关键元素。沉浮活动所标识的能力主要是：进行科学思考的能力(如重量和漂浮的可能性之间的关系)、提出假设并通过简单实验加以验证的能力。

活动的主要材料：用大概能装 10 升水的塑料盆，装半盆水；1 个塑料弹子球、1 个塑料鸡蛋、2 块木制的小积木、2 个螺母、2 个小螺钉、2 个透明的有盖的塑料薄膜罐、2 个小软木塞或泡沫橡胶块、2 块小石头、2 个渔人玩具(漂浮物)、2 个不透明的有盖的塑料薄膜罐、2 个垫圈或硬币、1 块(肥皂大小的)海绵或聚苯乙烯塑料。

活动的主要过程如下。

(1) 预测和归类

按照“沉浮活动观察表”中的顺序拿出物件(每对中拿一个)，在放入水中之前，请儿童先猜猜是沉还是浮，从第四次开始要问儿童为什么这样预测。逐一猜想——尝试——拿走。从水中拿走最后一个物件后，让幼儿按沉与浮把物件分成两组，并询问归类的理由。最后，让幼儿把每一组物件再放进水中进行验证并解释它们沉或浮的原因。

(2) 自由实验

把所有材料从水里和包里都拿出来，请儿童自由操作和探索。

(3) 有组织的实验

①物体在上浮和下沉之间转换。让幼儿想办法把一件下沉的东西浮在水面上；把一件浮在水面上的东西沉到水底。②猜猜所藏的物体。在不透明的罐子里放入一件下沉的物体(如螺钉)，不让儿童看见，然后把罐子放入水中，让幼儿猜猜罐子里是什么，并询问其猜测的原因。接着，在罐子里面藏漂浮的物体，操作同上。

在多彩光谱项目中，专门建构了活动风格来描述儿童在各种情境中与任务和材料的互动关系。活动风格是从过程维度而不是从结果上来反映儿童的学习或游戏。同时，活动风格还反映出情感、动机与材料的互动，以及正式意义上所说的风格特征，如学习的速度、对信息线索的偏好等。

(资料来源：刘占兰. 幼儿科学教育[M]. 北京：北京师范大学出版社，2000.)

第十章　家庭和社区的学前儿童科学教育

本章学习目标

- 理解家庭中学前儿童科学教育的作用和特点。
- 理解并掌握家园互动的科学教育活动形式。
- 能够运用理论知识指导家长在家庭中开展学前儿童科学教育活动。
- 理解社区资源在学前儿童科学教育中的意义。
- 理解社区资源在学前儿童科学教育中的选择与利用。

重点难点

重点：家园互动的科学教育活动形式。

难点：指导家长在家庭中开展学前儿童科学教育活动。

案例导入

大卫有两个小孩，一个 7 岁，一个 5 岁。

有一天，他教他 7 岁的孩子凯利怎样使用瓦斯驱动的割草机割草。他正教孩子如何在草地边缘把割草机掉头时，妻子来问他事情。当大卫转身回答问题时，凯利把割草机推到草坪边的花圃上……

大卫发现时，大约有两尺宽的花圃已被夷为平地！大卫曾经花了很多时间、费了很大力气，才伺弄出这个令邻居们羡慕的花圃。大卫情绪开始逐渐失控。当他对儿子提高音量之后，妻子很快地走到他身边，把手放在他的肩膀上，说："大卫，请记住——我们在养小孩，不是在养花！"

【问题思考】

这个故事在提醒我们，作为幼儿的父母必须明白这样一个事实：孩子以及他们的自尊比他所破坏的任何物质上的东西都要重要。我们必须记得不要打破一个孩子的心灵，不要让他们充满活力的感受变得麻木。

第一节　家庭中的学前儿童科学教育

一、家庭在学前儿童科学教育中的地位

家庭是幼儿接触的第一环境，也是幼儿赖以生活的重要场所。对幼儿成长来说，家庭

中的科学教育是学前科学教育的重要补充。重视家庭中的科学教育是幼儿提升科学素养、培养科学习惯的前提和基础。因此，家庭在学前儿童科学教育中的地位不容忽视，只有家庭和幼儿园通力合作、达成共识，才能从根本上保障幼儿科学教育的广泛性和全面性。

家庭中的学前儿童科学教育.mp4

(一)家庭是幼儿科学探索的起源地

幼儿一出生接触到的环境就是家庭，从身边的玩具、被品到周围的小床和桌椅再到远一点的家具和碗柜，所有能触及的都是幼儿探索的对象。幼儿天生具有强烈的好奇心，从呱呱坠地那一刻起，对家里的一切就开始了探究。他们喜欢把自己的手指含在嘴里，抓住任何物体都想放进嘴里品尝。等到幼儿能够独立行走后，他们对能想到的任何地方都要想方设法到达。这种强烈的好奇心使幼儿时刻处在学习和探究的状态。他们通过对物体的咀嚼、触摸、摆弄、观察来感知物体的属性，获取经验。家里的一切都给幼儿提供了丰富的探索的空间，桌椅板凳、家用电器、生活用品、花草绿植、饮食起居、衣食住行等，都是幼儿探究的对象。

(二)家庭是幼儿科学教育的第二课堂

如果我们从幼儿正式接受科学教育算起，幼儿园是幼儿接受科学教育的第一课堂，家庭是幼儿接受科学教育的第二课堂。幼儿进入幼儿园阶段后，家庭仍是幼儿科学教育的重要环境。幼儿在幼儿园接受正规的科学教育，是以家庭中已获得的科学经验为基础进行同化或顺应，建立新的科学认知结构。与此同时，幼儿也把在幼儿园中获得的新经验、科学实验、种植技能等在家庭中进行运用和练习。再有，幼儿在园的时间比较有限，有些现象和实验无法做到，在家庭中可以弥补这些不足。因此，家庭是幼儿科学教育的第二课堂，和幼儿园的科学教育互为补充，相互促进。这也可以引导家长有意培养幼儿的科学探究热情，比如家长可以在家中腾出一个固定地点，摆放小瓶、小盒、铁丝、电线、灯泡、放大镜、旧闹钟、坏玩具等，任由幼儿摆弄、观察、想象、发现和创造，最大限度地满足幼儿的好奇心和探索欲。

(三)父母是幼儿科学启蒙的第一任老师

在日常生活中，幼儿离不开父母的养育和照料，幼儿接触最多的就是自己的父母，因此受父母的影响也是最大的。父母是幼儿的第一任教师，当然也是幼儿科学的启蒙第一任老师。当幼儿产生疑问的时候，会随时随地对父母发问。这时，父母的态度非常重要。积极的态度可以鼓励幼儿大胆地发现和探索，对其科学习惯的养成起到促进作用。相反，如果父母的态度消极、漠不关心，那么幼儿的探索欲望便被扼杀了。研究表明，家长积极的态度和鼓励是促进幼儿对数学和科学感兴趣的重要因素。如果家长树立科学的世界观，并且重视用家庭的优势对幼儿进行科学启蒙教育，那么对幼儿科学素质的培养和发展将起到十分重要的作用。

二、家庭中学前儿童科学教育的特点

学前儿童家庭中的科学教育与幼儿园科学教育有着必然的联系和一致性，但也有明显的不同于幼儿园科学教育的特点。

(一)教育内容以日常生活为主

3～6 岁的幼儿由于生活能力有限，绝大多数时间是在家里活动。因此，幼儿接触的科学教育内容是围绕日常生活而进行，可以说渗透在日常生活的方方面面，包括有形的和无形的。当幼儿总喜欢问“为什么”时，即是开始进行科学探索、找寻探究答案之时。凡是幼儿能看到、听到、尝到、接触到的一切事物，都是对幼儿进行科学教育的内容。具体包括作息时间、穿衣规律、卫生习惯、饮食习惯、物品的使用摆放规则，水、电常识，家用电器的使用常识，操作科技产品等。父母教给幼儿的不仅是认知科学常识，而且还包括对待科学的态度、探索科学的方法和培养科学的习惯。幼儿在日常生活中受父母潜移默化的影响，逐渐形成自己对科学知识的解读和建构，从而获得相关科学经验。

(二)教育方式和方法随机生成

以幼儿的一日生活为线索，家庭中幼儿科学教育的生成性比例较大。幼儿在家庭中所受到的科学教育随机生成，体现家庭实际生活的各个方面。家长从日常对幼儿的照料中，抽取科学的认知对幼儿进行感知觉的作用和影响，久而久之，幼儿逐渐形成对生活中科学常识的体会和认知。家庭科学教育没有一定的计划、目的和要求，不受地点和时间限制，往往是跟随幼儿的兴趣和需要随时产生，或跟随家庭生活环境、发生的事件引发生成。幼儿科学教育活动可以在任何时间和地点进行，如在厨房、盥洗室、庭院、卧室、书房等，也可在公共汽车、火车等不同地点进行，还可在早晨、中午、晚上、白天或进餐、洗澡、游戏、劳动、睡前等时间进行。

(三)教育效果个体差异明显

家庭中的科学教育由于家长担任教育者，家长自身科学素养的高低、科学态度的强弱、掌握的科学方法的差别，直接影响幼儿的科学教育效果。家长往往受种种因素的影响，导致作用于幼儿的科学教育的深度和广度参差不齐，教育效果存在较大的差异性。如果家长不能科学对待幼儿提出的问题或是缺少指导科学教育的契机和方法，那么幼儿在家庭中获得的科学教育就极其有限。因此，有必要对家长进行科学知识、科学观念和方法的引导，鼓励家长加强学习、更新观念，学会科学育儿方法。

三、家庭中开展学前儿童科学教育的指导策略

在家庭中，幼儿的父母往往没有受过专门的幼儿教育，对待幼儿科学探索的需要不能正确对待。在此，作为幼儿教师应该以积极的态度影响幼儿家长，教给幼儿家长有效的教育方法和科学育儿观念。

(一)帮助家长树立科学育儿观念，保护幼儿的好奇心

据了解，在现实中家长对待幼儿的提问有这样几种态度：第一种，热情欢迎，耐心回答；第二种，既不热情也不反对，漫不经心，敷衍了事；第三种，以厌烦的情绪不正面回答，甚至训斥幼儿。显然，只有第一种态度是我们认可的，要积极支持和保护幼儿的好

奇心。

1. 积极鼓励并且认真倾听幼儿的提问

当幼儿提出问题时家长要认真对待、耐心地倾听、认可幼儿的问题，使幼儿从心理上感受到家长的重视和支持。切不可加以斥责，也不能置之不理，更不可用“你问题怎么这么多”“你还没完了”之类的话打击幼儿提问的积极性。否则，就会压抑幼儿的好奇心和求知欲，影响幼儿对周围世界主动探究的热情。

2. 耐心对待并及时回应幼儿的提问

幼儿提出的问题往往是幼儿探索兴趣的体现。随着幼儿年龄的增长，接触的事物不断增多，生活经验不断丰富，幼儿头脑中的问题也越来越多。这些问题涉及面广，包括自然、人体、文化、社会、环境、科技等许多方面，幼儿会在家长面前无拘无束地发问，有些问题是家长意想不到或难以回答的，有时幼儿还会对某些问题刨根问底。但无论如何，作为家长都要耐心对待并及时回应幼儿的提问。如果不能第一时间回应，也要向幼儿说明理由。

3. 激发并鼓励幼儿的探索行为

家庭中很多物体都会引起幼儿的好奇心，使幼儿产生要触摸摆弄的愿望，很多家长往往怕幼儿打坏物品而禁止幼儿触碰，殊不知这是对幼儿科学探索行为的极大扼杀。家长不但要鼓励幼儿探索，而且要大力支持幼儿的探索行为。家长对于幼儿的这种破坏行为应该给予充分理解。这是因为幼儿手部肌肉发育不成熟，动作的灵活性、精准性差，在摆弄物品或探索过程中缺少稳定性，所以不可避免地会造成物品损坏。例如，幼儿对电动玩具的声音感到好奇，想拆开来看看究竟，结果幼儿把玩具拆了就装不回去了，玩具也无法继续使用。对此，有的家长火冒三丈，但是从科学教育的角度这种态度是不可取的。家长不但不能批评，而且还要对幼儿勇于探索的行为给予鼓励和表扬。可以引导幼儿在拆玩具时，注意观察并记住拆的顺序及零件的位置，让幼儿加深对事物的认识，提高探索兴趣。

(二)鼓励家长学习和运用科学知识，发挥示范作用

每一个家庭都有不同的文化背景，每一位家长都有不同的知识结构和职业领域，幼儿所能获得的科学教育也因此而不同。但是可以肯定的是，每个家长都很重视幼儿的健康成长。家长是幼儿最好的教师，家长的一言一行、对人对事的态度都对幼儿起着潜移默化的影响。对于孩子而言，幼儿时期乃至儿童时期父母都是他们心中的英雄，无所不知，无所不能。所以应该充分发挥家长的科技优势，让家长在幼儿的科学教育领域起到榜样的示范作用。家长应具备一定的科学知识和经验，掌握观察、实验等基本科学方法和技能，热爱大自然，热爱科学，关心周围事物，正确对待生活中的科学现象与问题。家长还要会动手做实验、制作小玩具、修理家庭用品、种植花草等。所以，家长日常应表现出对事物的极大兴趣，充满探究热情，利用家长自身的经验引导幼儿学习科学。这样，幼儿就会有更多的机会向父母学习简单而又丰富的知识。

(三)引导家长掌握一定的教育艺术，提高与幼儿交流的技巧

回答幼儿的问题要讲究艺术。对于如何正确对待幼儿的问题，我国著名教育家陈鹤琴

先生曾说："我们做父母的不要拒绝小孩子的问题，也不要以有问必答的方法对待他，我们应当利用他的问题来施行我们的理想教育"。因此，对于幼儿的问题家长要掌握一定的教育艺术，以退为进也是一种有效的教育方法。

1. 运用讲故事的方法回答幼儿提问

对于一些幼儿无法通过动手操作和探索获得答案的问题，家长可以采用讲故事的方法进行回答。家长对幼儿的提问要给予生动有趣、浅显明确的回答。

案例 10-1

幼儿：爸爸，太阳有家吗？

爸爸：太阳没有家、没有床，它白天黑夜不睡觉，白天在中国上班，夜里到美国上班，它多辛苦啊！我们要谢谢它。

案例 10-2

幼儿：妈妈，人为什么要吃饭呢？

妈妈：人不吃饭会肚子饿呀！经常挨饿，你就不会有红红的、胖胖的脸蛋儿啦！许多天不吃饭就会饿死，所以你一定要好好吃饭。

这两则案例都是幼儿经常提问的问题，背后的原理讲解起来比较复杂，幼儿无法理解，所以家长采用讲故事的方法化繁为简来回答幼儿的提问。

2. 假装不懂，鼓励幼儿自己探索答案

对于一些难度较低的问题，可以鼓励幼儿自己探索获得答案。

案例 10-3

下面是在汽车上幼儿和父亲的一段对话。

幼儿：爸爸，为什么树都往后退呀？

爸爸：是呀，为什么树会往后退呢？

在汽车停下后，爸爸让幼儿观察树是否还后退。

幼儿：树也没动啊！

爸爸：那汽车动了吗？

幼儿：汽车在往前开呢！

爸爸：那是怎么回事呢？

幼儿：是车往前跑，树追不上它了。

这个案例中父亲没有直接告诉幼儿答案，而是通过实地观察使他发现：树往后退，是因为汽车往前开而产生的错觉。

3. 对于不会的问题要教给幼儿寻找答案的方法

幼儿的问题千奇百怪，常常会难住家长，这是极其自然的事。此时，父母们与其绞尽脑汁回避问题的答案，不如教给幼儿获得答案的方法。此时，家长可以说："咱们一起寻找答案吧！""看看书上是怎么说的？"等等，这样既不会让幼儿失望，又能培养幼儿从小

好学好问的习惯。而且掌握了学习的方法和学习工具，懂得书籍是最好的老师。图书和互联网上的信息极其丰富，可以作为学习工具加以利用，也可以下载应用知识软件作为回答幼儿问题的资源库。

4. 不会的问题要如实承认，表明对问题的兴趣

有些问题因为幼儿太小而难于回答，也有些问题不必回答。遇到这类问题，不要搪塞和责骂孩子，而要尽量给幼儿留下寻求答案的期待与渴望。可以用以下方式回答：

"你提的问题真有趣，这是怎么回事呢？等你长大还可以研究呀！"

"是呀！这事多奇怪，你想知道吗？那么你快快长大上学，只要你好好学习，会比爸爸还聪明。"

"这个问题可难倒妈妈了，妈妈也想知道，你以后知道答案可要告诉妈妈呀！"

"妈妈也想知道这是为什么，等以后我们有空儿一起研究研究吧！"

(四)帮助家长营造科教环境，满足幼儿动手操作的需要

1. 家长要提供一些幼儿能够探索的游戏材料

玩玩具是幼儿不可缺少的一项活动。在玩玩具做游戏时，家长尽量不要手把手去教，也不要急于帮助他，应鼓励幼儿自己想办法去探索，为幼儿动手操作创造机会。在不断探索的过程中，幼儿会发现解决问题的好办法，这对幼儿今后积极地探索世界大有好处。家长可以带幼儿去公园、参观博物馆、看电视，甚至包括选择具有科学探索意义的玩具，如有轮轴的机械玩具、不同尺寸的磁铁、放大镜、棱镜等。这将大大丰富幼儿的科学探索经验与材料，促使其养成良好的科学探索习惯。

2. 家长适当参与幼儿的探索活动

家长的适时参与会大大增强幼儿的活动兴趣。父母参与不等于包办代替，而是给予合理的建议或提供技术帮助。比如，幼儿在摆弄电池、电线、小灯泡时，试图探索三者关系过程中，对于电线和电池及灯泡的连接操作上存在困难，父母适时介入帮助其固定，就会大大减少幼儿因受挫而失去探索兴趣的几率，使活动能顺利完成。

3. 家长要引导幼儿学会观察

尽管幼儿一出生就在不停地观察这个世界，但是幼儿的观察是无意的、短暂的。如果家长能有意识地引导幼儿在家庭生活中进行观察，丰富他们的科学经验，势必有利于幼儿今后的科学学习。家长应重视幼儿良好观察习惯的培养和观察方法的学习。创造了条件，随时抓住观察时机，激发幼儿观察兴趣，引导幼儿进行有意观察。在观察过程中，还要尽量引导幼儿运用视觉以外的其他感觉器官，通过听、嗅、闻、触摸和品尝等，使幼儿对所看到的事物有全面、完整的认识。

4. 家长要重视幼儿的探索过程

家长在对学前儿童进行科学教育时，要注重其活动过程的参与性，在不断的操作中，加深印象，积累经验。例如，家长发现幼儿很长时间一直在摆弄玩具，原来这名幼儿在反复玩玩具的过程中，发现不同玩具相互碰撞发出的声音不同；不同玩具拿在手里和放到嘴

里感觉也不一样；小的玩具可以装到大玩具里面；等等。诸如这些经验的积累，对幼儿科学认识世界有着重要意义。

四、家园互动的科学教育活动形式

前面我们讲的是教师帮助家长在家庭中开展学前儿童科学教育活动的方法。教育是一个长期系统化工程，有些教育内容无法在幼儿园全部完成，需要幼儿回到家里继续开展。或者教师从幼儿教育的效果考虑需要向家庭进行延伸，开展家庭科学探索活动。这时就需要家庭和幼儿园密切配合，共同完成幼儿的科学教育任务，增加科学教育的效果和丰富发展科学教育的内容。

家园互动中的科学教育活动形式是指家庭和幼儿园互相配合进行科学教育活动。从组织的形式上可以分为统一的家园互动科学教育活动和分散的家园互动科学教育活动。

(一)统一的家园互动科学教育活动形式

1. 家长会

家长会是幼儿园里比较正式的家园互动活动，教师可以通过召开家长会，向家长讲解和宣传幼儿园将要开展和正在开展的科学探索活动，并且邀请家长也参与到科学发现活动中来。建议家长支持和鼓励幼儿的科学探索活动，有时间可以和幼儿一起讨论科学探索活动。家长会的主要内容有以下三个方面。

(1) 向家长明确家长参与和支持幼儿科学教育活动的重要性和必要性，使家长大力支持幼儿的科学探索活动，鼓励家长积极参与幼儿科学探索活动。

(2) 向家长介绍幼儿园即将开展或正在开展的科学探索活动，这些活动需要家长配合的内容，包括对幼儿的鼓励，或者在材料方面的支持等。

(3) 向家长介绍一些适合在家庭中开展的科学探索活动，让家庭中的每一个成员都能参与到幼儿的科学探索活动中来，提高幼儿科学探索发现的兴趣。

2. 家园联系手册

家园联系手册是幼儿园最常见的一种家庭与幼儿园书面沟通的方式。家园联系手册是专门的有关科学探索活动方面的通信。它可以是一份独立的科学发现通信，也可以是一份综合的家园联系手册中的一部分。通过书面的形式，让家长了解幼儿园中与科学有关的活动。例如，通知家长过几天就要带幼儿去野生动物园了，或者明天我们会有一只小动物来访了，也可以是提醒家长幼儿园正在进行探索星星、月亮的活动，可以带领幼儿在晚上观察天上的星星。当然，家长也可以以同样方式来与教师沟通，互通信息。家园联系手册也可以通过给家长的信件方式进行，例如在每一个科学探索单元开始前，教师给家长一封信，向家长介绍该单元的主题内容，请求家长给予一些支持与帮助，提供意见和可能的资源。

3. 家长课堂

针对一些家长科学知识欠缺、科学教育方式方法不足的问题，幼儿园可以定期或不定期开展家长课堂活动，以丰富家长的科学知识和育儿经验。家长课堂往往以讲座的方式进行，幼儿园可以选择一些开放性主题对家长进行培训，也可以根据幼儿园科学教育活动主题的需要有针对性地选题，对家长进行相关培训。培训的内容可以是知识性的，也可以是方式方法方面的。家长课堂有利于家长直接获得有关幼儿科学教育的针对性问题和解决策略，使幼儿在家庭中的科学教育有的放矢。

(二)分散的家园互动科学教育活动形式

1. 在家长接送幼儿时，了解幼儿在家庭中的科学教育情况

家长每天都会接送幼儿，和幼儿园教师接触的机会较多，家长可以利用接送幼儿的机会，把幼儿在家学习科学的情况向教师作一些反映。主要有以下几方面。

(1) 幼儿回家后对幼儿园科学教育情况的反映。

(2) 幼儿在家里学习科学的情况。

(3) 幼儿所提有关科学的一些问题。

通过与家长的长效沟通可以帮助幼儿园及时了解自身科学教育的反馈情况，提高科学教育质量，同时了解家庭科学教育及幼儿需求的动向，计划、调整幼儿园的科学教育，使家庭和幼儿园形成合力，不断提高科学教育效果。

2. 通过网络交流，了解和交代需要家长配合的科学教育活动内容

幼儿园的科学教育需得到家庭的支持，比如幼儿园开展科教活动前后，要有一些材料的搜集，或者幼儿本身的知识准备等方面，需要家庭尽量地提供帮助。

家庭和幼儿园的密切配合，不仅提高了科学教育效果，而且对增进幼儿园和家庭的联系，亲密幼儿与幼儿之间、幼儿与教师之间、幼儿与其他家长之间、家长与家长之间的关系有极大的帮助。

第二节　社区资源在学前儿童科学教育中的利用

社区中拥有丰富的教育资源，幼儿园通过与社区联系可以有多方面的收获：对于教师而言，可以开拓教育渠道，掌握更多的信息；对于社区而言，可以及时了解社区内的学前教育情况，进而采取相应的措施；对于幼儿而言，可以参加社区活动，增强实践能力。在学前儿童科学教育方面，社区有着独特的资源。因此，幼儿园与社区密切联系、相互补充，是幼儿获得科学发现的重要一环，在学前儿童科学教育中起着重要的不可替代的作用。

社区资源在学前儿童科学教育中的利用.mp4

一、社区资源在学前儿童科学教育中的意义

(一)社区资源弥补了幼儿园和家庭科学教育的不足

学前儿童科学教育的社区资源为幼儿提供了学习科学的机会和场所，丰富了幼儿的生活，对于开展科学教育发挥着幼儿园科学教育所不能达到的作用。很多幼儿园还不具备大型场地，尤其是城市中心地带的幼儿园或老旧幼儿园，户外场地狭小，科学教育所需要的材料、场所、设备等都受到局限，有些科学教育的内容难以展开。此时，可以和社区沟通，

利用社区活动中心来开展相关活动。社区的科学活动中心收集、陈列、展示了各种各样有关自然物和自然现象的科学内容，为不同年龄、不同发展水平、不同个性的幼儿提供了宽松的学习科学的环境。在这样的环境中，幼儿可以自由发展自己的兴趣，运用各种方法经历科学探索过程，获取科学经验。在社区学到了在幼儿园、家庭中学不到的东西，不仅拓宽了眼界，也激发起了幼儿的好奇心，为其以后的科学学习形成良好的动机。

(二)社区资源提高了幼儿的社会交往能力

在社区，学前儿童科学教育的资源是面向全体幼儿的，在各种科学教育设施中活动的幼儿，有着具有不同文化背景的家庭、不同的幼儿园，不同的年龄、不同的发展水平、不同的个性特征，这些都为幼儿的社会交往提供了发展空间。在社区里，幼儿共同观察、操作、交流、体会，相互协商，共同实验，这些都有助于幼儿社会交往能力的发展。另外，在社区中幼儿还可以接触不同年龄和层次的成年人，幼儿可以向他们请教问题，和他们讨论交换意见，从而扩大了幼儿的知识视野和社会人文情怀，为其成为社会全面发展的人奠定了基础。

二、社区资源在学前儿童科学教育中的选择与利用

学前儿童科学教育的社区资源，从其内容或对象来看，主要有两类：单一性科学教育资源和综合性科学教育资源。单一性科学教育资源是专门为学前儿童建立的科学教育设施。专门为学前儿童科学教育建立的设施虽不多，但是为小学和幼儿园的儿童建立的科学教育设施还是有的，在这些场所中幼儿能比较容易地找到自己需要的内容和材料，针对性也比较强。综合性科学教育资源这一类设施适合的对象是各个年龄层次的人群，其中也包括低幼儿童。在利用综合性的科学教育社会设施时，需要教师或家长进行选择，以便达到较好的效果。

(一)学前儿童科学教育中社区资源的选择

科学教育的社区资源在选择时，要充分地考察这些资源的适用性，包括年龄的适用性、内容的适用性、空间的适用性、路线的适用性。

1. 年龄的适用性

幼儿园在组织过程中要充分考虑幼儿的年龄特征，带领幼儿外出活动前，需要预先考虑所要参观、活动的社区资源内容是否与幼儿的年龄相符合，与幼儿相关的设施是否完备、充足。

2. 内容的适用性

内容的适用性是指预先考虑所要参观、活动的场所的内容是否和幼儿园正在进行的科学活动的主题内容相适应。如果在社区资源中相关内容较多，应预先选择要活动的区域及内容，有针对性地开展活动。

3. 空间的适用性

空间的适用性是指要考虑所要参观、活动的社区资源的空间的大小，这一点是和内容

的适应性相关的。幼儿由于年龄小，其体力和耐力会受到一定的限制，如果活动场地过大，就会影响到幼儿的探索活动。教师可以在主要活动结束后，让幼儿到统一地点活动，这样便于集合队伍。

4. 路线的适用性

学前儿童科学教育的社区资源往往离幼儿园不远，但是到达社区后，有的社区区域较大，或建立在大型居民区中，所以要精心规划路线，每一次安排的内容可少一些，时间短一些，因为经常有机会去活动；相对路线较远的场所，由于去活动的机会较少，在安排时间时可以考虑稍微长一些，内容上多一些。

(二)学前儿童科学教育中社区资源的利用

1. 充分利用社区的物质资源

社区丰富的物质资源，可以大大丰富学前儿童的科学教育内容。例如，社区的植物园、图书室、标本室、档案材料室，有的社区有传统剪纸活动区、中国结编织活动区等。这些都是开展幼儿科学教育活动的优质资源，对幼儿了解和学习我国传统文化具有积极意义。

2. 充分利用社区的自然资源

社区的自然资源包括房屋、田地、种植园等，在农村，广阔的田地是幼儿学习的大课堂、天然的乐园，而且活动材料、游戏道具随手可得，可以尽情施展幼儿丰富的想象力。幼儿在大自然中，通过自己的感官去体验、思考，在轻松愉快的活动中陶冶情操，获得丰富的体验。

3. 充分利用社区的人力资源

社区中有很多宝贵的人力资源，可以为幼儿教育活动的开展提供有力保障。聘请社区中有各种职业专长者指导幼儿进行各种科学活动，也可以给幼儿讲述科学家的成长故事，讲述科学发明的历史等。

(三)社区资源活动方案

活动方案的制定有以下四个主要环节：时间的确定、必要的联系和准备工作、路线的选择和活动的步骤安排。

1. 时间的确定

根据活动内容、所选场所的特点、幼儿特点及天气等方面的情况，确定活动时间。

2. 必要的联系和准备工作

时间确定后，首先要提前和相关场所的负责部门联系，说明活动的时间、目的、人数以及需要相关人员做的配合工作等。要组织幼儿做好各种准备，包括幼儿相关知识经验的和必要的物质准备，如对幼儿衣服、鞋子等的要求。

3. 路线的选择

前往目的地往往有很多条路线，要提前考察哪条路线最省时、最安全。

4. 活动的步骤安排

利用社区资源开展活动，需要详细计划活动的每一步骤。比如，下车后，在什么地方集合，以什么样的顺序进入，按什么顺序参观、探索，过程中如何组织幼儿有效进行活动等细节，都要事先做好计划。

总之，幼儿的科学教育资源非常丰富，幼儿园、家庭、社区三位一体构成了一个完整的资源库。当代儿童所面对的社会生活空间日益扩大，社会生活环境日益复杂，有效地利用社会和生活的大环境作为幼儿学习的课堂，使他们能较好地适应社会生活的发展已成为学前儿童科学教育发展的必然。

三、幼儿社区活动案例

“小记者”采访

活动设计意图：

各种职业对幼儿来说是既陌生又熟悉的，幼儿平时能了解到身边一些人的工作，同时又对这些工作充满了好奇、或关注不够。因此，我们开展了这次综合活动“小记者”采访活动。尝试运用采访的方法，来正确引导幼儿了解各行各业成人的工作情况，鼓励幼儿大胆地与成人交往，感知成人认真、细心、负责的工作态度，热爱、尊重成人的劳动。

活动目标：

(1) 明确采访的内容，尝试运用采访的方法，了解各行各业人们的工作。

(2) 对采访活动感兴趣，能大胆地与成人交往，清楚地提出问题。

活动准备：

(1) 与社区取得联系，共同做好准备工作。

(2) 幼儿人手一只自制的小记者话筒。

(3) 在小记者兴趣班培训的幼儿做采访的情景表演。

活动过程：

(1) 与幼儿一起观看在小记者兴趣班学到的采访情景表演，引发幼儿对成人工作的关注，激起采访成人工作的兴趣。

(2) 讨论采访的内容。

他们是做什么的？他们是怎样工作的？他们的工作与我们有什么样的关系？

(3) 讨论采访的方法。

我们该怎么做、怎么说才能让大人高兴地接受我们的采访？

(4) 请幼儿先想一想自己准备采访，鼓励幼儿采访2～4人。

(5) 幼儿进入社区进行“小记者”采访活动，教师指导并注意幼儿安全。

(6) 延伸：介绍采访调查情况表，让幼儿了解调查情况表的记录方法(幼儿用绘画的形式记录)，提出向家长进行采访的要求。

本章小结

本章首先介绍了家庭在学前儿童科学教育中的作用、特点，详细讲述了在家庭中开展学前儿童科学教育的指导策略、家园互动中的三种科学教育活动形式；其次介绍了社区资源在学前儿童科学教育中的意义、社区资源在学前儿童科学教育中的选择与利用。

思考题

1. 如何充分发挥家长自身资源，有效开展学前儿童科学教育活动？
2. 利用家庭资源，设计学前儿童科学教育活动。
3. 利用社区资源，设计学前儿童科学教育活动。
4. 结合科学教育专题，准备一份大班家长会的计划。

知识链接

让孩子拥抱大自然

英国官方于 2018 年 6 月决定进行 EYFS 的改革，并且颁布了试行版政策在英国的 24 个学校试用，并于 2019 年 10 月公布了试用反馈。这次改革中，关于七大领域的修改，有一项很重要的改变就是在认识世界领域(understand the world)增加了“自然世界(the nature world)”这一子领域。

卢梭曾经提到，自然的教育是人类才能和器官的内在发展，是自然规律和自然环境对人类的生命教育。人的生命来源于自然，花草树木、野生动物都和我们一样是自然的产物，所以人类的教育不能脱离自然，保护环境和野生动物都是非常重要的。美国的著名作家洛夫(Louv)写过一本风靡全球的书——《森林中最后一个孩子》，里面说到了现代社会的孩子患有“大自然缺失症”，希望更多的孩子能够走进森林，感受自然世界，接受自然的教育。而 EYFS 试行新框架中提到的“自然世界”，核心就在于自然的教育，鼓励儿童亲密接触自然并且学会保护环境和野生动物，同时进行有效学习。其中，“森林”是自然的代名词，走进森林的环境或者说森林课程是自然教育的一种形式。这些都说明 EYFS 正式把自然教育的理念纳入框架了，其中英国流行的森林课程是体现“自然世界”的主要方式。

一、什么是森林课程

森林课程(*forest education initiative*)起源于北欧，首先是 19 世纪 50 年代，一个瑞典的退伍军官在森林里带着一群孩子通过歌曲和故事了解环境知识，宣传环境保护。然后丹麦建立了世界上第一所森林学校，并制订了相关的早期教育计划，帮助孩子们在自然环境中发展学习。1993 年，英国早期教育老师去丹麦参观了当地森林学校后，第一次引入成立了森林课程，并在1995年建立了第一个有森林课程的英国学校。

森林教育倡导的是带领孩子们在户外的环境中体验自然环境并进行一系列的游戏和活动，从而让孩子们在自然的环境下通过这些活动逐渐认识到自然保护的重要性，并且发展儿童解决问题能力、协作能力、社交技能和自我管理能力，以及强化孩子的认知、感官、语言、好奇心、同理心、同情心、创造力和身体大动作等。孩子们会爬树、玩火、在草地上和林地里奔跑、合作用捡来的树枝搭森林小屋、观察昆虫、学习野生动物的知识等，每一项体验都是学习发展的过程。

二、森林课程活动中的儿童自由

介绍了森林课程的概念和重点，那么EYFS框架更新既然引入了“自然世界”的概念，并且英国学校认可并支持森林课程，说明EYFS四大原则与森林课程密不可分。

1. 森林课程活动中的儿童自由

独一无二的儿童这项原则，在森林课程中的表现就是每个孩子都在做不同的选择，并且每一份选择都会被尊重。比如常见的“寻找宝藏”游戏中，每个孩子可以选一个在范围内的林地里面找到的“宝物”，可以是一片叶子、一截木桩、一片掉落的羽毛等，对于如何找到这份“宝物”，想怎么用它玩游戏和进行活动，都是完全自由的。不同的孩子，他们看到的花草树木、跑过的草地、观察的昆虫，也都是不同的。他们会问出不同的问题，老师也会一一回答。不能回答的那些，比如发现了从来没见过，连老师也不知道的昆虫，老师会帮忙拍下照片，然后孩子自己去找资料，去问其他成年人甚至自己去搜索来认识昆虫。所以，孩子都是在主动学习，并且通过不同的游戏去探索和感受自然环境最真实的部分。

2. 森林本身就是有效环境

有效环境原则是给孩子提供一个能积极主动学习的环境，并提供丰富的资源。自然森林本身就有很多“玩具”，也会发现更多的“故事”，这些都是有效环境。四季变化，天气不同的同一片森林都会出现很多“新玩具”——下雪后的草地，雨后树桩底长出的小蘑菇，阳光灿烂的天空中的白云，暴雨前蚂蚁搬家的盛况，这些都是自然的礼物，也是孩子们在教室里完全看不到的景象。还有很多的动物故事在森林里发生，所以坐在林地里面，围着老师听故事的场景是非常生动的，比如鼹鼠的洞可能在坐着的土地下面，小鸟的家可能在身边的树上……森林环境成了天然的布景，这也是有效环境。

3. 儿童与自然的积极关系

森林课程每一个活动都向儿童传达了保护环境的核心，活动的规则要求也是不要破坏环境，孩子与自然中每一个物品的互动，都是表现了孩子与自然的积极关系。在知识性认知普及方面，老师会介绍每一株植物的属性和每一个动物的习性，并且表示不打扰和尊重其他生物的重要性。同时，每一个参加森林课程活动的孩子都必须遵循的一个规则是，回归原样。捡到的树枝、树叶和羽毛在当日活动结束后也尽量放回原本找到的地方，因为这根树枝可能会被小鸟拿去做鸟巢，树叶也许会是某个昆虫的食物，羽毛腐化后会成为土地的肥料。所有的森林活动结束后，尽量减少人类留下的痕迹，给自然保存它本来的样子，让自然环境自然地发展。

4. 每一个发现都是学习与发展

四大原则本身的关系就是前三项加起来可以体现出学习与发展原则。在森林课程中也一样，相信在看完教研组前三项原则的解释后，大家很能理解为什么说森林课程中的每一个发现都是孩子的学习与发展。因为每一次进入森林，亲自体验并感受自然环境，发现环境中的变化和发现每一项孩子感兴趣的东西，对儿童来说都是成长。

EYFS 系统本身就有对自然教育的支持和认可，比如卢梭在《爱弥儿》中描述自然教育时最早提出有利环境对儿童教育的重要性的这个观点。而在更新试行版的 EYFS 框架中，更是明确地把“自然世界”这项内容划分在“认识世界”领域，证明对儿童来说，对整个世界的认知中，对自然的认识和感受必不可少。而森林课程就是英国幼儿园所实践的内容，希望中国幼儿园在教学中也认可自然环境对儿童的重要性，并且能设置一些活动是来自自然的教育。对于没有森林条件的园所来说，一片草坪、一丛灌木、一棵大树，也可以聚焦成“森林”，实施森林教育。

(资料来源：摘自《英国幼教日记》BIEA EYFS 教研组.)

第十一章　各国学前儿童科学教育的发展

本章学习目标

- 理解美国学前儿童科学教育的发展过程。
- 理解日本学前儿童科学教育的改革动向。
- 理解德国学前儿童科学教育的特点与原因。

重点难点

重点：感受各国学前教育改革中科学教育的发展变化。

难点：各国学前科学教育的特点产生于社会发展的历史和现实原因。

【问题思考】

俗话说：他山之石，可以攻玉。我们能否把国外的先进理念和指导方案直接移植到中国的学前教育中使用呢？为了使其顺利融入国内的教学活动，我们应该如何吸收国外的相关经验？

第一节　美国学前儿童科学教育的发展

一、美国教育政策的发展过程

美国学前儿童科学教育的发展.mp4

1983 年，美国联邦教育省长官咨询委员会发布了报告书《处于危机的国家》。这份对美国的国际竞争力低下抱有警惕态度的报告，将国家竞争力低下的原因归结于学校教育和学力的萎靡不振，向公众强调了彻底进行教育改革的必要性。

1989 年，继任的布什政权，召集五十个州的长官举行史上首次的教育峰会，与地方自治团体达成了“到 2000 年实现全国共同教育目标”。

1994 年，克林顿政权根据之前提出的全国共同教育目标，通过了《2000 年目标：美国教育法》和《美国学校改善法(初等中等教育法，1994 年改正)》两项教育法案。

如上所述，政权的更迭并未改变联邦政府积极改革教育政策的态度，联邦政府对于各个州独立改革方针的制定起到了“触媒”的作用。当共同的教育目标形成之后，各州开始实施符合自身情况的教育改革策略，并将取得教育成果的解释责任(accountability)归结于学区和学校。

2002 年，布什政权发布了关于初等中等教育政策的基本方针《不让一个人掉队的初等中等教育法》(*no child left behind act of 2001*，统称 NCLB 法)，向贫困地区进行财政支持的同时，强调了解释责任主体的严格条件。NCLB 法施行后，各阶段学校开始进行学力测试，向各州提交成绩报告，对于未达到标准的学校改称为“需要改善学校”，督促其进行改革。

2007 年，以扩充理科教育和振兴科研为目的的《美国竞争力强化法》得以立法，2008—2010 年投入 433 亿美元用以科研机关的预算和理科师资的培养。

综上所述，自《处于危机的国家》报告发表以来，通过教育标准、学力测试、成绩报告等方式明确了对教育成果的解释责任体制，促进各学区和学校进行以自我革新为目标的“基于教育标准的教育(standard-based education)”开始在各地实施。

二、美国学前教育改革的方向与内容

以 NCLB 法为象征意义的教育改革也扩展到学前教育领域。随着从小学到高中的教育改革的推进，近年来大多数的州已经设定了学前教育的标准，初等中等教育领域重视的解释责任体制也开始导入学前教育系统。

根据 2003 年 6 月发表的美国各州的学前教育系统报告书的调查，规定幼儿的学习内容以及达成度的学前教育标准已经制定完成(见表 11-1)。从教科、领域分类可以看出，涉及阅读理解以及言语交流的标准最多，算数、理科以及创造力等涉及科学教育的标准也相对较多。

表 11-1　学前教育标准中规定的教科以及领域

教科/领域	标准的数量	教科/领域	标准的数量
语言·交流	28	阅读理解	28
算数	24	保健·体育	20
社会性·情操	19	理科	19
艺术·创造性	17	社会	14
认知力·一般知识	11	学习方法	7
自立性	5		

在由全美幼儿教育协会(NAEYG)制定的《幼儿科学教育标准》中，针对科学教育推荐的内容具体如下。

(1) 发展每个幼儿对世界的好奇心，使每个孩子做到：

① 对新鲜事物与事件有探究的欲望和兴趣。

② 热爱生命。

③ 喜欢、欣赏美丽、整洁、和谐、有序的环境。

(2) 发展幼儿发现问题，解决问题和做出决定的能力(科学探究能力)，使每个孩子做到：

① 积极主动地参与科学活动。

② 用适宜的感官去感知和了解新鲜事物。

③ 准确使用并照管科学活动设备(如放大镜、磅秤等)。

④ 运用数量化的方法去观察事物(如点数、测量)。

⑤ 区分物体、事件和现象之间的相似性、差异和变化。

⑥ 对材料、事件和现象进行分类，并解释理由。

⑦ 运用科学探究的过程(预测、收集数据)。

⑧ 乐于与同伴一起交流信息并欣赏他人的观点。

⑨ 熟悉了解科学过程的技术，在科学过程中有以下共同的行为类型。

a. 观察。运用各种感官去了解环境的特点，即实际的资料和材料。

b. 交流。命名、记录、与他人交流信息。

c. 比较。测量、点数、数量化，或者考察物体与物体之间的相似性与差异点。

d. 组织。对所收集的信息数据予以分类、排序。

e. 建立联系。在具体和抽象的观念之间建立联系，以试验或解释一种现象，形成并检验假设。

f. 推断。决定所收集的信息的意义，包括作出预测。

g. 运用。运用知识和技能来解决问题。

(3) 增进对自然界的认识，使每个孩子做到：

① 积极参与使其丰富科学经验的活动(如组织、因果关系、系统、标准、模型、变化、结构与功能、多样性与差异性等)。

② 体验各种不同科学领域的活动。

③ 了解与基本科学概念有关的技术。

④ 表现和交流科学知识。

三、美国学前教育领域对多元智能理论的诠释

霍华德·加德纳(Howard Gardner)的多元智能理论为思考儿童参与探究和游戏的不同方式提供了学术性的基础理论框架。在《智能的结构》(*frames of mind*)及之后的著作中，加德纳描述了多种不同的智能，并强调“这些智能典型的工作方式是互相融合，因此单独的某种智能并非显而易见，然而在适当的观察被强化时，每一种智能的独特性质将会清晰、有效，甚至令人惊讶地表现出来。”

1. 语言智能

语言智能是指有效地使用语言的能力。这里所指的语言既可以是口语表达(演说家、政治家或者脱口秀演员)，也可以是书面语言的表达(诗人、作家、编辑或者记者)，也包括说服他人的能力(使用语言规劝他人行动的能力，如谈判专家)，以及记忆能力(使用语言记忆信息)。

具有高语言智能的儿童在口头语言和书面语言两方面都表现优异。在口头语言方面，角色区能为儿童提供机会玩文字游戏、编故事或者有目的地运用语言。那些具有优异语言智能的儿童可能还喜欢表演、创造手偶或者将自己的想法记录在笔记本上。

2. 逻辑智能

逻辑智能是指有效使用数字(数学家、税务财会人员、调查统计工作人员)，能够清晰明朗地论证事物(科学家、电脑程序员等)的能力。这种智能有助于分类、逻辑推论、预测、概念化以及假设验证的过程。

在学前阶段，具有优异的数理逻辑智能的儿童能够很快地认识图形，解决问题，理解抽象的信息图表。而数学区的设置会支持这种智能的发展，也可以考虑将学习数学和解决问题的机会融入其他活动当中。

3. 空间智能

空间智能是指以视觉的、空间的角度认识世界(自然观察者、狩猎人)，能够自然地转换视觉的、空间的认知(建筑设计师、画家、发明家等)的能力。如果掌握这种智能，就意味着能够敏感地将色彩、线条、形态、距离、场域等要素复合式地进行关联。换言之，经过想象式的加工，描绘出视觉和空间上的创意作品，或者能够正确认知自己在空间中的位置(见图 11-1)。

图 11-1　美国幼儿园的大型建构活动室

具有优异空间智能的儿童特别善于思考一个空间可以被如何利用及有哪些可能性，如摆放家具、设计用积木建造的村庄的布局、整理层架和储物间等。通过运用空间智能，一个儿童能够看到一幅画的透视关系，理解一个故事或者一篇文章是由不同的部分组成的。

4. 肢体运作智能

肢体运作智能是指调动思考、情感以及整个身体进行表现的专业技术(演员、魔术师、运动员、舞者)，用手进行造物、改装的能力。这种智能不仅指组织、平衡和巧手，也包含了身体的速度、强劲和柔韧性等身体的技术(拳击选手等)。

具有优异身体-运动智能的儿童每天最享受的时光通常是在体育馆和户外操场度过。他们的身体需要动来动去，他们更喜欢主动地用身体进行各种艺术或者搭建项目，而非被动地进行一些安静的活动。他们会对角色区或者积木搭建区表现出极大的兴趣。

5. 音乐智能

音乐智能是指能够认识和识别各种音乐(音乐评论家)、创作音乐(作曲家)、表现音乐(演奏家)的能力。这种智能也包含对音乐的节奏、音高、旋律、音质或者音色的敏感度。

这种具有优异的音乐智能的儿童喜欢去音乐区，在那里他们有很多机会尝试使用韵律和乐器做音乐方面的实验，也可以创作并记录自己的音乐作品。

6. 人际智能

人际智能是指能够甄别他人的情绪、感情和目标原动力(企业管理者)的能力。这种智能包含对表情、声音和身体动作的感知(谈判人或优秀的销售者)，解读人际关系中的各种信号(团队领导者或者文化人类学者)，以及对于发出的信号给出适当回应(心理咨询师或者护士)的能力。

这类儿童尤其喜欢参加能与其他小伙伴积极互动的活动，如小组活动，特别是在阅读角与朋友们一起读书或者在艺术区与其他小组成员共同完成一件艺术作品。在角色型玩耍中，这类儿童通常会扮演关爱别人或照顾别人的角色。

7. 自省智能

自省智能是指自我认知并且以此为基础付诸适当行动的能力。这种智能包括能够正确把握自身的优点和缺点，能够对自己的性格、情绪、愿望和想法、努力目标等有觉知，以及自爱和自律的能力。

具有优异自省智能的儿童善于表达自己的感受并能寻求特别的帮助。在具有挑战性的活动中表现得更有活力，尤其是那些课堂学习加以延展的活动。

8. 自然探索智能

自然探索智能是指能够认识和给自己周围数量惊人的动物和植物分类的能力。这种智能也包含对于自然现象的敏感度(如狩猎者、农民等)、对非生物(如汽车、CD收纳盒、运动鞋等)物质的差异具有辨别的能力。

具有这种智能的儿童能辨认出城市的每一条地铁线路或者能记住必须经过的几个酒店才能到达某个公园，他们能发现环境中的规律并且对物体、人类、动物之间的互动行为感兴趣。一个人的好的方向感来自与自然共生智能，在这方面具有优势的儿童可以通过绘制地图或者制作校园指引等活动将这一智能的发展加以延伸(见图11-2)。

加德纳总结了上述八种智能，并从大脑的功能或者某种智能上超群而在其他智能领域平凡无奇现象的存在、智能的发展过程、智能的起源、对人类行为的观察结果、发挥智能的主要功能以及在文化中的贡献形式等方面对八大智能进行了验证。最后，总结了多元智能理论中最核心的内容如下。

(1) 所有的人都拥有八大智能。

(2) 大多数人都能使八大智能得到充分发展。

(3) 多元智能通常以复合的形式存在并发挥功能。

(4) 锻炼多元智能的方法多种多样。

图 11-2　美国幼儿园儿童体验活动

四、一个会说话的工作坊模式：选择时间

从关于教育政策的变化过程，以及教育改革的内容与方向的描述中，我们可以捕捉到，近年来美国的教育改革趋向于确定严格的课程目标、对课程目标进行跟踪评价，以及通过对教育行政主体施加“解释责任”的过程，完成对教育质量的保证和控制作用。学前教育也不例外。美国幼儿教育协会明确地提出游戏是适合幼儿发展的重要实践活动，但是也遗憾地看到，无论校内还是校外，游戏探索的机会正在从儿童的生活中消失，那些坚信游戏在儿童发展中起重要作用的教师在教育大环境中产生挫败感。共同的课程核心标准、教师评价和各种高水平测试夺走了人们对教育的关注，对儿童而言重要的东西反而越发被忽视。美国教育联盟(Crisis in the Kindergarten)的报告严正指出当前的教育改革给幼儿教育带来的危害：“公立幼儿园从作为培养儿童热爱学习的场所转变为儿童和教师倍感压力的地方。在幼儿园里，教师被迫按照脚本授课，遵循千篇一律的教学目标，持续不断地评价儿童的表现。”

基于近代以来儿童中心主义的教育理念的普及，以及近年来多元智能理论在学校教育中受到的广泛认同，尽管新的教育改革趋向于提高教育的均质化的理念和对于学校教育的量化考评，但还是有众多的教育实践者强调关注儿童的差异性并以此为前提进行新的教育探索。这里，我们通过介绍一个美国的工作坊模式——芮妮·迪纳斯坦的教室《选择时间》，来探讨美国学前科学教育的理念与实践情况。

芮妮老师说：我们的理想是创建一个学习和探索的实验室，孩子们可以在那里搭建、做实验、创作艺术作品、阅读令人陶醉的图书、写作创作故事、运用技术和文字资源查阅信息、自由想象和尝试各种各样的可能性。

“一个会说话的教室”具备以下几个主要特征。

(1) 沉浸式探究(immersion)。当活动区(角)充满精心选择的各种材料时，儿童将沉浸在无尽的可能性之中，尽情地探索和创造。

(2) 示范(demonstration)。在全班参与的迷你课和儿童与活动区(角)的互动中，教师示范探究的多种机会和可能性。

(3) 期望(expectation)。每一次邀请儿童分享在活动区(角)的体验时，教师对儿童的探究表现出高度的尊重和期望。

(4) 责任感(responsibility)。儿童对如何使用每一个活动区(角)的工具和材料高度负责，各种可能性犹如他们的想象力和兴趣一样永无止境。

(5) 练习(practice)。儿童在活动区(角)无须过于匆忙，需要有时间练习新的技能并使用自己不熟悉的材料反复试验，尤其是儿童进入自己感兴趣的活动区(角)时。

(6) 估计(approximation)。儿童在活动区(角)自由试验并通过“估计”的方法尝试自己找出解决问题的方法。

(7) 回应(response)。一个充满选择活动的教室有丰富的互动和回应。教师不断与儿童互动，如提问题、提出行动方案、提供反馈等。

(8) 参与(engagement)。从开始到结束，活动区(角)的设计都以支持儿童的参与为目标，包括参与作决定、参与探究和参与玩耍。

总之，教师必须在空间、材料、展示、时间等方面下功夫，清晰地向儿童表达最诚挚的邀请：欢迎加入我们一起创建的学习社群，这是一个属于你的学习和生活场所，我们很高兴你成为我们中的一员。

第二节　日本学前儿童科学教育的发展

一、日本学前教育概述

日本自从 2005 年人口的出生率低至 1.26 以来，新生儿童的数量远远低于高龄人口死亡人数，标志着日本同时进入了“少子化”和“高龄化”社会。面临这样的发达国家难题，政府想尽一切办法提高学前教育质量，对育儿环境和幼儿教育进行全方位支援，试图挽救未来国家人才“枯竭”的困难局面。

日本学前儿童科学教育的发展.mp4

(一)学前教育的分类

由于管辖和经济资助的国家机关不同，日本的学前教育机构也分为三个组成部分。一是保育园，其育儿对象是 0～6 岁儿童(见图 11-3)，是以日本儿童福祉法的理念为基础设置的对婴幼儿实施保育的儿童福祉设施，教育目的是帮助就业劳动者或者病患人群的育儿。保育园的管辖权和资金支持由日本的厚生劳动省(相当于中国的劳动和社会保障部)负责。二是幼儿园，其育儿对象是 3～5 岁儿童，教育目的是为义务教育以及以后的教育培养基础，为幼儿的健康成长提供适宜的环境，支持幼儿为了未来创造安全而美好的生活养成良好的习惯，以促进幼儿身心和谐发展。幼儿园的管辖权和资金支持由日本的文部科学省(相当于中国的教育部)负责。从上述的设置目的可以看出，保育园是为了给在职父母和社会弱势群体减轻育儿负担而生的，而幼儿园是学校教育的初始机构，带有明显的学校教育色彩。这种教育目标的差异也决定了保育园和幼儿园不同的课程与教育方法，给学前教育的教育均质化带来困难，因此“幼保一体化”成为近年来日本学前教育改革的主要课题，第三类学前教育机构——幼保一体化儿童园应运而生。幼保一体化儿童园是为了弥补幼儿园和保育园的差异，也为了缓解幼儿入园难而创建的。幼保一体化儿童园接纳 0～6 岁婴幼儿，课程和教育理念也借鉴了保育园和幼儿园的优点与长处。以 2018 年的教育统计数据来观察三种学前教育设施的所占比例，学前教育适龄儿童共有 300.2 万人，其中保育园婴幼儿占 42.2%，幼儿园儿童占 39.9%，幼保一体化儿童园在园儿童占 14.4%，未在学儿童占 3.2%，可见日本的学前教育普及率已经达到 95%以上，保育园和幼儿园各占 4 成的比例，作为学前教育改革核心的幼保一体化儿童园也在逐步扩大之中。

图 11-3　日本保育园的儿童年龄 0～6 岁跨度大

(二)幼保一体化课题下的课程标准改革

学前教育机构不同，与之相对应的课程标准也存在差异。保育园的课程标准被称为《保育园保育指针》，规定了保育的内容、健康与安全、育儿支援、保育人员资质能力的培养等；幼儿园的课程标准称作《幼稚园教育要领》，规定了幼儿园的教育理念与目标，明确了围绕健康、人际关系、环境、语言、表现五个领域教育课程的目的、内容与教育方法，强调了幼儿园与社区，幼儿园与家庭的合作与互动；以幼儿园教育和保育园的保育相融合为目的而创建的幼保一体化儿童园、其课程标准是由文部科学省和厚生劳动省共同制定的，被称作《幼保一体化认定儿童园教育、保育要领》，规定了儿童园的教育、保育理念和目标的同时，在内容上借鉴幼儿园的健康、人际关系、环境、语言、表现五个领域而制定了教育课程的目的、内容与教育方法。由于接纳的对象是 0～6 岁婴幼儿，在卫生与健康、睡眠与饮食等方面的细致规划上，可以看出儿童园也汲取了保育园的长处。

为了进一步实现幼保一体化的目标，改善幼儿教育和保育不平衡的情况，在 2018 年的

《保育园保育指针》《幼稚园教育要领》《幼保一体化儿童园教育、保育要领》三个课程标准同时修改的过程中，将教育、保育的目标统一在“幼儿期结束为止希望培养的姿态”(简称十个姿态)上，内容如下。

(1) 健康的身心。

(2) 自立心。

(3) 协调性。

(4) 道德感与规范意识的萌芽。

(5) 与社会生活保持关联。

(6) 思考力的萌芽。

(7) 尊重生命，与自然和谐共生。

(8) 对数量、图形和文字的兴趣和感知。

(9) 以语言为媒介的交流。

(10) 丰富的感性和表达。

这“十个姿态”并非明确的能力目标和要求保教机构达成的课题，而是希望保教工作者培养幼儿的方向性描述。对于如何促使儿童实现“十个姿态”，文部科学省管辖的中央教育审议会这样答复：

(1) 在游戏和与他人的关系中习得。

(2) 健康的身心来自日常生活的积累。

(3) 在与自然的关联中利用五感来学习。

(4) 创设与语言、文字亲近的场域和机会。

(5) 周围的大人参与，促使儿童对数量和图形产生兴趣。

针对新的“十个姿态”与五大领域的定位问题，教育专家这样解读：健康、人际关系、环境、语言、表现五个领域的内容与“十个姿态”有重复的部分，这是因为五大领域是从幼儿教育、保育的核心要素来考虑的，而“十个姿态”是充分考虑幼小衔接的课题，把五大领域的内容更加细分化的结果。因此，“十个姿态”并不意味着在幼保阶段内能够完结的教育目标，而是未来在小学阶段也需要培养的内容。由此看出，修改日本学前教育课程标准的主要目的，是通过制定共同目标“十个姿态”，促进“幼保一体化”的实现，促进各领域“综合化”的实现，同时促进“幼保小衔接”的实现。

二、日本学前儿童科学教育的目标与内容

(一)日本学前教育内容——“领域”的变迁过程

1948 年，在日本幼儿教育先驱仓桥物三的主导下，《保育要领》得以发行实施。这份《保育要领》在当时不仅是幼儿园的指导方针，也成为了保育工作者和家庭进行幼儿保育的指导手册。1956 年，以《保育要领》为基础指定的《幼稚园教育要领》正式成为幼儿园教育课程的标准。之后，1964 年、1989 年、1998 年、2008 年，到 2017 年为止，幼儿园的课程标准经历了五次修订。也就是说，每隔十年左右，针对儿童的发展状况以及儿童所面临的家庭环境、养育者的情况以及社会环境的变化，学前教育课程标准会为了适应所处时代的社会需求，以及促进儿童更好地发展而不断改进。

1956 年制定的《幼稚园教育要领》，首次使用了“领域”这个词汇来统称教育内容，并且将领域细化为“健康”“社会”“自然”“语言”“音乐节奏”和“绘画手工制作”六个分领域。在 1989 年修订时，以“六领域与小学的教科名称相混淆，容易引起误解”为理由，将“社会”和“自然”修改为“环境”，“音乐节奏”和“绘画手工制作”合并改称为“表现”，并且对于各领域都会产生联系的内容，以“人际关系”命名为一个新的领域。这样，日本学前教育的五大领域“健康”“人际关系”“环境”“语言”“表现”就产生了。

(二)日本学前科学教育——“环境”领域的目标与内容

在 2017 年版《幼稚园教育要领》中，与科学教育相联系的“环境”领域的目标和内容，是这样规定的。

1. 教育目标

(1) 爱护身边的环境，在与自然接触的过程中对各种事物的现象保持兴趣和关心。

(2) 自己主动探知身边的环境，乐于发现乐于思考，并将其融入自己的生活中。

(3) 在观察、思考和与身边事物打交道的过程中，丰富对物质的性质、数量和文字表述的感性认知。

2. 教育内容

(1) 在与自然接触的环境中生活，体会自然的宏大、美丽和不可思议。

(2) 在生活中接触各种事物，对其性质、结构保持兴趣和关注。

(3) 对于四季产生的自然界的变化、人类生活的变化有意识地认知。

(4) 对于身边发生的自然现象保持关注，将这些融入游戏中。

(5) 爱护身边的动植物，体会生命的尊严，照顾和珍稀动植物。

(6) 珍惜身边的物品。

(7) 对身边的物品或者游戏设施感兴趣，思考、尝试利用它们开展游戏。

(8) 对日常生活中的数量和图形保持关注。

(9) 对日常生活中的简单标识或者文字保持关注。

(10) 对生活中息息相关的信息或者设施保持兴趣和关注。

(11) 在幼儿园内外的活动中对国旗怀有亲近感。

3. 教师指导活动的注意事项

(1) 幼儿是在游戏中与周围的环境产生关系，然后逐渐对周围的世界怀有好奇心，关注世界里事物的意义和操控方法，有意识地认知事物的规律性，从而能够独立思考。教师要重视并珍惜这样的过程。

(2) 大自然于幼儿期而言，意义重大。通过直接对自然的宏大、美丽和不可思议的接触体验，使幼儿的心灵得到抚慰。在日常活动中要创造机会促使幼儿与大自然的深入关联。

(3) 促使幼儿之间互相分享、共同感受自己与身边的事物或者动植物之间的感人经历，通过这样的活动培养幼儿主动与事物和动植物产生联系的能动性，同时通过各种的接触关联方式产生亲近感和敬畏感，珍惜生命，培养公共心和探究心。

(4) 关于数量以及文字等知识的学习方法，在日常生活中当幼儿自身认为有学习的必要时，以学习欲望为基础，重视通过体验进行学习，培养幼儿对于数量以及文字的兴趣、关注和感觉。(见图 11-4)

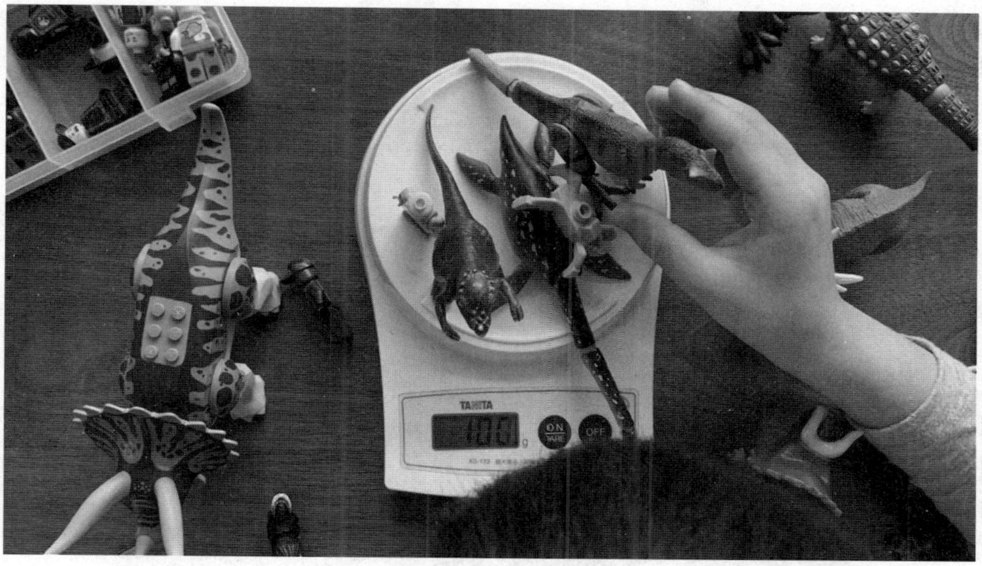

图 11-4　幼儿园的数学区域活动

三、日本学前儿童科学教育的发展趋势

检讨 2017 年以前的教育要领，虽然每个领域内都有详尽的培养目标和内容，但是总括的培养目标并不明确。经过本次的修改，无论是保育园、幼儿园还是幼保一体化儿童园，在共同制定和遵守的“幼儿期结束为止希望培养的十个姿态”这个目标前提下，进一步明确学前教育是各领域综合进行培养幼儿的过程，各领域需要打破壁垒，进行横向的统合，才能实现“十个姿态”全方位培养目标。

以学前阶段的共同培养目标“十个姿态”为前提，小学教育可以更加明确地把握进入小学的儿童的状况，与学前教育阶段幼儿的课题与成果相联系，达成“保幼小衔接”的联合主题；同时，学前教育也不能将幼儿期孤立看待，而是要从每一位孩子的一生这样长期的视点来理解幼儿期与学童期的衔接，以儿童发展的角度考虑如何使幼儿教育与小学教育“无缝”连接，从而达到守护儿童成长的宗旨。

对照“十个姿态”的内容，其中的“与社会生活保持关联”“尊重生命，与自然和谐共生”和“对数量、图形和文字的兴趣和感知”与“环境”领域的保育要领联系紧密。

“与社会生活保持关联”意味着幼儿在自己的生活中与身边的人们接触交流，在与他人交往中体会快乐，体味为他人付出的欣慰，对自己居住的社区生出亲近感。在幼儿园内外的环境熏陶下，对游戏、与自己的生活息息相关的设施和信息产生兴趣。以上的内容与领域“环境”是一致的。

“尊重生命，与自然和谐共生”意味着幼儿可以通过与自然的接触，提升好奇心和探究心。大自然随着季节的转换呈现不同的姿态，幼儿能够敏感地察觉这些变化，利用这些自然中的变化创造游戏或者将这些变化融入生活里，并在这些过程中，自然地提出“这是什么？”“为什么会这样？”的疑问。种植植物时，自己用心培养的植物发芽、开花和结果，也有可能患病虫害枯萎、死亡，这些经历和感想都必须通过亲身体验才能够获得。而且只有花费时间通过亲身体验，才能对生命倍感亲近。幼儿的这些体验，都成为思考力的基础。为了能使幼儿真正体验，重要的条件是为他们创建有魅力的环境，这恰好与领域“环境”联系在一起(见图 11-5)。

图 11-5　日本幼儿园儿童在参加集体数学活动

“对数量、图形和文字的兴趣和感知”是领域“环境”始终包含的内容。日常幼儿园生活中的文字、标识作为环境的一部分经常出现，因此，在园内每日生活中知道它们的意思的话，就会扩大范围认知，自然产生更多的求知欲，会读会写会融入生活。同样，日常生活中跑步比赛、做手工等场面，自然而然地具备对顺序、大小、多少的感知。幼儿对以上内容的认知并非抽象，只有在现场有具象的物品存在，以视觉感知后才能自然地产生思维认知。因此，日常生活中并非成年人施加，而是儿童自己认为必要的体验过程，对于数量、文字的关注才能增强，才能形成探究的能动性。

在上面的分析中，可以看到几个关键词：兴趣、体验、亲近感、自然而然、自己认为有必要等。这是日本学前教育的优良传统和成功经验，也是日本科学教育改革带给中国学前教育的启示。

第三节　德国学前儿童科学教育的发展

一、德国的幼儿教育体系

中国的学前教育体系是学校教育制度的一个组成部分，主要目的是促进儿童健康发展，为进入初等教育做好准备；而德国的幼儿教育并没有过多强调学校“前”教育的概念，而且与其说它定位于学校教育和社会福祉之间，还不如把它称作社会教育组织中重要的部分。

(一)历史背景下的德国幼儿教育

德国在魏玛共和国时期，幼儿教育就已经确定国家制度化的方向，幼儿园并非学校，而是被定位为儿童、青少年福祉制度中的儿童福祉设施。有研究曾经分析其最初的定位原因是教育是面向全体儿童的制度，而福祉制度仅仅考虑有特殊需要援助的儿童，符合当时的社会情况和对幼儿看护照顾的需求。

第一次世界大战后，面对儿童极其恶劣的生存环境，儿童的保育问题包含在整个福祉问题内得到了前所未有的关注。近代产业革命之后随着妇女劳动机会的增加，婴幼儿急需社会组织进行托管照看，幼儿教育得以迅速扩大发展，可见幼儿教育的体系归属问题受到社会事业和慈善事业这些根本性质的深远影响。

德国的幼儿教育曾经在东西德国分裂时期存在很多制度上的分歧与差异。旧东德由于秉持社会主义理念，女性的就业率达到高峰，因为女性从业的普遍性，幼儿教育得以完备地发展起来。而资本主义阵营里的旧西德，由于秉承“3 岁之前由母亲养育”这样的传统观念，儿童 3 岁之前的养育主要由家庭教育承担，因此 0～3 岁的幼儿教育体制并不健全。随着“柏林墙”倒塌，1990 年东西德国合并为统一国家以后，其幼儿教育制度发生了巨大的变化。

综上所述，由于复杂的历史成因与多样化幼儿教育需求，导致德国出现了按照年龄和需求分类的幼儿教育服务设施。

(1) 出生 8 周到 3 岁婴幼儿保育所(kinderkrippe)。

(2) 3 岁到小学入学前幼儿的幼儿园(kindergarten)。

(3) 8 个月到小学入学前幼儿的综合幼儿教育设施(KITA: kindertagessätte)。

(4) 6～12 岁儿童放学后的学童保育所(kinderhort)。

以保育妈妈为主的家庭托儿保育机构(familientagespflege)。

其中，综合幼儿教育设施(KITA)由于可以满足婴幼儿成长阶段的不同需求，儿童也可以省去适应新园所的麻烦，在城市里，KITA 成为幼儿教育的核心机构。

(二)《青少年援助法》的目标与幼儿教育理念

德国的幼儿教育制度，其行政管理由联邦的家庭、高龄者、女性、青少年省负责，按照《青少年援助法》(kinderund jugendhifegesetz，KJHG)的规定执行，其中有关青少年的内容包括婴幼儿保育、学童保育、儿童养护、青少年活动、职业教育、矫正教育等内容，称得上是“与学校教育、家庭教育并驾齐驱的第三领域”，包括非常广泛的领域。对于幼儿教育所处的状况，德国国内有学者呼吁幼儿教育纳入学校教育体系，以便纳入国家教育政策的管理范围内而不是作为宗教、慈善的资助对象存在。也希望纳入教育学的范畴内，提高教育水准和提高幼儿教师的社会地位。

把幼儿教育归结到青少年援助范畴的这种意识形态，在德国有其社会教育学理论背景。社会教育学，在青少年领域被广泛认知，其实在幼儿教育领域也是举足轻重。社会教育学产生于 19 世纪后半叶的德国，其基本理论包括：一是以教育学的方法来解决贫困和其他因贫困产生的社会问题；二是认为学校和家庭以外都是教育学的工作领域。这样的理论方向恰好将幼儿教育置于教育福祉的范畴之内。国际上对于德国的幼儿教育体系反而持有正面评价的观点。例如，英国伦敦大学的研究团队认为德国这样将幼儿教育放在照料(care)与教育(education)相互交汇之处，可以为幼儿教育注入更多的关注点。OECD(2004/2006)在幼儿教育政策报告书中这样分析：社会教育学的探索是对人的全方位的研究，教师将儿童的整体包括思想、感情、创造性、历史、社会的性格全部放入视野中，这种探索与医学只关心身体健康、心理学只关注情绪、教育仅看重智力完全不同，全方位地对待儿童，将照顾(betreuung)、陶冶(bildung)、训育(erziehung)紧密结合在一起，融于日常的保育活动中(见图 11-6)。

图 11-6　德国幼儿园自由活动时间充裕

(三)“PISA 冲击”带来的教育改革

20 世纪 70 年代的德国在幼儿教育领域 存在关于能力(competence)与表现(performance)的争论，认为儿童获得的能力与实际的表现并非正相关的关系。儿童的发展状态，不能局限于评价“能力”的发展与否，还必须以包括“表现”的儿童的行为方式为基础进行判断。基于这样的能力观，新的幼儿教育方法以“状况的探索”进行构思。状况的探索，指儿童从真实的生活状况出发，儿童们去理解自己生活的世界，掌握行为能力。其教育目标是每个出身不同、教育条件相异的儿童在现在或者未来的生活之中尽可能地保持自律，培养有能力的行为，这里阐述的能力，不仅指知识能力，也包括在复杂、真实的状况下，对应事情的发展采取行动的能力。罗特(Roth H.)认为这种能力观(competence)包括“自我能力”“事物能力”和“社会能力”三个部分，儿童期这些能力的培养与成年人的“独立的人，品行端正，能够为自身行为负责的人”这些根本人格相联系。

德国是一个联邦制的国家，地方的自治权强大，因此国家联邦层面统一的教育政策并不多见。2001 年的国际性的学力测验 PISA 的结果给德国教育带来了冲击，与其他国家相比较低的分数引发了国内对于学力低下的讨论，在国际国内的压力下，2003 年“从幼儿期到学童期(10 岁)联邦的通用课程标准”颁布。随之，强化知识的学习与掌握的政策取向也影响了幼儿教育，2004 年指导幼儿教育的《德国保育设施关于幼儿教育的联邦共同大纲》(下面简称：《共同大纲》)出台，各州根据共同大纲的要求开发课程，实施注重成绩表现的教育改革。其实，共同大纲的出台并不意味着教育政策的转向，而是掀起一场“能力”与儿童观的探讨。学者认为儿童并不是被动的、未开化的存在，他们生来具备一些能力(competence)，同时儿童也是与成年人一起建构社会的创造者，为了适应未来复杂的环境儿童也需要不断发展新的能力。

基于对儿童新形象的认知，以及对儿童能力观的讨论，《共同大纲》划分了六个教育领域：

(1) 语言、文字、交流。

(2) 个性的社会性的发展、伦理教育、宗教教育。

(3) 数学、自然科学、信息技术。

(4) 音乐教育、传媒关联。

(5) 身体、运动、健康。

(6) 自然环境和文化环境。

并且《共同大纲》再次确认儿童的能力是“为了能够解决将来的生活或者学习的课题，保持有责任感地去参与社会生活，坚持生涯学习”的能力，大纲的目标也是为儿童增添学习动力，为每个儿童的将来做准备。需要说明的是，由于地方教育自治的社会制度，联邦的《共同大纲》只是构筑了这样的框架，各领域的详细内容与策略都由每个州根据自身的特点和理念去制定(见图 11-7)。

图 11-7　幼儿教育设施 KITA 内的数字游戏项目

二、幼儿教育课程中的自然科学、技术陶冶领域

由于篇幅关系，我们以原西德的巴伐利亚州和原东德的图林根州为例，探讨在联邦《共同大纲》关于六个领域的构架之下，地方层面的课程标准中对于科学教育的具体内容与要求。巴伐利亚州的幼儿教育课程标准的名称为“巴伐利亚州入学前儿童保育机构的陶冶训育试行案”。图林根州的课程标准全称是“早期儿童教育手册”，但是，这两个地区都没有对辖区的所有幼儿机构强制执行这些标准。

(一)领域目标的比较

根据《共同大纲》中设定的六个领域，巴伐利亚州的幼儿园课程表将涉及的内容分成以下十个领域。

(1) 伦理、宗教的陶冶训育。

(2) 语言的陶冶训育。

(3) 数学的陶冶。

(4) 自然科学、技术陶冶。

(5) 环境的陶冶训育。

(6) 传媒的陶冶训育、信息技术教育的入门。

(7) 美术、造型、文化的陶冶训育。

(8) 音乐的陶冶训育。

(9) 运动的训育支援、体育。

(10) 健康的陶冶训育。

而图林根州的领域设定比较简洁，只包含如下四个领域。

(1) 语言和交流。

(2) 社会的、情绪的交融。

(3) 运动。

(4) 游戏、造型和实验。

由此可见，尽管联邦颁布了《共同大纲》，但是各地区对于联邦大纲的反应不尽相同。巴伐利亚州对于科学教育、数学教育和环境教育都从领域上作出了明确规定；而图林根州在课程标准中并未明确规定科学教育的领域范畴。

(二)活动内容的比较

我们从涉及科学教育的几个领域内选择自然科学、技术陶冶领域，考察具体的领域目标和内容。

先看巴伐利亚州的自然科学、技术陶冶领域，不仅设计了“全体目标”，还从中继续细化了“化学和物理目标”“生物目标”“技术目标”(见表 11-2)。

与巴伐利亚州进行比较，图林根州的与科学教育稍微有关联的领域“游戏、造型和试验”是这样说明的：儿童在游戏中了解世界。在游戏中，儿童获得知识、开发问题解决能力，创立社会关系，能动性地调查了解环境。每天发现新事物，具备观察、调查身边事物的能力。从游戏的多种多样的可能性之中，发展认知社会的情绪、创造力和开发语言能力。

表 11-2 巴伐利亚州的幼儿教育课程标准

细分领域	陶冶训育目标
全体目标	儿童无论参加何种实验，都能独立学习组织实验秩序，使用五感验证实验结果。 通过观察、比较、记录和阅读，儿童能够有意识地了解自然科学技术的现象。经过既富有儿童特点又符合学术的反复实验，增强观察力和观察记录中的分辨能力。 对于实验中产生的问题能够寻找答案，通过其他儿童和教师的协助、交换意见来探讨自己的想法或建立假设。这样，知识的获得促进持续实验的好奇心和喜悦感
化学和物理目标	儿童了解关于各种物体特性的知识，包括物体(固体、液体、气体)的硬度、密度和变化形态(例如加热、蒸发等)。 儿童将物体混在一起，能够测定简单形状的体积、长度、重量、温度和时间。 通过各种实验，初次体验物理学的定律(如重力等)
生物目标	通过收集、分类和整理，也通过标记名称，儿童能够了解植物的叶子、花、树枝和果实。 对儿童而言，自然发生的现象都是儿童可见的、可以发生关联的活动(例如，播种、观察花的生长、照料动植物、观察记录动植物)，让他们有意识地去体验这些活动和变化
技术目标	等待机会让儿童去系统地发现自然科学的规律和法则(例如天平、磁铁、斜面和齿轮)

在幼儿园里通过游戏，学习造型和实验，所有的儿童都是活力满满地在可以开展多种活动的宽敞的场所进行活动。儿童，能够从内到外、从近至远地进行独立自主的体验活动，按照自己的想法和时间规律去实现自己的想法。

- 通过幻想游戏和角色游戏，儿童进入不同的社会角色关系内尝试开展游戏。在这些游戏中，儿童不受约束，拥有造型的自由权。在游戏场所内，儿童自己利用材料，选择同伴，按照自己的想法进行游戏。
- 在组合和结构游戏中，儿童通过自己去尝试，学习组合与结构的技术，了解物理法则，带着好奇心和耐心去尝试力学的功能。教师可以向儿童传授知识性的游戏，让儿童掌握符合规则的行为，扩大儿童自己解决问题的可能性。
- 通过绘画、造型、音乐和舞蹈，儿童找到自己的方法去感性地表达自己的世界观，找到适合自己的表达方式。在幼儿园，形态表达都是被允许的，从中体验获得好评和得到支援的经历。
- 儿童在一日生活中，有机会绘画、唱歌、跳舞。并且，制造回音或者通过舞蹈表达感情，可以尝试挑战各种素材、乐器和合作伙伴。
- 儿童通过自身的冲动来开展和扩大游戏、造型和实验时，教师作为教育专业人员需要和儿童一起游戏来支援他们，将儿童喜欢的自然、生态、环境、技术和历史材料用到某些主题项目中。儿童通过自身的行为去认知生物学、物理学的规律和法则。在每日活动中，通过活动设计，给予儿童来自大自然的、身边的题目，给予实验的时间。儿童应该与能够给儿童发现问题和对待问题机会的教师日常同伴，这些教师制订长期的持续的活动计划或者项目，让儿童有兴趣探究这些活动计划。

可以看出，巴伐利亚州的课程标准在划分领域之上又细分到各学科的具体活动目标上，通过活动使儿童获得的知识与能力更加具体化、可视化；而图林根州的课程标准维持综合性和融合性的活动特点，强调通过游戏和儿童的好奇心、自主性来持续活动(见图 11-8)。

图 11-8　德国幼儿园内幼儿熟练操作工具

(三)以儿童兴趣和初等教育融合为目标的活动设计

这里继续以巴伐利亚州的课程标准为例，探究其活动设计和指导的情况。

在幼儿教育六领域之一的自然科学、技术陶冶的内容层面，课程标准又细分为 12 个课题，它们分别为：空气和气体；水和液体；热与冷；光与影；颜色；声音、音色和音乐；磁性；电气；力与技术；运动与平衡；人类、动物、植物；地球。

经过调查和实践，课程标准针对每一个项目，又提供了儿童感兴趣的 5～8 个子课题。例如，在“人类、动物、植物”课题下，分别提示出“生物的特征(有无生命的区别)”“各种各类生物的区别”“诞生、成长、死亡”“人类的个性与共性”“人类的感觉系统”“动植物的生活场所的特征”“动植物对生活环境的适应”“各种生命形态的特征”“动植物的繁殖”“动植物的分类”“食物链”等，共计子课题 77 个。

接着，针对子课题所对应的实验内容和儿童适应年龄也做了详细描述。例如，在“空气与气体”的课题下，有 8 个子课题，这 8 个子课题又对应 7 个小实验。

课题“空气与气体”有关的实验课题。

实验一：空气存在吗？(适合 4 岁及以上幼儿，以及有兴趣的 3 岁幼儿)

实验二：人类的肺部里有多少空气？(3 岁及以上幼儿)

实验三：吹灭蜡烛。(4 岁及以上幼儿)

实验四：什么样的蜡烛容易被吹灭？(4 岁及以上幼儿)

实验五：空气怎么来的？(5 岁及以上幼儿)

实验六：制作矿泉水。(5 岁及以上幼儿)

实验七：二氧化碳灭火器。(5 岁及以上幼儿)

本章小结

本章主要介绍了美国、日本和德国学前儿童科学教育的发展情况。国家的经济发展对人才的需求、社会的构造形态，以及国家的历史、文化传统等因素，都会影响到各国对科学教育的认知和教育内容的取舍，我们需要在教育的国际比较研究中关注它们之间的影响关系，在教育借鉴中才能做到“取其精华，为我所用”。

思考题

1. 日本学前科学教育改革的趋势是怎样的？
2. 以学前科学教育的目标与内容说明德国学前教育的地方特色。
3. 请比较日本幼儿教育课程五大领域中的环境与我国五大领域中的科学教育的异同之处。

知识链接

卡罗琳·普拉特(Caroline Pratt)与建构积木

卡罗琳·普拉特(1867 年 5 月 13 日—1954 年 6 月 6 日)，美国的社会思想家，对教育政策和教育实践带来影响的教育改革者。

卡罗琳 1867 年出生于纽约州的农村，虽然只是接受过普通的中小学基础教育，但是在乡间自然环境中与小伙伴沉迷于活泼有趣的自然游戏，这段经历为她后来的事业带来影响。

1913 年，卡罗琳使用经过独特设计的建构积木，以幼儿为研究对象进行了两个月的游戏实验，并以此为经验，建立了以儿童为中心、以游戏设计为学习内容的游戏学校。在这里，儿童们的学习目标是通过游戏重构自身的经验，因此组成社群变得尤其重要。同时，教育课程取自儿童们的生活环境，要求儿童对生活社区进行观察，这也促使儿童回味自己的生活环境，进而对自己的世界产生认识。这所学校的建构游戏活动至今仍在开展之中。

卡罗琳领导下的“城市·国家学校”，开发设计出多种关于学习和学游戏教程，例如建构积木系统、职业体验系统等，其课程设计都采用了综合学习模式。其中，建构积木被介绍到全世界的幼儿园和家庭中去实践。卡罗琳曾经这样描述她对积木的感觉：“我找到了……它们如此灵活，它们有极大的适应性和可塑性，孩子们可以在无须成人引导和控制的状态下自由使用它们。我想看孩子们建造整个世界，看他们重新建造从他们视角所看到的世界。”

卡罗琳的积木设计以福禄贝尔的几何搭建模块作为设计原型。只是福禄贝尔的模块是被用在桌子上，而卡罗琳设计的积木可以在地上使用，鼓励幼儿进行无固定框架限制的、富有创造性的搭建活动。事实证明，可在地上使用的移动积木具有很大的优势。正如工业设计师泰克·维曼斯特(Tucher Viemeister)所解释的那样，这种积木避免了各种积木紧紧聚集在一起以及组装时难以移动的缺点，鼓励更加流畅和开放的使用流程，这种流程可持续进行并易于重新开始新的搭建项目。

参 考 文 献

[1] 刘占兰. 幼儿科学教育[M]. 北京：北京师范大学出版社，2000.

[2] 张俊. 幼儿园科学教育[M]. 北京：人民教育出版社，2004.

[3] 施燕. 学前儿童科学教育[M]. 2 版. 上海：华东师范大学出版社，2006.

[4] 李季湄，冯晓霞. 《3—6 岁儿童学习与发展指南》解读[M]. 北京：人民教育出版社，2013.

[5] 夏力. 学前儿童科学教育活动指导[M]. 上海：复旦大学出版社，2014.

[6] 夏力. 学前儿童科学教育活动指导[M]. 3 版. 上海：复旦大学出版社，2021.

[7] 武晋峰. 玩着学科学[M]. 南京：江苏凤凰教育出版社，2014.

[8] 皮亚杰. 儿童的心理发展[M]. 傅统先，译. 上海：上海教育出版社，1982.

[9] 理查德 • 科勒. 让 • 皮亚杰[M]. 杨彩霞，译. 哈尔滨：黑龙江教育出版社，2016.

[10] 张文军，刘洪玉. 学前儿童科学教育与活动指导[M]. 上海：华东师范大学出版社，2014.

[11] 刘占兰. 学前儿童科学教育[M]. 2 版. 北京：北京师范大学出版社，2008.

[12] 施燕. 学前儿童科学教育与活动指导[M]. 上海：华东师范大学出版社，2014.

[13] 吴明宇. 幼儿园科学实验与活动指导[M]. 北京：清华大学出版社，2020.

[14] 王坚红. 学前教育评价[M]. 北京：人民教育出版社，2018.

[15] 霍力岩. 学前教育评价[M]. 北京：北京师范大学出版社，2015.

[16] 芮妮 • 迪纳斯坦. 选择时间：通过探究和玩耍深化儿童的学习[M]. 北京：北京师范大学出版社，2019.

[17] トマス・アームストロング著. マルチ能力が育む子供の生きる力[M]. 小学館，2002.

[18] 文部科学省. 諸外国の教育改革の動向[M]. ぎょうせい，2010.

[19] 张红霞. 科学究竟是什么[M]. 北京：教育科学出版社，2003.

[20] 韦钰，P. Rowell. 探究式科学教育教学指导[M]. 北京：教育科学出版社，2005.

[21] 中国社会科学院语言研究所词典编辑室. 现代汉语词典[M]北京，商务印书馆，1978.

[22] 辞海编辑委员会. 辞海(下)[M]. 上海：上海辞书出版社，1979.

[23] 宋原放. 简明社会科学词典[M]. 上海：上海辞书出版社，1982.

[24] 美国科学促进协会. 面向全体美国人的科学[M]. 中国科学技术协会，译. 北京：科学普及出版社，2001.

[25] 张俊. 幼儿园科学教育[M]. 北京：人民教育出版社，2004.

[26] 乔治 • 夏尔帕. 动手做系列——法国小学科学教学实验计划[M]. 黄颖，苏文平，安延，译. 北京：人民教育出版社，2003.

[27] 维果茨基. 维果茨基教育论著选[M]. 余震球，选译. 北京：人民教育出版社，1994.

[28] 王小萌. 幼儿园教师科学本质观与科学教育观的关系[D]. 南京师范大学，2021.

[29] 王沐阳. 基于美国经验的学前 STEM 课程体系建构与实施策略[D]. 喀什大学，2020.

[30] 周长梅. 民国时期学前科学教育研究[D]. 东北师范大学，2017.

[31] 于小琳. 5 岁儿童对植物生长知识理解的个案研究[D]. 东北师范大学，2009.

[32] 中西さやか. ドイツの保育システムに関する研究[J]. 広島大学大学院教育研究紀要(60)，2011，267-273.

[33] 田中賢二. ドイツの就学前教育段階(幼稚園)における科学教育[J]. 岡山大学教育学部研究集録，2005，(130)：27-35.

[34] 俞文婵. 会唱歌的纸——大班科学活动[J]. 山东教育：幼教版，2007，(012)：32-33.

[35] 雨森雅哉，山崎真之. 「幼稚園指導要領」「保育園保育指針」及び「小学校学習指導要領」の比較検討[J]. 滋賀文教短期大学研究紀要(23)，2021，(3)：89-106.

[36] 中村三緒子. 幼稚園教育要領、教育課程の変遷と課題[J]. 淑徳大学短期大学部研究紀要(56)，2017，(2)：99-108.

[37] 大坪祥子. 幼稚園教育要領の領域「環境」の捉え方の変遷[J]. 宮崎学園短期大学紀要(10)，2018，(10)：25-33.

[38] 小宮山潔子. ドイツの保育の課題[J]. 日本保育学会，編. 諸外国における保育の現状と課題，1997：123-135.

[39] 渡邊真衣子. ドイツの幼児教育カリキュラムにおけるコンピテンシーの位置[J]. 人間発達学研究(9)，2018，3：127-137.

[40] 雷彩银. 幼儿园教师的科学精神与科学教育意识[J]. 学前教育研究，2021，(03)：85-88.

[41] 冯雅静. 幼儿园科学教育游戏化的实施策略[J]. 学前教育研究，2015，(03)：67-69.

[42] 袁江洋. 什么是科学精神[J]. 科学与社会，2021，(03)：1-5.

[43] 侯耿耿. 幼儿科学探究的有效支持策略[J]. 学前教育研究，2020，(01)：92-95.

[44] 朱凤. 利用科学活动促进幼儿深度学习[J]. 学前教育研究，2018，(09)：67-69.

[45] 陈芝. 基于幼儿生活的科学活动实施策略[J]. 学前教育研究，2014，(08)：70-72.

[46] 刘畅，祝高波. 维果茨基社会文化历史理论视域下的儿童文化及其教育启示[J]. 陕西学前师范学院学报，2019，35(07)：13-16.